作者简介

张清华 赤峰学院教授。现任赤峰学院马克思主义学院党总支书记、大学生思想政治教育研究所所长。多年来一直从事马克思主义理论与大学生思想政治教育的教学与研究工作，在国家级、省级刊物上发表论文40余篇，主持、参与省市级课题10余项。2011年，获“赤峰市社会科学首批专家”称号。2014年授予“内蒙古自治区优秀德育工作者”称号。

专著《论大学生道德信仰》2012年获内蒙古第四届社会科学优秀成果政府奖三等奖”。2011年获赤峰市第一届社会科学政府奖一等奖。

内蒙古自治区高等学校科学技术研究项目，项目号NJSC14282。
题目：民族地区大学生弘扬民族精神，激发爱国热情教育的实践探索。
资助单位:内蒙古教育厅。

高校德育成果文库 · 教育部思想政治工作司组编

大学生民族精神教育研究

——以民族地区为视角

张清华　张希梅　徐妍艳　银特妮拉◎著

图书在版编目（CIP）数据

大学生民族精神教育研究：以民族地区为视角/张清华等著．—北京：中国书籍出版社，2015.1

ISBN 978-7-5068-4716-2

Ⅰ．①大…　Ⅱ．①张…　Ⅲ．①大学生—民族精神—爱国主义教育—研究—中国　Ⅳ．①G641.4

中国版本图书馆 CIP 数据核字（2015）第 012993 号

大学生民族精神教育研究：以民族地区为视角

张清华　等著

责任编辑　毕　磊

责任印制　孙马飞　马　芝

封面设计　中联华文

出版发行　中国书籍出版社

地　　址　北京市丰台区三路居路 97 号（邮编：100073）

电　　话　（010）52257143（总编室）　（010）52257153（发行部）

电子邮箱　chinabp@ vip. sina. com

经　　销　全国新华书店

印　　刷　北京彩虹伟业印刷有限公司

开　　本　710 毫米×1000 毫米　1/16

字　　数　260 千字

印　　张　16

版　　次　2015 年 3 月第 1 版　2015 年 3 月第 1 次印刷

书　　号　ISBN 978-7-5068-4716-2

定　　价　68.00 元

总　序

中发〔2004〕16号文件颁发以来，各地各高校充分认识高校德育工作的极端重要性，坚持育人为本，德育为先，坚持贴近实际、贴近生活、贴近学生，不断推进理论、内容、机制和方式方法的创新，在传承中发展、在改进中加强、在创新中深化，大学生思想政治教育的吸引力、感染力、针对性、实效性不断增强，科学化水平不断提高，基本形成全员育人、全方位育人、全过程育人的生动局面。

今年是中发〔2004〕16号文件颁发十周年，为深入研究总结和集中展示近年来各地各高校落实立德树人根本任务、推动高校德育创新发展的理论和实践成果，教育部思想政治工作司决定组织出版《高校德育成果文库》，旨在引导和鼓励思想政治教育工作者聚焦高校德育工作的重大理论和现实问题，系统总结梳理近年来各地各高校加强高校德育工作所取得的可喜成绩和宝贵经验，并对下一步工作进行系统设计和统筹谋划，切实提高高校德育工作的水平和质量。

《高校德育成果文库》坚持正确的政治方向和学术导向，围绕立德树人根本任务，收录了一系列事迹案例鲜活、育人效果显著的研究专著、工作案例集、研究报告等成果。入选《高校德育成果文库》的这些著作都是各地各高校在长期研究和探索过程中心血和智慧的结晶，他们着眼于高校德育领域的重要理论和现实问题，研究规律，总结经验，探索路径。这些作品从不同的角度反映了高校德育理论研究与实践探索的丰硕成果，是推动高校德育创新发展的宝贵财富。

希望在《高校德育成果文库》的引领和示范下，各地各高校继续坚持理论联系实际，以高度负责的态度、科学严谨的精神开展理论研究和实践创新，不断丰富路径载体、健全长效机制，坚持以社会主义核心价值观引领学校德育工作，为培养德智体美全面发展的中国特色社会主义事业合格建设者和可靠接班人做出新的更大贡献！

《高校德育成果文库》编委会

前　言

《大学生民族精神教育研究——以民族地区为视角》是内蒙古自治区高等学校科学技术研究项目——《民族地区大学生加强民族精神教育,激发爱国热情教育的实践探索》的最终成果。振奋民族精神,激发爱国热情,一直是当代大学生思想政治教育的重要内容。自十六大以来,党和政府高度重视并大力倡导弘扬和培育中华民族精神。党的十六大报告明确指出:"民族精神是一个民族赖以生存和发展的精神支撑。一个民族,没有振奋的精神和高尚的品格,不可能自立于世界民族之林。在五千多年的发展中,中华民族形成了以爱国主义为核心的团结统一、爱好和平、勤劳勇敢、自强不息的伟大民族精神。""必须把弘扬和培育民族精神作为文化建设极为重要的任务,纳入国民教育全过程,纳入精神文明建设全过程。"十七大报告正式将以爱国主义为核心的民族精神定义为社会主义核心价值体系的重要内容。十八大报告再次强调:"大力弘扬民族精神和时代精神,深入开展爱国主义、集体主义、社会主义教育,丰富人民精神世界,增强人民精神力量。倡导富强、民主、文明、和谐,倡导自由、平等、公正、法治,倡导爱国、敬业、诚信、友善,积极培育和践行社会主义核心价值观。"

早在2004年,中共中央国务院16号文件《关于进一步加强和改进大学生思想政治教育的意见》明确规定:"以爱国主义为重点,深入进行弘扬和培育民族精神教育。深入开展中华民族优良传统和中国革命传统教育,开展各民族平等团结教育,培养团结统一、爱好和平、勤劳勇敢、自强不息的精神,树立民族自尊心、自信心和自豪感。"这充分说明了党和国家对弘扬和培育民族精神的高度重视。以此为契机,学术界也就民族精神的培育和弘扬问题展开了深入细致的研究,就民族精神的内容、弘扬民族精神的意义等理论问题以及民族精神的实际状况、培育民族精神的渠道和方法等现实问题展开了大量的讨论和深入的研究，取得了丰硕的成果。但就以往的研究来看，大部分是从一般意义上研究民族精神，对民族地区大学生民族精神问题研究较少。课题组成员作为民族地区思想政治教育工作者，看到近些年来国外敌对势力利用民族问题加大对我国民族地区民众尤其是涉世不深的青年大学生进行思想渗透，煽动和组织民族分裂活动，甚为忧虑，很想为民族团结、祖国统一、社会稳定贡献绵薄之力。于是，课题组在内蒙古全区挑选了六所有代表性的高校，组织了一次大范围的调查，全面客观准确地了解民族地区大学生的民族精神状况，并对数据进行了深入细致的分析，据此提出培育和弘扬民族地区大学生民族精神的对策和方法。

本书的正文框架由五章组成。第一章专门就民族精神的相关基础理论进行基本梳理。由于学术界对民族精神的理解呈现多样化的态势，并无统一的定论，如果直接论述民族精神的培育和弘扬，就给人很突兀的感觉。为此，本书首先在前人理论的基础上厘清民族精神、中华民族精神之所指，并梳理了漫长的历史长河中中华民族精神的变化、发展和丰富的过程，使读者对中华民族精神有一个全面的了解，为后文的进一步论述做好铺垫和基础理论准备。

第二章专门论述了民族地区大学生加强民族精神教育的重要性、紧迫性和特殊性。对于重要性的论述，不仅从一般的、共性的角度论述了加强民族地区大学生民族精神教育是高等教育的根本要求，是构建社会主义和谐社会和实现中华民族伟大复兴的需要，而且进一步指出，加强民族地区大学生民族精神教育更是民族地区高校的特殊使命，是巩固边疆安定、增进民族团结、维护社会稳定的需要，是民族地区大学生健康成长、为民族地区发展输送合格人才的需要。关于民族地区大学生民族精神教育的紧迫性，是从大学生的民族精神实际状况和社会现实两方面进行分析说明的。总结实地调查的结果，发现民族地区大学生的民族精神状况虽然总体上是好的，但仍存在很多问题，一组组鲜活的数字提醒我们民族精神教育必须引起高度重视。从社会环境来看，西方大国的文化渗透和国内社会转型期的文化多元也提示我们加强民族精神的培育和弘扬的紧迫性。民族地区大学生民族精神教育与一般的民族精神教育相比有其特殊性，只有认清其特殊性，才能有针对性地开展教育工作，本章着重分析了民族地区大学生民族精神教育在历史文化背景、教育对象、教育内容及教育地位等方面的特殊性，为寻找民族精神教育方案指明了思路。

第三章对民族地区大学生民族精神状况展开全面的调查。社会调查是了解事实情况的最有效手段，为了解民族地区大学生民族精神状况的最真实情况，本书作者在内蒙古全区抽取有代表性的六所高校，展开全方位调查，获取了民族地区大学生对于民族精神的认知情况、践行情况、自我评价情况、对民族精神教育的对策建议等方面的一手材料，在此基础上详细分析了民族地区大学生民族精神素养方面的优势和不足，找出问题的原因，为有效开展民族精神教育提供数据支持和理论依据。

第四章从构建精神支柱的高度讨论民族精神。精神支柱是社会发展至关重要的推动力，是民族凝聚力的核心，是综合国力的重要组成部分，对于当代大学生的成长成才具有重要意义，同样对民族地区大学生的健康成长及对加快民族地区经济发展具有战略意义。而构建民族地区大学生的精神支柱，其核心内容就是中华民族精神。

第五章在前几章一系列理论和数据铺垫的基础上，提出加强民族地区大学生民族精神教育的对策。新时期，加强民族地区大学生民族精神教育必须坚持正确的指导思想，即以中国特色社会主义理论体系为指导思想，以践行社会主义核心价值体系、形成社会主义核心价值观为中心环节和根本要求，以爱国主义为核心。同时，开展民族地区大学生民族精神教育还必须坚持理论性与实践性相结合、传统性与时代性相结合、系统性与侧重性相结合、民族性与世界性相结合、教育者与受教育者"双主体"等原则。借鉴国外民族精神教育的丰富经验，既学习韩日对东方传统文化的传承，也学习美、德等国对西方文明的弘扬，洋为中用，结合社会现实和时代特征，找出对民族地区大学生进行民族精神教育的对策策略。

本书的最大特色是在民族地区视域下探讨民族精神教育问题，它既具有一般民族精神教育共有的特点，也有其特殊性，课题组在调查民族地区大学生民族精神状况的基础上，着重论述了加强民族地区大学生民族精神教育的特殊意义，以及如何立足民族地区资源开展民族精神教育，激发大学生的爱国热情。

研究的基本原则：第一，坚持了博古通今、古为今用的原则。本书研究和梳理了中国古代、近代和现代的传统道德文化中的中华民族精神，并结合时代要求批判地继承,为当代大学生民族精神教育服务。第二,坚持贯通中外、洋为中用的原则。本书研究和整理了国外民族精神教育情况,以吸取其中的合理内核和先进经验,为我国的大学生民族精神教育提供有益的参考。第三,坚持理论联系实际的原则。本书的研究建立在社会调查的基础上,本着发现问题、解决问题的宗旨进行研究,在大量现实数据的基础上进行详尽的理论分析,找出解决问题的方案。

课题组2014年9月于赤峰学院

目　录
CONTENTS

第一章

民族精神的定位、特征与功能

在全球化的当代，不同国家、不同民族、不同文化之间的交流越来越频繁紧密，闭关锁国独立发展显然已不可能。中国的一部屈辱与斗争的近代史已确证，脱离了全球化、现代化进程只会造成落后挨打的结局，因此，积极地加入经济全球化、文化多元化的世界交往当中，是实现中华民族伟大复兴的前提与基础。16 世纪德国著名宗教思想家马丁·路德曾经讲过："一个国家的兴盛，不在于国库的殷实、城堡的坚固或是公共设施的华丽，而在于公民的文明素养，也就是人民所受的教育、人民的远见卓识和品格的高尚！"可见，一个国家的强盛、一个民族的复兴，更为根本的是文化的复兴，是民族精神的自觉、自信、自强。贺麟先生曾经指出，"中国近百年来的危机，根本上是一个文化的危机。文化上的失调，不能应付新的文化局势。"①文化危机实则是民族精神的危机。回顾人类文明发展史，在绵延的历史长河画卷中，民族精神留下了深深的印记。能够保留民族生命、支撑民族独立的，唯有民族精神。纵览历史我们能够发现，古往今来任何一个国家与民族，其民族精神都是一个民族前进的动力和生长荣盛的精神支柱。

在全面建设小康社会，构建社会主义和谐社会的今天，实现中华民族的伟大复兴，是时代和历史赋予我们的庄严使命。大学生作为国家的未来，更是实现民族复兴的中坚力量。振奋民族精神，就成为大学生精神教育中的重要问题。在新世纪新阶段，我们需要研究大学生民族精神教育，探索中华民族精神与中国社会

① 贺麟：《儒家思想的新开展》，载《思想与时代》，第 1 期。

历史发展的互动规律，立足当代中国和世界的发展，坚持弘扬和培育伟大的中华民族精神，使之成为中国特色社会主义的巨大动力。

第一节　民族、民族文化、民族精神界定

何谓“民族精神”？对这个概念的理解可谓见仁见智。不同的学者往往选用不同的界定方式。之所以会出现种类繁多的定义，是因为对“民族精神”的理解涉及“民族”“精神”“文化”“民族文化”这几个复杂的基础概念。因此对于民族精神相关问题的研究首先必须明确这几个概念的具体内涵。只有对它们做出明晰的界定和区分，才能有效分析民族精神的教育问题，否则都会流于形式、脱离实际。民族文化、民族精神都与民族这一概念有关，是关于某一特定民族的文化表征与精神状态，因此，尽管“民族”是大众所熟知的、甚至习以为常的一个概念，但“熟知非真知”，仍有必要厘清“民族”这一概念的准确含义。

一、“民族”的概念分析

民族是具有某种共同属性的人组成的集合体。关于是怎么抽象出“共同属性”，学者们见仁见智。早期有人认为应该从“地域”来界定民族，也有人认为应该从“种族”的视角进行区分，也有人主张从生活方式来研究。“民族是在一定历史发展阶段形成的人们的共同体。一般来说，民族在历史渊源、生产方式、语言文化、风俗习惯以及心理认同方面具有共同特征。”斯大林将上述的共同属性进行综合，认为“民族是人们在历史上形成的一个有共同语言、共同地域、共同经济生活以及表现在共同文化上的共同心理素质的稳定的共同体”①。

然而民族是个历史范畴，有其发生、发展和消亡的过程。地域、种族、生活方式、风俗习惯都会出现或多或少、或轻或重的变化，因此有学者认为，斯大林给民族下的定义过于封闭和呆板，几乎没有现实意义。费孝通先生针对民族问题研究的刻板与一成不变，提出“民族实际是因地因时而变化的，我们对民族的认识也应

---

① 《斯大林选集》上卷，人民出版社 1979 年版。

当根据实际的变化而不断发展”的真知灼见。

从对民族这一概念历史性的研究看，随着生产的发展与人们交往范围的扩大，对于民族的理解，逐渐从“地域”“种族”“基因”层面深入到“文化”范畴。这主要是因为民族作为具有某种共同属性的人的集合体，在全球化普遍交往的背景下，已经不能成为不同民族之间的有效区分，同一地区往往有着不同民族的人共同生活。从种族上说，尽管遗传了前人的基因，但如果生活方式、思想观念、人生价值观都异于前人，“民族”就成了空有其名、名不符实的概念。因此，越来越多的学者开始从文化的角度来界定与分析民族。列宁就指出“民族首先是以共同语言作媒介的文化共同体”①，许纪霖先生也认为“‘民族’这个概念与其说是个种族概念不如说是个文化概念。是否认同华夏文化，往往是中国人辨别同族与异类、区别文明与野蛮的根本标志”。②

从文化的视角看，一个民族通常有自己独特的文化传统，正是对于独特文化传统的认同与践行构成了不同民族之间的区分。尤其在21世纪，全球化成为客观的、无可回避的现实，如果我们再继续沿用过去的民族研究范式，已经不足以解释复杂的民族现实问题。从文化的视角来看，民族是指具有相同文化特征的人类群体。这个文化特征的具体表现与民族文化息息相关。

中华民族在漫长的历史中形成了自己灿烂的文化，这种文化对于民族的延续，对于国家的存亡，不论在过去还是现在都有着特别重要的意义。“世界近代史证明，如果一个民族完全遗忘了自己的过去，必将失去自己的民族独立性而沦为别的民族的附庸，将甘受别的民族的奴役。这是世界近代史提供的惨痛的经验教训。鸦片战争以来，中国遭受了帝国主义列强的武力侵略，顽固的守旧派遏制了革新的生机，人民奋起抵抗外来的侵略。如果传统文化中没有孕育着进步的契机，中国人民的发愤图强的坚韧力量将何所依据呢?”③从一般的认识来说，在中国古代史上，民族文化中的不少思想观念与精神因素对于巩固和延续封建的国家秩序起着重要的作用，因而受到自近代以来人们的强烈批判。然而，其中的精华部分所蕴含的哲学意识、道德观念和艺术见解，不论是过去还是现在，又都在培育

---

① 《列宁全集》第59卷，人民出版社1990年版。

② 许纪霖、陈达凯：《中国现代化史》，学林出版社2006年版。

③ 张岱年：《文化传统与民族精神》，载《学术月刊》，1986年第12期。

民族的优秀精神品格方面起着其他方式难以替代的重要作用。虽然从20世纪以来，中国已经发生文化转型的重大历史演进，传统的民族文化受到了严峻的挑战，大有以西方文化取代传统的民族文化的“革命”之势。但是，经过一个历史阶段的剧烈动荡和时间淘汰之后，大多数人还是清醒地认为，传统的民族文化及其所包含的民族精神，它的精华不仅凝结成了它的过去，也可以孕育出新的未来。尤其是其中所包含的中华民族特有的优秀精神品质，对于这个民族的发展，对于我们国家的进步，都是不能拒斥的。“文化哺育和传承了民族精神，滋养着民族的生命力，激发着民族的创造力，铸造着民族的凝聚力。”①中华民族优秀文化，是中华民族精神、中华民族凝聚力赖以生存和发展的最重要的基础。

二、“民族文化”的界定

据统计，关于文化的定义有上百种，这就决定了不同的民族文化的界定必然会多种多样。大体上说，包括广义民族文化和狭义民族文化。

（一）广义的民族文化定义

广义的民族文化定义即普遍意义上的民族文化定义，是指一个民族在长期的历史发展中共同创造并赖以生存的一切文明成果的总和。如列宁认为“民族的精神本质的民族文化是民族生活的全部历史的反映”②。这一成果包括物质方面的、精神方面的和制度方面的文化成果。其中，物质方面的文明成果实质上就是民族在物质生产活动中创造的全部物质产品，以及创造这些物品的手段、工艺、方法等，包括人的衣、食、住、行、用所属的多种物品，以及制造这些物品的物品。如食物、服装、日用器物、交通工具、建筑物、道路、桥梁、通信设备、劳动工具等等。精神方面的文明成果是观念性的东西，通常以心理、观念、理论的形态存在，包括两个部分，一是存在于人们心中的心态、心理、观念、思想等，如伦理道德、价值标准、宗教信仰等。二是已经理论化对象化的思想体系，即客观化了的思想，如科学技术、文学、艺术等。制度方面的文明成果是精神成果的外在化显现，是人们反映和确定一定的社会关系并对这些关系进行整合和调控而建立的一整套规范体系，包括政权体系、法律法规等。如历史上少数民族的土司制、寨老头人制、合款制、

---

① 《十六大以来重要文献选编（上）》，中央文献出版社2005年版。

② 《列宁全集》第59卷，人民出版社1990年版。

各种规约等。又如我们党和国家按照马克思主义基本原理,结合少数民族的实际建立的民族区域自治制度。

(二)狭义的民族文化定义

狭义的民族文化专指民族的精神创造,它着重强调人的心态部分。其实,人类文化很难将物质创造和精神创造截然分开。所有以物质形态存在的创造物,都凝聚着创造者的观念、智慧、意志,这些都属于精神的因素。之所以提出狭义民族文化概念,就是要排除纯粹的物化自然世界,集中研究人类自身的心理状态。因此,狭义的民族文化也可以说是民族人文文化,是民族在长期的历史发展中经传承积累而自然凝聚的共有的人文精神及其物质体现的总和,包括科学技术、文学、艺术、思想道德、价值观念、宗教信仰、语言文字、风俗习惯、民间工艺等等。

任何事物都有自己具体的内容和形式,其中内容是主要的、起决定作用的成分,而且形式总从体看是受内容制约并为内容服务的。因此,我们不仅要看到民族文化包含着内容和形式两个层面,而且还要看到民族文化的灵魂和核心。民族文化会由于其内容的千差万别而呈现出不尽相同的形态,但其共同的、共通的基本要素则是贯穿其中的民族精神。

所以,民族文化的繁荣同民族精神的昌盛有着密不可分的联系,一方面,民族文化是形成民族精神的土壤、基础,没有深厚的民族文化,就不可能形成、造就世代相传、博大精深的民族精神;另一方面,民族精神是民族文化的精华,是民族文化最为本质、最为深刻的体现,中华民族的传统文化观念凝结成可贵的民族精神。

三、民族精神的界定

前文界定了同民族精神相关的概念,是为了更好地明确民族精神的科学内涵。民族精神的形成,从物质角度看,地理环境、特定的历史经历和社会发展进程对文化的选择,是各民族精神形成的自然因素;从精神层面看,杰出人物、宗教和国家的作用是民族精神形成的主要社会因素,其中国家的作用又是主导的因素。由此可见民族精神不是一种静态的存在和传统,而是随着社会的发展始终处于一种积累、进步的过程之中,不断地更新、提高、升华。

从对于民族和民族文化的分析之中,能够看到民族精神之所以产生的前提。同民族一样,民族精神也是一个历史性概念,学界对于民族精神的界定也不尽相同。

西方学者对民族精神的界定,据考察,早在18世纪德意志的民族主义思潮中,就曾有过"民族精神"的提法,但并未形成严谨的理论概念。西方理论界形形色色的关于"民族精神"的界定中,以下三种界定思路尤为值得关注。

首先是以黑格尔为代表的界定,注重于民族精神的历史基础。黑格尔曾被恩格斯誉为当时"全科全书式"的具有"历史感"的哲学家,他注重从人的自由意识——世界精神的现实具体形成过程中展现民族精神,并力求在逻辑上和功能上达到对于民族精神界定说的全面统一。他认为"在世界历史的形成中,一个特殊的民族精神应该当作只是一个个人,因为世界历史是'精神'在各种最高形态里的,神圣的,绝对的过程的表现——'精神'经过了这种发展阶段的行程,才取得它的真理和自觉。这些阶段的各种形态就是世界历史上各种的'民族精神',就是它们的道德生活,它们的政府,它们的艺术、宗教和科学的特殊性。"①在外延的角度上,他认为民族精神是"国家内在表现他自己,而且使自己被认识的普遍原则——包括国家一切的那个形式,——就是构成一国文化的那个一般原则,但是取得普遍的形式,并且存在于那个叫作国家的具体现实里的——那个确定的内容是'民族精神'本身,现实的国家在它的一切特殊事务中——他的战争、制度等等中,都被这个'民族精神'所鼓舞,同时,人类对于他的这种精神和本质,对于他和这种精神的原始统一,也必须获得一种自觉。"不难发现,黑格尔这种界定方式,源自他在《精神现象学》中关于精神的界定说和家庭、国家、民族概念。因此,黑格尔所说的民族精神不仅是已经取得认同的普遍性原则,而且这种普遍性原则的取得本身也是一种现实的、具体的过程,在这种意义上我们可以说,黑格尔的民族精神概念有很强的主观性和理论性,但他又认为民族精神总是活跃在世界历史这个巨大舞台上并发挥着巨大作用,因此可以认为黑格尔所说的民族精神也兼具较强的现实性。

其次是以马克思为代表的界定,尽管在马克思的任何著作中我们都未能看到关于"民族精神"的明确论述,但是他在总体思想上继承了黑格尔关于民族精神的基本研究思路,又超越了黑格尔的绝对唯心主义视角,将民族精神问题纳入当时

---

① [德]黑格尔:《历史哲学》,王造时译,上海书店出版社1999年版。

的社会问题中加以探讨。黑格尔认为拿破仑不过是骑在马背上的“世界精神”，世界精神的外化生成了大千世界，他突出强调了精神在社会发展中的作用。而马克思则将神秘的“世界精神”从天国拉回到人间，科学地建立了以生产力为核心范畴的历史唯物主义。在马克思看来，精神受物质的影响，社会意识则受社会存在的制约，因此对于民族精神的理解，马克思反对将之神秘化、抽象化，而是强调应该从“现实的人”出发，以历史唯物主义的科学方法论来探析民族精神在社会发展中的具体作用。现实的人不是抽象地蛰居于世界之外的存在，而是从事生产的具体的人，在生产的过程中，又组成了团体，形成了人的阶级性。随着社会再生产的不断进行，逐渐形成了交往的需要，产生了语言、宗教、文化等形式的社会意识，民族精神作为社会意识的“子集”，也正是在此过程中得以形成。概言之，从人的阶级性、从“现实的人”的视角来分析民族精神，是马克思对于黑格尔的重要超越。

此外，还有学者从文化的视角来解读民族精神，通过文化差异和文化认同的角度来考察民族精神。一些西方哲学家认为，人类文化是通过民族文化而存在和表现的，民族精神则构成了民族文化的概念内核。民族文化之间的差异一方面通过人们的生产方式与生活方式表现出来，另一方面则通过思想观念和价值体系表现出来。从民族精神入手才能真正深度理解民族之间的文化差异。

综合以上三种对民族精神的界定方式，可概括出民族精神就是一个民族所普遍表现出来的精神活力和个性特征，以及普遍遵奉的有利于社会进步和民族利益的理想信念、价值追求和道德风尚。这种精神体现着鲜明的民族性格、积极的民族意识，蕴含着民族文化的精华和活力。具体表现在以下四个方面：

(一)民族精神首先是一种精神状态和精神力量

它蕴含的是一个民族普遍表现出来的精神活力和个性特征，是普遍遵奉的有利于社会进步和民族团结的理想信念、价值追求和道德风尚。以中华民族为例，20 世纪初，中国社会处于水深火热之中，是民族存亡的关键时刻。一系列民族救亡运动纷纷兴起，维新运动的失败使中国时代思潮的主旋律由温和的改良运动转变为激烈的革命。以孙中山为代表的革命派，从爱国救亡、反帝反封建的政治斗争出发，也十分关注民族精神的改造即“国魂”的铸造，强调对民族心理、民族性格的再塑造。

20 世纪 30 年代初至 60 年代，毛泽东从中国革命生活中提炼、并在思想和理论上概括出中华民族的两大精髓,一是永不服输的革命精神,二是自力更生、艰苦奋斗的自强不息的精神。例如在革命历程中逐步形成的井冈山精神、长征精神、延安精神、西柏坡精神等。

(二)民族精神是一种普遍认同和共同遵循的品格

民族精神是为本民族所认同和遵循的思想品格、价值取向和道德规范,是一个民族心理特征、文化传统、思想情感的综合体现。相对于其他民族来说,民族精神是一个民族的自我意识和自我认同,是一个民族的集体人格的体现,是一个民族区别于其他民族的精神特质的总和。中华民族有着五千年的历史,是世界历史上唯一一个文明传承未有断裂的国家。而中华民族的精神正是蕴含在传统文化特别是传统伦理道德观念之中,这是亿万中华儿女的根系所在,更是中华民族"鸣盖世""现中兴"的精神支柱。

(三)民族精神是民族文化中的核心和灵魂

民族精神是建立在共同利益之上,维系中华民族生存与发展的一种内在精神力量,它虽然离不开一定的经济基础和社会历史条件,但归根到底属于观念形态范畴。与此同时,民族精神还是一个文化范畴,属于一定的民族文化,是在民族文化的发展中孕育和成长起来的,是民族文化的深层内涵。因此,民族精神又被认为是民族文化的核心和灵魂,是一个民族在历史活动中表现出来的富有生命力的优秀思想、高尚品格和坚定志向。

(四)民族精神是一个内容丰富、形式多样的精神文明范畴

从时间上看,有传统民族精神和现代民族精神之分。前者指一个民族在历史发展中形成的,流传至今并仍有积极作用的优秀文化传统;后者反映一个民族在当代存在和发展的观念,已成时代精神。从空间上看,有广义民族精神和狭义民族精神之别。广义民族精神是指世界民族共同具有的、为世界人民所普遍接受和遵循的价值取向和道德规范;狭义的民族精神则是一个民族特有的、实现民族自我发展的全民族的主体意识。从结构上看,其横向结构有作为民族社会的民族精神,它是民族发展的精神支柱和内在动力;作为民族文化的民族精神,特指传统文化的精华部分;有作为民族共同心理素质的民族精神,即健康的、积极进取的心理状态。其纵向结构有两个层次,高层次的民族精神包括民族自觉意识、理论原则和文化价值取向;低层次的民族精神包括民族性格、传统习惯和情感、态度等。

民族精神作为“精神”范畴内的对象，在历史唯物主义者看来，显然并不是“先验”或“超验”的神秘存在，而是在人类的具体实践过程中形成的。对于民族精神的形成原因，主要有以下几种观点：

“地理环境决定说”。认为民族精神的形成受地理因素的影响，如气候、土壤、水分等地理环境因素。孟德斯鸠认为“气候有时可能极度炎热，使身体完全丧失力量。这种萎靡颓废的状态将传染到人的精神：没有丝毫的好奇心，没有丝毫高尚的进取心，也没有宽容豁达的感情”。① 孟德斯鸠看到了地理环境的巨大作用，然而这种粗陋的唯物主义观点难以解释很多处于同样环境下的人会形成巨大差异的精神品格。不过，毕竟孟德斯鸠看到了精神之外的物质因素的影响，这是值得肯定的。黑格尔就批评了“地理环境决定说”的缺陷：“我们不应该把自然界估量得太高或者太低：爱奥尼亚的明媚天空固然大大地有助于荷马诗的优美，但是这个明媚的天空决不能单独产生荷马。而且事实上，它也并没有继续产生其他的荷马。在土耳其统治下，就没有出过诗人了。”②

宗教。据统计，时至今日，有宗教信仰的人约占全世界人口的三分之二以上。宗教对于民族精神的形成有着强烈的作用。民族精神不是从天而降、从来就有的，最初的形成与宣扬大都采取“神话”的形式，在神话、传说等原初形式的宗教中，民族精神被口口相传。因此，宗教从其诞生起便打上了民族性的烙印。宗教对于人们的日常生活有着广泛的影响。“宗教既是一种精神文化，也在相当大的范围内发展成了一种制度文化。在这种背景下，它对社会的影响便无所不在。当一个社会的经济生活、文学艺术、饮食服饰、婚丧嫁娶、言谈礼仪乃至政治结构处处都受到宗教的熏染时，它的民族精神也不能不受到强烈浸染。宗教的民族性和对社会影响的广泛性使得它对民族精神的塑造是全方位的。”③恩格斯在讲到民族宗教的形成时说：“在每一个民族中形成的神，都是民族的神……只要这些民族存在，这些神也就继续活在人们的观念里。”④宗教作为一种信仰，直接影响着信徒的信念、价值观、道德。德国著名社会学家马克思·韦伯在其名著《新教伦理与

---

① ［法］孟德斯鸠：《论法的精神》（上册），张雁深译，上海人民出版社 1961 年版。

② ［德］黑格尔：《历史哲学》，王造时译，上海书店出版社 1999 年版。

③ 王希恩：《民族精神的形成和发展》，载《世界民族》，2003 年第 4 期。

④ 《马克思恩格斯选集》第 4 卷，人民出版社 1995 年版。

资本主义精神》中论述了宗教观念(新教伦理)与隐藏在资本主义发展背后的某种心理驱力(资本主义精神)之间的生成关系。韦伯力图使用分析统计数字确立一个事实,即资本主义兴业兴趣和成功率与基督教新教背景存在着某种相互关系:“粗看一下包含多种宗教构成的国家的职业统计,就会发现一种十分常见的情况,即现代企业的经营领导者和资本所有者中,高级技术工人中,尤其是在技术和经营方面受过较高训练的人中,新教徒占了绝大多数。……资本主义所具有的自由程度越高,这种效果就表现得越明显。”①“如果要发现旧日新教精神的某些特征与现代资本主义文化之间的内在联系,那么我们无论如何不可能从其被人说成多少有些唯物主义的,或者至少是反禁欲的现世生活享乐中去寻找,而只能从其纯粹的宗教特点中去寻找。”②

国家政权。国家政权在民族文化、民族精神形成中发挥着举足轻重的作用。如马克思所说,“统治阶级的思想在每一时代都是占统治地位的思想。”“支配着物质生产资料的阶级,同时也支配着精神生产资料,因此,那些没有精神生产资料的人的思想,一般地是隶属于这个阶级的。”③从中国古代历史上儒家的起伏命运就可看出来统治阶级对于社会意识、民族文化的支配性作用。儒家学说在先秦只是诸子百家当中的一家,秦始皇“焚书坑儒”后近乎凋落。在汉代董仲舒谏言后,汉武帝“罢黜百家,独尊儒术”,成为中国古代的主导社会意识。现在人们说中国的民族精神有着鲜明的儒家色彩,其原因正在于我们的民族精神始终受着儒家学说的影响,其中蕴含着浓厚的儒学成分。由于国家政权是服务于阶级利益的工具,因此就像列宁所说,“每个民族文化,都有一些民主主义的和社会主义的即使是不发达的文化成分,因为每个民族都有被剥削劳动群众,他们的生活条件必然会产生民主主义的和社会主义的意识形态。但是每个民族也都有资产阶级的文化(大多数还是黑帮的和教权派的),而且这不仅表现为一些‘成分’,而表现为占统治地位的文化。”④也就是说民族文化通常带有阶级性。列宁认为在1913—1914年期

---

① [德]马克思·韦伯:《新教伦理与资本主义精神》,彭强、黄晓京译,陕西师范大学出版社2002年版。

② 同上。

③ 《马克思恩格斯选集》第1卷,人民出版社1995年版。

④ 《列宁选集》第2卷,人民出版社1995年版。

间,俄国自由派资产阶级高喊的"民族文化"执行的是传播资产阶级民族主义的任务。在当时的条件下,"民族文化"并非真正是民族的,而是资产阶级的,是为资产阶级服务的。"民族文化"不过就是用来"麻醉、愚弄和分化工人,使工人听任资产阶级摆布,——这就是当代的基本事实。"①可见,民族文化、民族精神一定程度上不可避免地附带着阶级性的印记。如西方国家一直以来主张的"平等""自由"等"民族精神",其实质不过是法律上的平等掩盖了事实上的平等,形式上的自由掩盖了本质上的自由。尽管如此,这也并不否认民族精神的普遍性特征。"民族精神作为一种文化的核心和灵魂,它总是体现了该文化的积极成果,这种积极成果不仅代表了该文化的进步力量,而且反映了世界文明发展的方向,因而能够为各个国家、民族所接受,其精神价值必然具有某种普遍性。事实上,真正能够称得上民族精神的,不仅仅在于它的特殊性,而且还在于它所具有的普遍性,即它所内含和彰显的人类文化价值、人类文化精神。"②

社会存在。历史唯物主义认为社会存在决定社会意识,社会意识具有一定程度上的相对独立性,对社会存在具有能动的反作用。社会存在是社会物质生活条件的总和,包括生产方式、地理环境、人口。其中,生产方式对于社会发展起决定性的作用。"既然唯物主义总是用存在解释意识而不是相反,那么应用于人类社会生活时,唯物主义就要求用社会存在解释社会意识。"③可见,历史唯物主义对于民族精神之形成原因的解答既超越了"地理环境决定说",也超越了片面的"宗教""国家政权"起主要作用的观点。

历史唯物主义认为民族精神并不是从来就有的,而是一个民族在长期共同生活和社会实践中逐渐形成的历史范畴。在民族形成的初始阶段,各民族的精神状态还是很不稳定的,且带有随生随灭的特点。当一个民族在相沿相因和代代相传的历史发展中逐渐壮大起来,在改造自然、改造社会和改造民族自身的过程中逐渐成熟起来以后,就逐渐领悟、总结出一些有利于本民族发展的原则、观念,作为人们处理族内关系和族际关系、反抗外敌入侵和维系民族团结的行为准则。这些原则、观念经过世代相传而不断丰富和发展,并通过民族的语言、文学艺术、社会

① 《列宁选集》第2卷,人民出版社1995年版。

② 韩震:《论民族精神的历史性与时代性》,载《理论月刊》,2007年第1期。

③ 《列宁选集》第2卷,人民出版社1995年版。

风尚、风俗习惯、宗教信仰、体育游戏、道德情操等形式固定下来,就成为影响该民族过去、现在和未来的民族精神。民族精神绵延不绝和不断振兴,是一个民族具有蓬勃生机的重要标志。

第二节 民族精神研究范式的当代转变

民族精神作为民族文化的精华与灵魂,对于民族精神的研究显然要从民族文化着手,从历史性的民族文化来分析民族精神的嬗变与发展。尽管当前学界对于民族精神的研究已经取得了不错的成绩,但也透露出一些重要问题亟待克服。一是转变过去的单个民族的研究范式,超越以往的"传统—现代"单个民族的研究方法。二是对于民族精神进行非历史主义的现象学梳理,主要表现在仅就民族文化谈民族文化,视角局限在民族文化、民族精神的范围之内;或者仅仅是从历史上感性地梳理民族文化与民族精神的特点、特征、功能,而没有对民族文化的形成机制、影响因素进行理性的深入分析。对于民族文化、民族精神的深入探析需要转变传统的研究范式,将之纳入新的研究视域。我们认为,这个范式的转变包括两个层面,一是全球化的视角,二是精神生产的复杂作用。只有在全球化与精神生产的复合视域下审视民族文化与民族精神,才可能切实把握中华民族精神的发展轨迹。

一、际遇与挑战:全球化的双刃剑作用

1840年以前的中国,是农业文明高度发达的封建社会。数千年以来中国一直是东亚最古老的文明之国,周边小国是道德文化低下的"夷",再外面是未开化的"蛮",这些蛮夷之邦与中国保持着悠久的朝贡关系。对于中国来说,在鸦片战争之前,"华夏中心主义"盲目乐观、坐井观天式的荒唐观念盛行。儒家文化盛行于东亚,造成国人普遍抱有华夏中心主义这样的盲目乐观思想。"在中国人的眼里,中国的文明不是一种文明,而是唯一的文明,而中国的生活方式不是一种生活方式,而是唯一的生活方式,是人类心力所及的唯一的文明和生活方式。"①鸦片战

① 林语堂:《中国人》,浙江人民出版社1988年版。

争结束了中国闭关锁国、孤立发展的历史，使中国"被动"地进入全球化、现代化的世界蓝图之中。

（一）全球化带来的挑战，促使民族文化被动前行

在全球化的视域下，整个世界是一个存在密切的相互作用的有机体。如马克思所说，在全球化到来的时刻，"过去那种地方的和民族的自给自足和闭关自守状态，被各民族的各方面的互相往来和各方面的互相依赖所代替了。物质的生产是如此，精神的生产也是如此。各民族的精神产品成了公共的财产。民族的片面性和局限性日益成为不可能，于是由许多种民族的和地方的文学形成了一种世界的文学"。① 在全球化的潮流中，不同国家、不同民族、不同文化都在进行着直接或间接的物质交往与精神交往，一定程度上形成了经济全球化、文化全球化的交往态势。这种交往和经济的全球化，使得如何看待各民族不同的文化传统和他们伦理大国之间的关系问题成为近年来世界关注的焦点。多年来关于民族文化的讨论主要是在"传统—现代"的框架中进行的，现在看来，时至今日，"有必要将这一框架置入'全球化—民族化'这一更大的视野或框架中来考察"。② 由于全球化已发展为研究民族文化的重要背景和内在因素，因此探讨现代民族文化，不可能绕过或忽略全球化这一客观现实。

如同当代哲学已经完成了由"主体性"向"主体间性"的范式跨越，民族文化的研究也正在经历由"文化主体性"向"文化主体间性"的范式转型。毋庸赘言，孤立地将某一特定的民族文化从有机联系的世界文化整体之中分离出来进行分析与研究，诚然有必要，但若止步于此，只聚焦于特殊，而忽视、抹杀了这一特定民族文化与其他民族文化的相互作用客观存在的现实背景，无异于犯了"形而上学"的错误。

在全球化的视阈中，民族文化之间存在着既相互交流、相互吸收、相互促进的"双赢"局面，也存在着文化征服、文化殖民这样的对于处于弱势力量的文化的颠覆。文化的消失灭绝从语言上可以窥见一斑。根据联合国教科文组织最新发布的《濒危语言图谱》，全世界现存的语言大约还有6000多种，据专家估算，其中一半以上的语言将在20世纪末消亡，80%－90%则在未来的200年灭绝。今天人类

---

① 《马克思恩格斯选集》第1卷，人民出版社1995年版。

② 丰子义：《全球化与民族文化的发展》，载《哲学研究》，2001年第3期。

语言种类的消亡速度是哺乳动物濒临灭绝速度的两倍,是鸟类濒临灭绝速度的四倍。作为文化传承的载体,语言的消失,文化必然也随之消逝。战争状态下更容易发生文化颠覆现象,“如果出征民族的文化高于被征服民族,出征民族就迫使被征服民族接受自己的文化,反之,被征服者就会迫使征服者接受自己的文化。”①

全球化不仅给发展中国家、落后国家提供了发展的契机,也不可避免地构成了严峻的挑战。不可否认,文化的平等交流是个理想状态。而在现实中,总存在强势文化侵略、吞并弱势文化这样的文化殖民事例,或直接或间接,或显性或隐性。“本来每一个民族的文化都是平等的,世界也不应由任何一种文化来主宰,然而在文化与经济的硬性‘捆绑’下,民族文化的发展受到了严重扭曲,似乎经济越发达,民族文化也就越优秀。经济文化化、文化经济化成了全球化的一个突出现象。这种现象客观上构成了对民族文化发展的一种威胁。”②在全球各个国家都在竞相输出自己的文化产品的形势下,未来国家之间经济实力的衡量比较,文化产业将会是一个关键环节,如美国第一大出口产业自2000年以后,始终是文化产业。西方资本主义国家目前仍然是全球经济力量最为强盛的国度,每年都向其他发展中国家、落后国家输送大量的物质产品与精神产品,如美国的好莱坞每年拍摄大量的电影,将美国文化输送至全球各个角落,文化被像工业那样付诸生产,形成文化产业。美国的文化产业比较发达,有着优良的制作技术与营销手段,堪称是全球化的弄潮儿,不少中国元素的故事题材在美国成熟文化产业的运作下,取得了不错的票房成绩,如《功夫熊猫》《花木兰》。而中国的文化产业还不成熟,与资本主义列强各国相比,欠缺文化市场化的经验。同样是歌颂爱情,国产电影缺乏《泰坦尼克号》这样的感召力和影响力。这就说明了一个国家文化产业的发展程度很大程度上会影响民族文化是否能够、多大程度上能够走向全世界。如果文化产业不发达、不成熟,那么生产出来的产品往往受众就少,影响就轻。文化的全球化使得任何一个人都置身于不同文化的包围当中,每种文化都在争相吸引受众的注意力,都在争夺文化的“话语权”,这样一来,关注度低的民族文化就难以被更多的人认可。这种隐性的文化侵略对于处于弱势地位的民族文化来说,愈来愈具有威胁性。文化安全日益成为发展中国家和落后国家关注的重要问题。

---

① 《列宁选集》第4卷,人民出版社1995年版。

② 丰子义:《文化发展面临的机遇与挑战》,载《理论视野》,2009年第9期。

（二）全球化带来的机遇，推动民族文化主动发展

在全球化的视阈中，文化是极富差异性的多元存在。每一种文化形态都反映了民族的特色，因此，每一种文化都是有其存在价值的。文化的特殊性并不是说文化是截然不同的。用梁漱溟先生的话说，文化是"人生活的样法"，是人们生活状态的客观映现，因此既然不同国籍、不同民族的"人"都称为"人"，那么"人"的活法多少还是有些共性的，不同文化之间也必然存在着共通之处。如果两种文化完全差异，截然不同，我们很难想象这两种文化能够彼此倾听、相互理解、相互交流，这显然不符合事实。也就是说，不同的文化形态之间总是"共性"与"个性"、"特殊"与"一般"的辩证关系。

联合国教科文组织于2000年发表的《人类文化多样性宣言》表明，对于世界文化多样化现实的承认，已经成为一个权威性的普遍共识。当然，对于文化差异性、多样性的承认，并不是否定了文化的可比较性，并不是主张应该以一种"文化相对主义"的态度来对待民族文化。文化有"新"与"旧"、"先进"与"落后"的分别，甄别某一种民族文化的先进还是落后的标准并不是抽象的理念——如正义、平等、人权等形式的抽象概念，而是"要看它是否能够为主体自身的生存发展提供资源，包括道义、智力等方面的精神资源，也包括体制空间、机制活力等制度资源。能够提供这种资源的文化，对于它的主体来说，就是合理的、有效的文化；能够充分提供这种资源的文化，对于它的主体则是先进的文化。总之，以主体自身为尺度，同样能够准确有效地判定一种文化的意义，并做出合理的选择。"①因此文化的发展需要以开放的心态广泛吸收其他文化的长处，克服自身的缺点与不足。如毛泽东所说，"中国应该大量吸收外国的进步文化，作为自己文化食粮的原料"。②

从宏观上看，全球化是国家与国家、民族与民族之间的相互联系、相互作用；从微观上看，全球化是经济、政治、文化的交流与碰撞。全球化最为直接的展现就是经济一体化，跨国公司的兴起，采购、销售的全球范围化，在经济层面形成了不同国家之间互通有无、竞争合作的态势。经济全球化进一步促进了文化的全球化。随着全球化的深入发展，文化与经济以及其他社会生活日益一体化。经济与文化的密不可分表现在：一方面实体产业的发展必然会打上文化的烙印。企业的

---

① 李德顺：《论多元文化主体的权利》，载《社会科学战线》，2010年第3期。

② 《毛泽东选集》第2卷，人民出版社1991年版。

生产与大众的消费都反映出主体的价值取向、兴趣爱好、生活习惯、社会风俗，也即反映出文化的特征。另一方面，在经济的作用下，文化的生产与传播也存在着被“产业化”的可能。即商品被外在赋予其特定的文化含义，如国旗上的图像，产品由于所“具有”的文化含义才摇身一变成为“商品”，在全球化的时代，所有的消费行为都变成了文化消费，或是彰显消费者价值观念、爱好兴趣、社会习俗等等的文化内涵，或是无意识的“符号消费”①。显而易见的是，现如今，符号消费的范围与程度随生产力水平的提高而不断加深，甚至是没有多少实际用途的物品也会变成商品。甚至一些并没有使用价值的物品都会被符号化，从而成为商品。例如可口可乐，据统计，可口可乐公司在2012年的广告费用高达33亿美元，在世博会、奥运会、各类体育比赛、杂志、电影中遍布其广告，由此可见可口可乐公司重视符号生产的程度。如可口可乐公司前任总裁伍德拉夫所言：“可口可乐99.61%都是碳酸、糖浆和水，如果不进行广告，那还有谁会喝它呢?”消费者品尝可口可乐的原因大致是“我们喝的是广告上那幅少男少女畅饮的景象，我们喝的是‘喝一口使你精神百倍’的标语，我们喝的是美国人了不起的习惯，我们很少去品尝味道”。② 伍德拉夫的这句话说明了可口可乐公司为何每年不惜巨额花销用于广告宣传，也映射出文化消费的客观现实。

如何看待多元的民族文化之间的关系，例如不同的民族文化是否能够比较?如果可以比较，有无先进、落后的区分? 在这些问题上，我们要避免两个错误：

一方面是以绝对同质化的观点来看待不同的民族文化。这种观点认为不同的文化尽管表现各异，从本质上看，却是相同的。持这种观点的人在今天已经很少了，在中国历史上曾经出现过的“西学中源说”即为代表，康有为、谭嗣同主张从其起源上说，西方文化源自中国文化。“西学中源”从本质上彻底取消了中西文化的差异，其实不过为了中国能够学习西方的经济制度、政治制度找一个理论的依据而已。值得说明的是，回过头来看，五四时期曾经出现过“全盘西化”的观点，论者意图全盘否定中华民族的传统文化，完全复制西方国家的经济、政治、文化，完

① “符号消费”是法国著名社会学家、哲学家鲍德里亚所提出的一个概念，意在指认当今的西方社会已进入“消费社会”，消费不再是出于对于物的功能性的使用或占有，也不是借助商品炫耀自身的社会地位，而是对于物外在承载的符码的消费。

② [美]艾里希·弗洛姆：《健全的社会》，孙恺详译，贵州人民出版社1994年版。

全放弃传统,正所谓“忘记过去意味着背叛”,这种激进的错误与绝对同质化的文化观不无关系。

另一方面是陷入文化相对主义。文化相对主义承认文化的多元性与平等性,这对于“文化同质论”显然是个进步,然而文化相对主义者却认为所有的民族文化都是同样深刻的(或是同样浅薄的)、都是同样正确的(或是同样错误的),这样的文化相对主义取缔了文化个性与特殊性之研究的必要,实则是温和的折中。承认文化的多元性与平等性是就文化存在的意义与价值而言,反对文化间的强权侵蚀,主张多元文化的平等对话,但这并不意味着所有的文化形态都是积极向上的,在文化对于人的陶冶、教育层面,总是可以比较的。梁实秋先生曾指出“我们若把文化分析成若干部门,我们就可发现:①有中国优于西洋者;②有西洋优于中国者;③有不必强分优劣而可并存者;④此外更有中西俱不高明而尚有待于改进者”①。

民族文化在外来文化的复杂作用下,必然会发生一些不同程度上的改变。在适当条件下,能够吸收其他文化的精华,获得发展的际遇。中国的民族文化也是如此,“五四”时期传统文化注入了西方的科学精神、民主意识等新鲜血液,吸收了很多外来文化的精髓,从而使中国走出了半殖民地半封建的落后困局。民族文化的发展势必也会导致民族精神的升华。

二、升华或沉沦:精神生产的巨大效应

文化产业对民族文化发展有着至关重要的影响。文化产业作为文化的商品化生产过程,一方面是精神生产过程,生产出思想、观念、意识等文化意蕴的对象;另一方面是物质生产过程,生产出文化赖以传播的载体。其中,精神生产的重要程度要远大于物质生产,同样的一部电影,中国并不是不具备国外的制作技术,但被全球观众广泛认同的寥若晨星,究其原因,是精神生产的不成熟、不发达所致。因此,在世界成为一个紧密相连的“地球村”的背景下,民族文化、民族精神的发展程度越来越取决于该民族精神生产的境况,民族文化的传承、发扬光大离不开精神生产的作用。

---

① 梁实秋:《自信力与夸大狂》,载《文化建设月刊》,第1卷第10期。

“精神生产”是马克思在《德意志意识形态》中所提出的一个概念,是指“思想、观念、意识的生产”,科学技术、理论探讨、文学艺术、文化道德、宗教信仰、法律法规都属于精神生产的范畴。人类历史上最初是祭司、僧侣、巫师在从事宗教性的精神活动,随着生产的不断发展,脑力劳动和体现劳动出现了分工,一些人专门从事脑力劳动,这才出现了真正意义上的精神生产。精神生产创造了民族文化赖以传承的载体,通过书籍、纪录片、故事片、电影等形式的载体是大众接受并认同民族文化的必不可少的重要途径。只有大力发展精神生产才能满足人民群众日益增长的文化需求。通过精神生产,发展科学教育事业,发展哲学社会科学、文学艺术、新闻出版等文化事业,满足人民群众日益增长的精神文化需求,民族文化才能获得普遍认同,民族精神才能被铭记、宣扬与践行。

然而,精神生产并不都是人自由的创造过程,很大程度上受资本逻辑的支配作用。马克思曾明确指出“宗教、家庭、国家、法、道德、科学、艺术等等,都不过是生产的一些特殊的方式,并且受生产的普遍规律的支配”。① 也就是说,文化作为人类生活状态的凝结与抽象显现,像宗教、道德、法律、科学一样隶属于“社会意识”的范畴,受着“社会存在”的影响与制约,其中,对文化影响最为强烈的要属“生产”,这里的“生产”概念不仅包括物质生产,也包括精神生产。科技的发展、法律规章的制定、文学艺术以及人们的道德面貌都受当时社会生产力水平的限制。马克思所说的“生产的普遍规律”是指资本逻辑的支配作用。众所周知,资本主义社会中生产的根本目的不是为了满足大众的需要,而是追求剩余价值的最大化,实现资本的增殖,获得比投入生产过程中更多的货币。正如马克思在《资本论》所引用托·约·邓宁的论述,“如果有 10% 的利润,资本就会保证到处被使用;有 20% 的利润,资本就能活跃起来;有 50% 的利润,资本就会铤而走险;为了 100% 的利润,资本就敢践踏一切人间法律;有 300% 以上的利润,资本就敢犯任何罪行,甚至去冒绞首的危险。如果动乱和纷争能带来利润,它就会鼓励动乱和纷争。走私和贩卖奴隶就是证明。”②资本的这种疯狂追求利润最大化的趋势即是资本运行逻辑的体现。如马克思所说,“资本是资产阶级社会的支配一切的经济

① 《马克思恩格斯全集》第 3 卷,人民出版社 2002 年版。

② 《马克思恩格斯选集》第 2 卷,人民出版社 1995 年版。

权力。”①资本逻辑作为一束“普照光”“特殊的以太”支配着物质生产与精神生产过程。

与全球化一样,资本逻辑支配下的精神生产对民族文化也有双方面的作用。一方面,以追逐利润为导向的生产方式有利于文学艺术的传播,有利于文学、文化的大众化。借助现代的复制技术,达·芬奇的《蒙娜丽莎》能够被大批量复制生产,从而“飞入寻常百姓家”,文学、文化被商品化无疑会使更多的普通民众了解原本只有精英阶层的人专属的高雅,也为更多的人从事文学艺术的创作提供了物质条件。这种以利润导向的精神生产使文化被产业化,使生产出来海量的文化产品得以被消费,就同一种文化商品而言,产品的数量越多,其影响就会越大。因此从长远意义上来说,资本逻辑决定了民族文化的传播范围。另一方面,资本逻辑可能会桎梏文学艺术的发展,对民族文化的整体性发展造成负面影响。当精神生产主要考虑精神产品的经济效益时,精神生产就变成了商品生产,“精神生产完全商品化造成庸俗产品泛滥,创造出大批喜欢庸俗趣味的大众,后者又造成对更多的庸俗产品的需求,从而扼杀高级、严肃的精神生产。这种恶性循环如果扩展到精神生产各个领域,并且长期延续下去,其终点可能就是整个民族文化水平的严重下降!”②资本逻辑促使一些能够带来利润的文学艺术产品被批量化地生产,并不关注产品本身是否积极的、健康的,是否有利于人的自由全面发展,而仅仅关注货币的自我增殖,这势必会造成庸俗媚俗产品的泛滥,而真正充满人文关怀的高雅文化难以付诸生产,从而无法发挥出净化人的心灵、升华人的精神追求的作用。资本逻辑追求的是文化产品的经济效益,因此,就会选择适合市场化的、能够满足市场需求的民族文化付诸生产,而不会关注文化产品的社会效益,如一段时期内,关于贪官和珅的种种为官哲学的书籍大行其道,甚至进入了收视率甚高的百家讲坛节目,这对于“反腐”来说无异于是个巨大的“讽刺”。

当然,并不是所有的精神生产都会沦为资本逻辑支配下的产物,也存在着自由的精神生产。很多知识分子不被金钱、权力所诱惑,坚守着学术的良知和人格的尊严,在历史上留下了光彩的印记。他们自由的精神生产对于民族文化的阐释、宣扬来说居功至伟。正因为存在着自由的精神生产,精神生产才与物质生产

---

① 《马克思恩格斯全集》第30卷,人民出版社1995年版。

② 王锐生:《论精神生产与商品生产》,载《社会学研究》,1986年第2期。

的发展呈现出不平衡性:物质生产不发达,但精神生产发达。用恩格斯的话说,"经济上落后的国家在哲学上仍能演奏第一提琴"。希腊艺术文化之所以成为人类文明史上的绚丽奇葩,很大程度上是因为资本逻辑尚未支配精神生产,精神生产是思想家、学者们自由精神劳动的结果。由此可见,自由的、不受资本逻辑力量支配的精神生产的重要性。但是在当代,在市场经济主导着社会运作的背景下,精神生产正逐渐蜕变为追逐利润的商品生产,倡导物欲享受的消费主义大行其道,精神生产被商品化的程度越来越大,受资本逻辑支配的精神生产越来越多,此时人文关怀的精神生产的重要性更加凸显出来。

在现实中,按照文化艺术产品的受众多少来区分,受资本逻辑及意识形态影响的文化艺术通常表现为"主流文化",而自由的精神生产对象往往表现为"非主流文化"。非统治地位、非主流意味着并不是社会上被普遍接受的主流观念,但并不意味着非主流文化一定是落后或腐朽的文化。非主流文化有可能是超前于社会主流意识形态的先进思想。当消费主义在全球范围内如洪水般泛滥时,梭罗独自一人在瓦尔登湖畔过了两年独立的、"自给自足"、回归人的本性的生活,他遵循本性生活,以确定什么是人生活当中的真实需求。他这样写道:"身处发达的物质文明中却经营一种原始的流放式生活,这么做也有许多收获。""我无法相信工厂竟是人类获得衣服的最佳产地……生产的目的不是让人穿出美丽、展现自我,而是让工厂赚钱。"最后得出如此的结论:人的富有程度与他可以毫无顾忌舍弃的事物成正比。梭罗的生活实践不仅证明了人有希望从各种非理性消费当中解放出来,而且表明了"非主流文化"存在着超前于主流文化的可能性。

因此,民族文化的发展需要不断协调处理好主流文化与非主流文化之间的关系,主流文化作为在社会经济、政治上居统治地位的阶级、阶层利益反映的思想文化,是居于社会生活主体地位的思想文化。如马克思所说:"一个阶级是社会上占统治地位的物质力量,同时也是社会上占统治地位的精神力量。"①当代中国的主流文化就是有中国特色的社会主义的文化,它既是我国社会主义经济、政治在观念层面上的反映,更从根本上促进着当代中国经济和政治的发展。如毛泽东所说:"一定的文化(当作观念形态的文化)是一定社会的政治和经济的反映,又给予

① 《马克思恩格斯选集》第1卷,人民出版社1995年版。

伟大影响和作用于一定社会的政治和经济；而经济是基础，政治则是经济的集中的表现。这是我们对于文化和政治、经济的关系及政治和经济的关系的基本观点。"①非主流文化包括宗教文化、流行文化、消费文化、饮食文化等反映个别民众生活样式的文化形态。其中，较为特殊的是传统文化。众所周知，中华民族历史源远流长，文化底蕴极为深厚，绵延五千多年。在"十月革命"一声炮响送来了"马克思主义"之后，传统文化与马克思主义之间由最初的斗争、到共存、发展到今天的和谐关系，最终形成了传统文化与马克思主义交融共存、交互发展的新格局。

今天，中华民族的民族文化一方面映照出儒家、道家、法家等传统文化的色彩，另一方面又以开放的心态不断借鉴与吸收外来文化，如马克思主义、基督教文化、自由主义、绿色思潮等外来文化。任何一种外来文化从一开始必然是以"非主流文化"进入人们的视野，民族文化的发展需要主流文化的开放包容的姿态来接受各种非主流文化当中优秀的精华成分，合理对待非主流文化，与时俱进地发展主流文化。唯如此，才能保持主流文化的先进性。如恩格斯所说，"'社会主义社会'不是一种一成不变的东西，而应当和任何其他社会制度一样，把它看成是经常变化和改革的社会。"②

民族精神作为民族文化的精髓与核心，是被广泛认可的准则或价值观，民族精神的传承、检验及时代性的丰富都依赖于每一历史时期的人们对于民族精神的身体力行，依赖于人们以新时代的眼光重新审视过往的民族精神，更依赖于人们在处于"流变"过程中的历史境遇中校正、丰富、发展民族精神的具体内涵。而人们对于民族精神的"重释"、重整、发展都是精神生产的过程，张岱年先生曾指出"民族精神必须具备两个条件：一是有比较广泛的影响，二是能激励人们前进，有促进社会发展的作用。一个民族应该对于自己的民族精神有比较明确的自我认识"。③ 民族精神要发挥其影响、激励人们前进、促进社会发展，只有让人民群众接受之、认可之、践行之、丰富之、发展之，才能使民族精神内化于心、外化于行，继而成为推动中国特色社会主义事业不断发展的强大精神力量。

---

① 《毛泽东选集》第2卷，人民出版社1991年版。

② 《马克思恩格斯选集》第4卷，人民出版社1995年版。

③ 张岱年：文化传统与民族精神，载《学术月刊》，1986年第12期。

第三节 民族精神的特征与功能

一、民族精神的特征

科学理解和把握民族精神的基本特征,对于我们深入了解民族精神的表现方式、历史发展、内在结构和培育途径等具有重要的现实意义。民族精神是民族文化之中能促进个人进步、国家发展的精华,是民族文化的核心和灵魂,民族精神的基本特征主要体现在民族性、历史性、相对稳定性、自觉性、开放性、能动性六个方面。

(一)民族性

民族精神的形成与发展都是基于一定的时空体系内发展的民族历史性的反映,是彰显民族个性的民族文化的精华体现。毫无疑问,民族精神是关于某个特定民族的精神,因此民族精神必然具有民族性的特征。用英国学者安东尼·史密斯的话说,"民族主义的力量恰恰来源于它的历史积淀。……它与其他现代信仰体系不同,权威不仅仅存在于民族的普遍意识中,而且存在于此民族或彼民族的特有形象和特性之中。民族主义使这种形象和特性变成了绝对性的东西。因此,民族主义的成功有赖于特殊的文化和历史环境。"①史密斯所说的民族形象和特性,就是民族精神的具体表现。民族性是该民族与其他民族相区别的精神标志或显著特征。民族精神是一个民族的自我意识,是民族成员对于本民族和本体文化的自我认同和自我归属,是一个民族在历史发展过程中所形成的带有本民族特点、体现本民族精神气质的意志和品质,是一个民族价值观念、共同理想和思维方式的集中反映。民族精神是通过不同历史时期的历史事件、历史现象所体现出来的共同思想和共同精神,绝不是某种看不见、摸不着的神秘抽象物。在全球化的时代,越是民族的,就越是世界的,不同地区、不同民族的文化需要保持相对的独立性,避免丧失了自身的文化特性,民族文化、民族精神的认同要在与其他不同的

---

① [英]安东尼·史密斯:《全球化时代的民族与民族主义》,龚维斌译,中央编译出版社2002年版。

民族文化、民族精神的比较中才能获得，换言之，只有在“差异”的结构中，人们才可能认识所属民族的特色。因此，民族文化、民族精神的突出特征是彰显民族特色，是民族性的文化与精神。民族精神一方面作为一个民族存在状态的反映与民族文化的凝结，彰显着民族的特殊性；另一方面，又是引导人类整体进步诉求的精神力量，因此存在普遍性。不同民族之间的民族精神或多或少存在“交集”。如方立天所说，“不同国家、民族的民族精神，是在不同的地理环境、经济背景、社会结构和历史条件下形成和发展起来的，具有程度不同乃至性质不同的差异性。同时，不同国家、民族的生存、发展又有某些共同规律，而且有的彼此又有过大规模的文化交流。由此，不同国家、民族的民族精神，既非完全相同，也非完全相异，即既有差异性，也有统一性。民族精神，可以是一个国家民族所特有的，也可能是几个国家民族所共有的，如爱国主义感情、勤劳勇敢精神，是许多国家民族都具有的。同时，也应当看到，这些精神虽有相似之处，这些精神的具体内容却不可能是完全相同的，我们认为，民族精神是维系民族生存、推动民族前进的精神，世界上不同国家、民族在长期实践中，共同构成一幅有同有异、同异交织的绚丽多彩的世界民族精神图景。”①

（二）历史性

民族精神的历史性是指任何民族的民族精神都不能简单地概括为永恒不变的绝对特质，而是一个与时俱进的历史积淀过程。民族精神的历史性主要表现在三方面：首先，民族精神作为一个民族发展进步的精神支柱和精神动力，总是与该民族在一定历史时期的历史任务相联系，不可能脱离民族的历史实践活动而独立存在和发展。正是“发展着自己的物质生产和物质交往的人们，在改变自己的这个现实的同时也改变着自己的思维和思维的产物。不是意识决定生活，而是生活决定意识。”②就同一个民族而言，在不同的历史时期民族精神也有不同的表现形式和时代内涵。其次，民族精神的传承与发展都依赖于某个民族精神生产的状况，马克思在分析物质生产与精神生产的关系时所指出的，“要研究精神生产和物质生产之间的联系，首先必须把这种物质生产本身不是当作一般范畴来考察，而是从一定的历史的形式来考察。例如，与资本主义生产方式相适应的精神生产，

① 方立天：《民族精神的界定与中华民族精神的内涵》，载《哲学研究》，1991 年第 5 期。

② 《马克思恩格斯选集》第 1 卷，人民出版社 1995 年版。

就和与中世纪生产方式相适应的精神生产不同。如果物质生产本身不从它的特殊的历史的形式来看,那就不可能理解与它相适应的精神生产的特征以及这两种生产的相互作用,从而也就不能超出庸俗的见解。"①即物质生产、精神生产都具有历史性,不同历史时期它们的表现形式会有所不同。就是说,民族精神的形成与发展都是历史性的过程,生产方式的变化导致了民族文化与民族精神不同程度上的变化。民族精神要适合时代的需要,反映时代的特点,才能随着时代变化而发挥民族精神的应有作用。正如恩格斯所说:"每一个时代的理论思维,从而我们时代的理论思维,都是一种历史的产物,它在不同的时代具有完全不同的形式,同时具有完全不同的内容。"②再次,民族精神的检验与评价标准是历史性的。民族文化的"精华"与"糟粕"之判别的标准是该民族所处的具体的历史条件。同样的民族精神,在特定的历史时期,对于有的民族来说,可能就是消极因素,阻碍社会的发展与人的进步,而对于其他民族来说,则变成了积极因素;以往的民族精神曾经作为积极因素发挥了其推动作用,而时过境迁到了今天,也可能会变成消极因素。一句话,是"精华"还是"糟粕"要留给具体的历史条件来检验与评价。如部分儒家思想,"三纲五常"对于以往的奴隶社会来说,是进步的积极因素,但对于民主、人权来说,则是退步的消极因素。

也就是说,民族精神不是一成不变的,它必然随着民族文化、历史、时代特点及社会环境的发展而发展。民族精神的发展首先表现在民族精神的量变上,通过对传统文化的学习认识、接受和继承,并跟随时代发展的步伐补充它的内涵、扩大它的外延,在面向世界中吸收其他民族的合理成分,并融入新的内容;其次表现为民族精神的质变,一个民族被外来民族征服或消灭,这个民族消亡后,其民族精神也便不会存在。研究民族精神的目的是要赋予民族精神以新的时代内涵和时代意义,彰显民族精神与时代精神的内在联系和与时俱进的理论品质,以便将民族精神的历史性与时代性的统一转化为推动我国现代化建设和民族伟大复兴的强大精神动力。

(三)相对稳定性

民族精神的历史性表明了民族精神变动不安的性质,然而这并不意味着不同

---

① 《马克思恩格斯全集》第26卷第1册,人民出版社1972年版。

② 《马克思恩格斯选集》第4卷,人民出版社1995年版。

历史时期的民族精神是完全异质的,正相反,民族精神是“变”与“不变”的辩证统一。一个民族从诞生之日起就经历着与自然恶劣环境的对抗,与外来入侵者的斗争,不管这个民族在其成长的道路上是一帆风顺还是荆棘丛生,民族精神必然伴随其始终。所以,一个民族在处理问题解决矛盾的过程中会形成统一原则、共同遵守的习俗、习惯、保持稳定的心理和精神状态,这种原则、心理渗透到人们的文化生活、意识形态中,用这种象征性的民族精神来维系本民族的生存和发展。任何民族都有规定本民族特质的民族精神,尽管他是在历史的发展过程中逐渐产生的,可是民族精神一旦形成便具有了相对稳定性。作为民族文化之中影响深远的、被大众普遍认同的组成,是经受一段或长或短的时间所考验后仍然留存下来的精华所在。民族精神的相对稳定性就表现在如果社会条件、历史条件不发生较大的变化,那么它就会持续发生作用。如中华民族的爱国主义精神,从古至今,无数朝代更替,无数仁人志士为了中华民族之崛起而不懈奋斗,写下了很多可歌可泣的感人篇章,无论历史条件如何变幻,对于国家的热爱、对于民族的自豪未曾改变,这便是民族精神的相对稳定性的体现。

(四)自发自觉性

民族精神的觉醒经过了一个由自发展到自觉发展的过程,民族精神是自发性和自觉性的统一。民族精神从诞生之初到之后的很长一段时间主要寓于风俗习惯、寓言和神话故事中。早期社会民族的聚集多是以血缘为纽带共同生活在特定地域,这种以血缘为纽带的生活共同体使他们在潜意识里具有维护本群体利益的本能,个体对群体具有强烈的凝聚力,表现出很强的依赖性。特有的生产生活方式,要求人们在客观自然环境的制约和作用下形成不同的行为规范、价值取向和精神气质,从而形成共同认可的民族精神。伴随着人类脑力劳动和体力劳动分工的出现,人类由野蛮走向文明,人类的自觉意识也在增强。民族精神的自觉性通过个体表现出来,孩童对民族精神的认识需要他人通过对本民族的历史、文化、价值观、思想、精神气质等多方面的教导和强化才能完成,只能通过这种环境氛围的引导才能规范和承担自己应负的责任和义务,对民族精神的认识是一个非自觉的过程。当个体的认知能力、辨别能力增强后,他会自觉承担自己所负的责任和义务,实现对民族精神的认识和培养从自发走向自觉。“随着民主化进程,现在的民族精神将越来越多地呈现为有自由权利和个人自我意识的公民的自觉选择,而不是社会内部臣民被动地、无意识地被灌输的结果。"①

（五）能动性

民族精神的能动性是指民族精神能够被本民族主体自我意识、自我反思、自我觉悟、自我否定和自我扬弃。民族精神不是一成不变的，要随着社会历史的发展不断进行自我否定和自我创新的，是一个不同时代的历史主体在不同的历史环境上不断重新解构、重新定位与建构的吐故纳新的过程。每一时代的民族都会以自己所处的时代为立足点，对本民族的民族精神重新加以审视，取其精华，去其糟粕，赋予鲜活的时代内容。也就是说，民族精神的自我否定和创新取决于民族精神的能动性，是一个与时代精神相结合的扬弃过程，是承续性与变异性、显在性与隐在性、建构性与批判性的统一。

（六）开放性

民族精神不是"一潭死水"，而是不断流动的"活水"。民族精神与时俱进的发展表明其具有开放性。民族精神的开放性体现在纵向传承和横向交流两个层面。在纵向上，民族精神的开放性是一个民族在历史发展进程中一脉相承的精神特征或思想意识，是民族在生产生活实践中逐渐形成的而日趋丰富和成熟的精神，它总是与一个民族的历史文化血脉相衔接，是民族文化传统不断积淀和升华的产物。任何一个民族的民族精神都与该民族的传统文化有着水乳交融的联系，是过去、现在与未来的统一。在横向上，民族精神的开放性是指不同的民族精神之间具有相互交流、相互引进、相互吸收、相互促进的根本性质。民族精神虽然主要是以本民族成员的实践为主要源泉，但优秀民族精神既是民族的，又是世界的，它对域外同族、外籍后裔和其他血统的民族成员都有吸引力、感召力，都为民族精神的开放提供了文化交流的可能。经济全球化打破了民族与国家的闭关自守的封闭状态，推动了各民族文化精神的相互引进、相互吸收和相互促进。不同文化间既有冲突，又有融合，冲突表现了民族精神、民族文化的相对独立性、地域性，融合表明不同文化可以互相交流、互相吸取营养，体现了民族文化、民族精神的开放性。"每一个民族的民族精神，随着社会历史的向前发展，都对以往的民族精神进行了扬弃，既保留了其合理的精华的要素，又依据现实生活和社会实践的要求，增

① 韩震：《论民族精神的历史性与时代性》，载《理论月刊》，2007 年第 1 期。

添了新的内容。"①

二、民族精神的功能

"事有必至,理由固然"。人类经历了几千年的风风雨雨,许多国家和地区都有各自的文明与文化。但是,要么出现了大幅度的断层,要么呈现了盛行而亡的态势,令人在惊叹其瑰丽的同时免不了"白云千载,人去楼空的感慨"。唯有中国文化,历尽沧桑,饱受磨难,于跌宕起伏中传承不辍,在数千年的发展中,成绩斐然。中华文明能绵延至今,与民族精神所具有的强大生命力密切相关。

民族精神是具有民族性、自觉能动性和实践性的高层次的人类精神,是民族积极的世界观、价值观和人生观的集中体现,是民族优秀文化的特质和标记。由于民族精神的性质使然,民族精神在民族和社会发展中发挥着凝聚、激励、协调、导向、价值整合、支撑等功能。

(一)民族精神的凝聚功能

人不是一个孤岛,而是处于社会联系之中的存在者。马克思曾指出人的本质不是单个人所具有的抽象物,而是现实的社会关系的总和。人与人的社会联系通过民族精神得以巩固加深。民族精神作为一个民族民族文化的精髓部分,是一个民族表现于文化中抽象和深邃的部分,更是一个民族得以生存、繁衍的精神支柱和动力。其凝聚的决定性根源,就在于文化认同。"文化哺育和传承了民族精神,滋养着民族生命力,激发着民族创造力。"民族精神是民族文化的精华之所在,民族生命力的焕发奠基于民族的凝聚力,唯有凝聚各个个体的力量,才能形成民族发展的"合力"。因此民族精神具有团结、凝聚整个民族的功能,它能够使民族精神的凝聚力在得到最大程度释放的过程中,把社会各民族、各党派、各阶层、各利益群体等一切可以调动的积极因素全部调动起来,民族精神的这种凝聚力是团结各民族群体形成一个稳定共同体的精神纽带。对一个国家来说,有没有民族凝聚力,关键是看有没有民族精神。如果没有民族精神做基础,民族情感就会逐步淡化,民族文化和民族信仰会随着与其他民族文化之间的相互交融而被同化或销蚀。民族习俗的特征也会逐步消失,从而也就难以在重大事件出现时表现出应有

① 吴灿新:《民族精神的涵义与价值》,载《学术研究》,2003 年第 11 期。

的民族凝聚力。可以说没有民族精神就难以表达民族凝聚力。进一步说,民族精神的强弱决定着民族凝聚力的强弱。有没有高昂的民族精神是衡量一个国家综合国力强弱的重要尺度。一个民族、一个国家,如果没有自己的精神支柱,就等于没有灵魂,就会失去凝聚力和生命力。中华民族是多元一体的具有强大凝聚力的民族,中华民族大家庭的和睦共处是关系到社会和谐与稳定的大问题,没有中华民族精神的凝聚作用,就没有海内外中华儿女的团结统一,就不会有中华民族的独立和伟大复兴。中华民族精神是中华民族凝聚力的核心,是中华民族智慧的结晶,为海内外中华儿女所认同,是凝聚海内外中华儿女的精神纽带。抗日战争时期的国共两党合作堪称是中国文明史上展现民族精神的强大凝聚力的光辉典范。

(二)民族精神的激励功能

民族精神具有激励感染力,所谓激励就是感召和推动力。它能够激发全体民族成员的精神斗志,成为扫除社会前进道路上的精神动力,能够鼓舞人民为实现理想和目标而努力奋斗、拼搏,能够鞭策民族成员去实现自己的价值,自觉地维护整体利益,维系整个民族的团结。民族精神不是抽象、空洞的存在,它渗透在人民的理想信念、价值追求中,并通过人民的历史实践和思想观念活灵活现地表现出来的。因此,民族精神在反映出一个民族人民群众的利益和愿望,民族成员的利益诉求和精神的同时,又激励和鼓舞着每个民族成员自觉地为了本民族的共同利益和目标而不懈奋斗。相对于个人而言,在中华民族文化基础上形成的民族精神,在自然层面讲求的是"天人合一",这同人对自然的看法紧密相连,是对自然界及其变化的感悟。孔子讲"逝者如斯夫,不舍昼夜",李白讲"夫天地者,万物之逆旅也;光阴者,百代之过客也;而浮生若梦,为欢几何",中华民族精神对人生是积极向上的态度。孔子正因感"逝者如斯"更加"发愤忘食,乐以忘忧";李白感到"浮生若梦"则"秉烛夜游"。可见在面对个人之人生时,并未因短暂便虚度,而是更加珍惜每一时刻。如朱光潜所言"人生应该如同蜡烛一样,从顶燃到底,一直都是光明的。"任何一个社会都存在一种能够激发民族成员自觉能动性的力量,通过这种力量去维系社会和文化的存在,强化自身社会和文化的认同和自觉度,并在历史与现实的发展过程中不断得到丰富与扩展。就中华民族来说,自强不息、刚健有为、顽强进取的精神一直激励和鼓舞着中国人民顽强地与内部邪恶势力和外部侵略势力作不屈不挠的斗争。中华民族精神在激励个人时,是豁达的出世的;

对于人生而言，则应是积极的，入世的。在国家危难之时，清代开眼看世界的第一人林则徐说，“苟利国家生死以，岂因祸福趋避之。”这就是中华民族精神正视人生的哲理。在中国历史上，又有多少人为民族英雄的人格感染、情感感召，为救亡图存而奋斗不已。

近代以来，中华民族处于内忧外患时期，共同的民族文化心理素质所形成的共同价值目标——救亡图存和民族自强，激发出中华儿女强烈的忧患意识和自强不息的精神，同仇敌忾和共赴国难的气度，不畏艰险和锐意进取的奋斗精神。中国共产党成立以来，在党的领导下，中华民族各族人民为民族独立和国家解放进行了艰苦卓绝的斗争，并形成了一系列精神。新中国成立以后，又相继出现了具有时代内容、代表时代意义的多重精神。正是在这些精神的激励和感召下中国人民才推翻三座大山，成为自己的主人，赢得最后的胜利。古代的贵和尚中、厚德载物、勤俭简朴、弘毅自励等精神从不同的角度激励和鼓舞着中华儿女为中国振兴和民族复兴而努力。

（三）民族精神的协调功能

每一个民族都有自己的文化和从中升华而来的民族精神。然而，由于历史状况和发展水平不同，民族精神是民族世界观、价值观和人生观的集中体现和反映，也是民族的基本道德规范，它能起到协调民族整体各方面关系的作用。如果协调得好，民族凝聚力会增强；反之，则削弱。在中华民族内部，协调各主体之间的利益关系虽然主要靠法律，但是也不能忽视道德规范和思想的作用。甚至法律的诞生也同一个国家和地区的民族传统道德和民族精神息息相关。民族精神的协调功能对内包括协调民族、社会内部各方达成共识，增进团结，化解矛盾的作用，对外包括对各民族、各社会利益群体、各社会集团之间关系的协调，从而实现社会的稳定与社会经济、政治和文化的良序发展。我们知道，社会内部矛盾是经常存在的，尤其是在复合民族内部，各个个体民族之间的矛盾和个体民族内部的不同阶级、政党、群体之间的矛盾，有时会变得异常尖锐和激烈，依靠民族精神的协调往往会达到依法对待和处理所不能达到的预期效果。中华民族精神在化解、协调现代人类共同面对冲突和危机中发挥出的巨大魅力与独特价值为世人所认同。

在中国传统文化中，为解决整体与局部，集体与个人以及个人与个人之间的矛盾，有许多非常精辟的思想见解，诸如“仁者爱人”的思想，“和为贵”的思想，

“天下为公”的思想,“见义不为,无勇也”的思想,“民为邦本,本固邦宁”的思想等,这些不仅在当时为调整民族关系做出了贡献。在当代社会,中华民族也是发扬了这种传统民族精神,通过不断实践,协调和化解矛盾,使社会走向进步,各种关系获得健康发展,从而推动民族整体凝聚力日益增强。

(四)民族精神的导向功能

民族精神不是一蹴而就,也不是一朝一夕就能形成的,它经过长期的发展积淀于人的意识领域最深处,统率人的意识观念和行为方式,并对个人的思想观念和具体发展道路起着价值导向作用。民族精神一旦内化为整个民族所共同认可的、崇拜的精神,便会成为一种无形的力量推动着整个民族的发展,成为民族发展的指南针和灯塔,照亮民族发展道路,成为行动的内驱力,成为推动民族发展的动力。“民族精神的特点要求于人们的是,全民族的社会成员必须具有强烈的民族意识和群体意识,为本民族和国家的整体利益自觉调控个人的行为,将民族和国家的共同价值目标转化为个人自觉的行动,从而实现个体目标与整体目标的契合。”①因此,将民族精神内化,就会形成一种无形的力量,通过导向作用体现出来。中华民族在五千年的历史长河中,形成了厚德载物精神、自强不息精神、刚健有为精神、爱国主义精神、爱好和平精神和以“天下兴亡,匹夫有责”“先天下之忧而忧,后天下之乐而乐”“位卑未敢忘国忧”等名言体现出的爱国热情都已被社会成员所接受和认可,成为人们共同遵循的价值取向和精神追求,为历史上国家的解放和民族的独立起过重要的导向作用,同时,对中华民族现在及未来的生存与发展具有重要价值和意义,对提高社会成员的民族自觉性,继承和发扬刚健有为、不断进取的精神,为实现全面建成小康社会的目标和实现中华民族的伟大复兴具有思想指导意义。个人成长、社会进步、民族发展、国家富强,都离不开精神的价值指导作用。任何一个有朝气、充满生机和活力、不断向前发展的民族,必然与其所处的时代相联系,在与时俱进中不断总结新的实践经验创造符合时代特征、符合历史发展规律的、正确的、具有指导价值和意义的民族精神,并引导本民族成员向着共同的奋斗目标前进。中华民族精神犹如一面旗帜,在不同时代形成了符合当时历史现实的众多精神。在古代有爱国精神、自强不息精神、尚中贵和精神、崇

---

① 梁自洁:《中国精神》,济南出版社 1990 年版。

德重义精神、开拓进取精神等，在近现代有辛亥精神、五四精神、井冈山精神、长征精神、“两弹一星”精神、抗洪精神、抗“非典”精神和抗震精神等。这众多的精神印证了中华民族精神的本质，成为引导民族成员自我奋斗，追求理想的行动指南。当前，我国正处于“两个百年”奋斗目标的建设期，需要增强人民的团结意识和自强意识，将自己的爱国情感化为行动指南，将中华民族传统精神文化与当代时代精神相结合，用科学发展观引导人民群众的价值目标和行为导向，为“两个百年”目标的实现而奋斗。

（五）民族精神的价值整合功能

早在几千年前，生活在中华大地上的各民族就创造了灿烂文化，逐步形成了自己独特的民族精神，并认同和践行着这种精神。民族精神有着融合、整理不同价值观，使之互相适应、和谐统一的功能。中华民族若没有统一的思想、统一的精神、统一的意志，那么就不可能有统一的精神力量。英国著名历史学家汤因比曾由衷地赞叹说：“中国——东亚文明最大的特点在于它的稳定性和安定性，这是一种绝无仅有的、令人惊叹的伟大统一力。就中国来说，几千年来，比世界任何民族都成功地把几千亿民众从政治文化上团结起来。他们显示出这种政治文化上统一的本领，具有无与伦比的成功经验。”①正是由于民族精神具有整合各民族全体人民价值观的功能，中华民族才能实现多元文化荣辱与共的、多元一体的民族大家庭的格局，才能使各民族中华儿女认可并内化中华民族的核心价值观念。历经千年沧桑，在漫长的岁月中中华民族发展道路并不是平坦笔直的，中华民族虽然历经磨难，甚至几次临倾厄运，然而又一次地衰而复兴，蹶而复振，转危为安。任何一个中国人都不会忘记20世纪三四十年代那场置中华民族于生死存亡严重关头的抗日战争。在极其艰苦的八年抗战中中国人民创造了以弱国战胜强国、以穷国战胜富国的光辉范例。中华民族精神在理论创新上发挥价值整合功能的最大创新成果是马克思主义中国化。中国化的马克思主义是马克思主义基本原理和中华民族精神有机结合的成果，它超越了民族精神的华夏中心论和西方中心论，是民族精神的价值整合功能在理论创新上的成功典范；中华五十六个民族紧密团结在一起，形成的统一的有机整体是民族精神的价值整合功能在民族理论创新与

---

① （英）汤因比、（日）池田大作：《展望二十一世纪》，荀春生、朱继征、陈国梁译，国际文化出版公司1989年版。

实践上的成功典范;载人航天计划的稳步推进是民族精神的价值整合功能在中华民族自强不息、勇攀科学高峰上的成功典范。

（六）民族精神的支撑功能

从中华民族形成发展的历史过程可以看出,民族精神是中华民族的强大的精神支柱,它具有把中华儿女凝聚在一起,进而把整个民族支撑起来的功能。这种支撑很重要,因为社会的发展需要崇高精神作后盾,国家和民族的发展需要民族精神为精神支撑。纵观历史,跨越时空的界限,我们会发现许多世界强国能够在灾难后迅速崛起,许多民族国家能够战胜困难和灾难,在国家和民族处于危难时能够转危为安,走出困境,发现前进的道路,这离不开精神支撑。

民族精神的支撑功能,主要表现在民族自主精神上。民族自主精神主要包括本民族成员对自己归属于某个民族的共同认识,关心本民族发展的前途命运及对民族发展应承担的责任和使命,在民族发展过程中形成具有自己风格和特性的民族精神。纵观国内外各民族的发展史,可以看到许多国家能够在危难面前转危为安,与民族精神的支撑密不可分。德意志民族精神所持有的服从与英勇、敏感与自负、危机与拯救的特征是德意志在二战后能够迅速崛起的主要原因之一。自我决断的强者道德,支撑着这个民族在世界范围内生存和发展。在俄罗斯民族精神的支撑下,俄罗斯在侵略与反侵略、征服与扩张和艰苦的环境中跨越一个又一个鸿沟和沼泽,不断向理想境地逼近。历史上,中华民族在反对殖民统治和封建压迫中,不断自立自强,在刚健有为、自强不息精神的支撑下取得了国家解放和民族独立。随着世界全球一体化的推进,西方国家利用经济、文化、科技等手段向发展中国家推行大众文化、文化霸权主义,以西方的价值观、生活方式消解他国的文化,达到对他国文化的渗透。因此,在日益频繁的国际交往中,各民族要时刻维持本民族特点,不能被其他强势民族所同化或融合。要想在世界民族之林中占有一定地位,必须正确处理民族交往中产生的困难,提高民族自主意识,保持民族文化特色、民族风格及民族生机和活力,始终坚守本民族的价值取向、价值观念,坚持理性判断,才能有效抵御西方腐朽文化思想的侵蚀,抵制西方文化霸权主义和文化殖民主义。

第四节　中国民族精神的形成与发展

民族精神作为各民族对人类文明的共同选择和人类特有的文化现象，是促进人类社会进步的重要力量，它所产生的巨大精神力量，始终支撑着各民族共同体的生存、发展和进步。中华民族之所以能在五千多年的发展中，饱经磨难而生生不息，创造出光辉灿烂的中华文明，源于中华民族精神"具有巨大的历史震撼力和时空穿透力，成为古往今来中国人奋发向上、百折不挠的精神支柱和中国优秀文化传统的基本价值取向"。① 中华民族的民族精神在不同的历史时期有不同的具体表现形式，其民族精神形成和发展的历史过程同中华民族优秀传统文化的历史发展过程是同步一致的，是一个互动的塑造过程，始终是中华民族薪火相传的力量源泉，始终是"激励和支撑中国社会发展与中华民族兴旺发达的强大动力"②。中华民族精神的发展大致经历了古典（远古到 1840 年）、近代（1840—1949 年）、现代（1949 至今）三个阶段。

一、中国古代的中华民族精神

中华民族精神是在悠久的历史发展过程中逐渐形成的，传统文化是一种民族精神赖以发芽与成长的土壤，它汇集了民族过去的历史、文化和意识的精华，构成了民族精神的基础。中华民族优秀传统文化为民族精神提供了深厚的历史底蕴，纵深规定着民族精神的现实形态。回望中国历史，悠悠五千年，积淀了璀璨的华夏文化。中国文化映射着历史的光辉，展现着民族的风华。在世界文明中，中国文明作为唯一在历史长河中永不泯灭的古国文明，始终离不开中国文化之魂。这种寄于民族之魂的华夏文明，在历史中不断积淀，变得博大精深。

民族精神最初体现是以神话传说的形式。每个民族都有创世的神话。其他民族多流行神创世说，中华民族则盛传盘古开天辟地的传说。这个说法先在苗族中流传，后来又在其他一些少数民族和汉族中长期流传。此外如女娲补天造人、

---

① 张丰清：《中国共产党与当代中华民族凝聚力》，湖北人民出版社 2005 年版。

② 赵存生：《中华民族精神：多难兴邦的强大精神支柱》，载《光明日报》，2008 年 6 月 26 日。

夸父追日、后羿射日、精卫填海、愚公移山等神话,塑造的都是劳动创造世界、改造自然的神勇形象,体现了中华民族勤劳勇敢、自强不息的民族精神。

语言与文字等的发明拓宽了精神生产的方式,形成了民族文化,使民族精神的传承、传播更为便捷,也使民族精神的凝聚、激励、协调等功能得以有效发挥。中华民族的民族精神在传统文化中正式萌发出了幼芽。神话传说一般而言总是史诗般的英雄事迹,有相当大一部分内容的民族文化也是在描写英雄事迹,这是民族精神成长的重要来源。孔子赞扬管仲,称"微管仲,吾其被发左衽矣";屈原在《离骚》中表现了对楚国存亡的强烈责任感,后因战败投江以死殉国;文天祥"人生自古谁无死,留取丹心照汗青"这些数之不尽的英雄事迹都是真诚的炽烈的爱国主义精神的光辉体现。

民族精神形成与发展主要的驱动力是传统文化,在中华民族的传统文化中孕育出了民族精神。自夏朝起,我国步入了奴隶制社会,社会制度由自由性转向统一性。宗法制度的建立以及完备,在约束了各个士族成员的同时,还融合了各部落的文化。接踵而至的春秋战国时代是中国古代文化的轴心时代,走过周朝礼乐文化时代,春秋时期伴随着国家动乱,群雄争霸的历史背景,出现了各种政治流派和文化主张,呈现诸子百家百花齐放的格局,儒、道、法、墨几大学派应运而生。几大学派的经典著作,也都成为中国文化"元典性"著作,并对宇宙、社会、人性等各个方面进行了颇有见地的论述,使人文理性精神获得精进。这一时期的文化成就,使得中华文化的大致走向得到确立,成为文化发展史上的里程碑。

在汉王朝统一后,由于董仲舒"罢黜百家,独尊儒术"的文化政策,将儒家思想确立为正统思想。自此,儒家思想作为中国封建时代的思想旗帜被一直延续了下来。自西汉后到明代中期,这时期展现的是封建文化在经历了一千多年积淀,经济和政治发展相对稳定,这是封建文化的繁荣时期。直至1840年,鸦片战争爆发,西方列强入侵中国,带来的不仅有先进的科学技术,还有西方的文化观念。这些都对当时的中国造成不小的冲击,甚至对当时的中国文化造成了颠覆性的重创。

张岱年先生将中国文化的基本思想概括为四个方面:刚健有为、崇德利用、和与中、天人协调。天人协调主要解决人与自然的关系;崇德利用解决人自身精神生活与物质生活的关系;和与中解决人与人的关系,如民族关系、人伦关系;而刚健有为是处理各种关系的人生总原则。所谓刚健有为,即“自强不息”“厚德载物”,这两方面的和谐统一形成了中华传统精神文化的突出特征。① 以精神文化的最高形态——哲学为例,中国这些特有的面貌,是以人为主体,将天、地、人融为一体的思考方式,和以“厚德载物”为取向的人文精神。这一思维方式早在先秦时期,百家争鸣的时代就已经表现出来了。中国传统哲学不同于西方哲学,西方哲学的宗旨是爱智。而中国哲学的目标在于“闻道”,所谓“闻道”是以追求真善美为目的。中国古代哲学最高范畴就是“道”,这其中又有天道和人道之分。天道学说,即是关于宇宙根本问题的学说,同西方哲学中天体论、宇宙论、自然观有些相似。人道学说是关于人生根本问题的学说,其内容主要是关于道德起源与道德标准,也是关于人生价值与人生理想的问题。在中国传统文化的天道观中宇宙是一个包括人类自身在内的统一的整体,是一个自己运动的过程,这样的世界观,使得西方式的宗教思维方式不能占据统治地位,塑造了中国传统哲学并不以神为本位,以人为本的信仰和道德体系。在国家社会层面上,它强调以“厚”为德,所谓“厚”就是主张用博大的胸怀,包容和承载万物,实现充分生长繁殖。

传统文化中蕴含着丰富的爱国主义、自强不息、勤劳勇敢、团结统一、爱好和平的民族精神。“周君岂能无爱国哉”“欲使亲民如子,爱国如家”“位卑未敢忘忧国”“苟利国家生死以,岂因祸福避趋之”,范仲淹“先天下之忧而忧,后天下之乐而乐”、顾炎武“天下兴亡、匹夫有责”、朱熹“万国各得其所而咸宁,犹万物之各正姓命而保和太和也”都彰显了爱国之崇高情怀。这种情怀是中华民族凝聚力与向心力的结晶。“和而不同”“和为贵”,张载“为天地立心,为生民立命,为往圣继绝学,为万世开太平”、墨家的“兼爱”主张“若使天下兼相爱,国与国不相攻,家与家不相乱,盗贼无有,君臣父子皆能孝慈,若此则天下治”。这些都是中华民族爱好和平、崇尚“仁”“德”的体现。“忧劳可以兴国,逸豫可以亡身”“勤则难朽,逸则易坏”“业精于勤,荒于嬉;行成于思,毁于随”“锲而不舍,金石可镂”表现了中华民族勤劳勇敢的民族品格。“人心齐、泰山移”“众心成城,众口铄金”“同德则同心,同心则同志”呈现出团结统一的民族精神。“天行健,君子以自强不息”体现了自强不息的奋斗精神。所有这些都凝聚着中华民族优秀传统文化的深深烙印,是中

① 张岱年、程宜山:《中国文化论争》,中国人民大学出版社 2006 年版。

华民族传统文化的精华，为中华民族培养出宽厚、仁爱、友善、勇敢、自我牺牲等优秀品质，为规范和约束绝大多数中华儿女的思想和行为发挥着巨大的积极作用，是中华民族的时代精神支撑和中华民族精神发展的力量源泉。

二、中华民族精神的近代成长

中国的传统文化在世界文化丛林中占据着重要的地位，是世界文化史上的一个高峰，在长达十几个世纪里长期走在世界前列，为世界文明做出了独特而卓越的贡献。然而毋庸讳言的是，任何民族文化都是"精华"与"糟粕"的复合体，都有其积极因素与消极影响。"中国传统文化有两个最大的缺点，一个是缺乏实证科学，一个是缺乏民主传统。"①由于中国传统文化的缺陷，"缺乏实证科学和民主传统两大特点，对于中国传统文化的整体结构和功能有决定性的影响，中国文化在15世纪以后逐渐落后，主要表现即在于此。"②

我们认为，中国的传统文化除了缺乏实证科学、民主传统以外，还有一个突出的缺点就是"重义轻利"这样的轻视商人、轻视商业的传统理念。在"士农工商""学而优则仕"的传统理念中，商人的地位底下，这在很大程度上延缓了中国工业化与现代化的进程。现代化需要强大的经济支撑，精神生产、文化产业的发展均需要成熟的商业体系为基础。正由于此，1840年的鸦片战争使中国遭受了巨大的灾难。1840年以降，中华民族的民族文化、民族精神遇到了外部的严峻挑战。面对西方列强的虎视眈眈，中华民族的民族精神一方面仍然发挥其符合时代特征、能够解决时代问题的积极作用。另一方面在西方文化的作用下反思、改变，继而升华。

在近代，爱国主义精神始终是贯穿中华民族精神发展的主线，中国共产党人的革命精神逐渐成为中华民族精神的主体，中国共产党人的坚定的理想信念和不怕牺牲的革命精神，为中华民族精神增添了新的内容，丰富了中华民族精神的内涵，极大地增强了中华民族精神的凝聚力，在实现中华民族独立的过程中得到发展与弘扬。在这一历史时期，中国共产党人领导和团结全国各族人民在实现中华民族独立的过程中，形成了极具时代性的民族精神。这些精神成为凝聚民心和渡

---

① 张岱年、程宜山:《中国文化论争》，中国人民大学出版社2006年版。

② 同上。

过难关的强大精神武器，都为丰富和凝聚中华民族精神谱就了一部华彩乐章。中国革命的伟大实践再一次证明了一个民族，没有振奋的民族精神，没有高尚的民族品格，没有坚定的民族志向，就没有凝聚力，就没有生命力。中华民族精神是民族的灵魂，是民族赖以生存和发展的精神支柱，是民族富强、兴盛的精神动力，是中华民族走向独立、血洗百年耻辱的强大精神支撑和价值追求。

从时间来划分，1840 年鸦片战争至新中国成立，是近现代民族精神的发展时期。这一阶段是中国历史上一个特殊的历史阶段，是中国一步一步走向半殖民地、半封建社会的历史阶段。这一时期的民族精神突出表现在中国人民坚强不屈反抗外来侵略和本国封建专制统治的斗争中，逐渐体会到国家的贫穷、衰弱同帝国主义列强侵略之间的关系、同中国封建专制统治之间的关系，开始把反侵略与反专制结合起来，把捍卫民族独立与探索救国强国之路结合起来，谱写了中国近代民族精神的壮烈诗篇。如：林则徐禁烟、三元里抗英、太平天国起义、义和团运动、戊戌变法、辛亥革命，等等。孙中山先生“穷图之困苦所不能挠，吾志所向，一往无前，愈挫愈奋，再接再厉”①体现了“百折不挠、愈挫愈奋”的自强不息、舍身赴义、救亡图存的民族精神。同时，这一阶段还表现出了古代民族精神与西方文化的冲突和融合，吸纳了科学精神、民主精神、工业文明，从而使近代民族精神成为古代民族精神与现代民族精神的承启阶段。

五四运动以后，展开了真正意义上的人民革命，这一阶段民族精神的表现形式实际上就是新民主主义革命时期民族精神。1919 年爆发的“五四”运动和 1921 年中国共产党的成立，是科学与理性民族精神形成的重要标志。中国共产党领导中国人民进行了惊天地、泣鬼神的革命战争，在推翻三座大山的斗争中创造出崭新的民族精神内涵，为了理想不怕牺牲的井冈山精神、长征精神、南方游击精神，“自己动手、丰衣足食”的延安精神，东北抗联精神、抗战精神，白求恩精神。“威武不能屈，烈火中永生”的红岩精神，董存瑞精神，西柏坡精神……在艰苦奋斗、勇于牺牲、无私奉献精神的鼓舞下，中华民族爆发出惊人的凝聚力和生命力，成功取得了波浪壮阔的民族独立和民主解放革命斗争实践的伟大胜利，中华民族的发展从此开启了新的历史纪元。综合分析，这一阶段的民族精神集中表现为一种大无畏

① 《孙中山选集》，人民出版社 1956 年版。

的革命精神,显现出中华民族在民族发展受到桎梏和阻碍时,必将爆发出惊人的善于打破旧世界的勇气、力量、韧劲和智慧。

有种观点认为五四运动和马克思主义在中国的传播发展造成中华民族精神的“断裂”和“异变”,我们认为这种观点值得商榷。没有看到在艰难困境中民族精神仍然发挥着的作用,是片面的、有失偏颇的。即便是对于西方文化的选择性引进,也不是人们任意选择的结果,而是在本土文化结构中的客观选择。“1840 年以来,特别是五四以来,我们的文化中已包括了大量从西方引进的文化因素。没有这些要素,新文化是很难设想的。但在引进什么、不引进什么的问题上,中国传统文化起了选择的作用。”①基督教在中国近代难以被普遍接受,是由于基督教的思想系统与中国传统文化有着激烈的冲突,如“不准祭祀”这一违背中华民族传统伦理的规定导致了康熙末年传教士被驱逐的命运。而进化论、马克思主义会宣扬广泛,是因为进化论与中国传统文化的“五行学说”的相互转化学说一脉相承,马克思主义的唯物特性能够扣合传统文化中的无神论、辩证法的传统。由此可见,在近代,传统文化与其说是“断裂”与“异变”,倒不如说是主动的选择、“辩证的否定”与积极的升华。即便是对于马克思主义来说,也不是完全的照搬硬套,而是在传统文化的基调上,以中国国情为出发点的灵活运用。如毛泽东所说,马克思主义“和民族的特点相结合,经过一定的民族形式,才有用处”②。“‘五四’运动之所以能在中国发生、马克思主义之所以能在中国传播和发展,正是中华民族中的先进分子在新的历史条件下和新的时代境域中弘扬伟大中华民族精神的结果。‘五四’运动增添和激活了中华民族精神中科学和民主的内容,马克思主义在中国的传播和发展不但使中华民族精神有了科学世界观和方法论的指引,而且通过马克思主义同包括中华民族精神在内的中国实际的结合,产生了中国化的马克思主义。”③马克思主义的中国化是中华民族精神在近代的时代性体现,它既使中华民族精神在其最高层次上得到了当今时代科学思想精华的熔铸和升华,又使马克思主义因为有了中华民族精神的最新科学结晶而得到丰富和发展。中华民族的优秀传统文化是孕育当代中华民族精神的土壤,其他民族的优秀精神成果是形成当

① 张岱年、程宜山:《中国文化论争》,中国人民大学出版社 2006 年版。

② 《毛泽东选集》第 2 卷,人民出版社 1991 年版。

③ 赵存生:《中国社会发展与中华民族精神》,载《北京大学学报》,2006 年第 5 期。

代中华民族精神可资借鉴和汲取的丰富资源，中国共产党把马克思主义基本原理同中国的具体实际相结合而进行的伟大创造，对当代中华民族精神起到了凝练、升华和创新的关键作用。

三、中华民族精神的当代发展

新中国成立以后，中国人民走上了社会主义道路，人民群众在自己当家做主人的社会主义社会里，焕发出空前高涨的革命和建设热情，创造了中华民族精神的辉煌，中国共产党领导全国各族人民在社会主义实践和建设中，坚持实事求是的科学态度，以全心全意为人民服务为宗旨，大力发扬自力更生、艰苦奋斗的创业精神，形成了抗美援朝精神，万隆会议上周恩来张扬的“求同存异”精神，无私奉献、全心全意为人民服务的焦裕禄精神，雷锋精神，“自力更生，艰苦创业”的铁人精神，“两弹一星”精神，“不畏强手、勇于拼搏、艰苦奋斗”的女排精神，“一方有难，八方支援”的抗洪精神，抗击“非典”精神，抗震救灾精神，与时俱进、团结协作、勇于创新的载人航天精神，奥运火炬传递精神，百年奥运精神、志愿服务精神等等，使伟大的中华民族精神与社会主义实践和建设的时代精神紧密结合起来，使中华民族精神在会主义实践和建设中不断被赋予新的内容。综合评价，这一阶段中华民族精神彰显出一种强烈的爱国奉献意志，不仅善于打破一个旧世界，更善于不记个人得失、无私奉献去建设一个新世界。

从20世纪80年代起，我国进入了改革开放和建设中国特色社会主义新的历史时期。伟大的时代需要伟大的精神，我们党和人民群众对民族精神的重要地位有了更深刻的认识。邓小平在20世纪80年代初就对中华民族精神的内涵作了高度的概括，他提出要坚持和发扬在长期革命战争中形成的“五种革命精神”，即“革命和拼命精神，严守纪律和自我牺牲精神，大公无私和先人后己精神，压倒一切敌人、压倒一切困难的精神，坚持革命乐观主义、排除万难去争取胜利的精神。”并强调，搞社会主义建设，实现四个现代化，同样要大大发扬这些精神，应当使这些精神成为中华人民共和国的精神文明的重要支柱。

民族精神在非常时期和关键时刻闪耀，也在人民群众日常生活中体现，更在人民群众对社会进步的信心中发展。邓小平曾强调指出：“要教育全党同志发扬大公无私、服从大局、艰苦奋斗、廉洁奉公的精神，坚持共产主义思想和共产主义道德。”①江泽民提出的要大力弘扬为实现社会主义现代化而不懈奋斗的“六十四字创业精神”，即解放思想、实事求是、积极探索、勇于创新、艰苦奋斗、知难而进、学习外国、自强不息、谦虚谨慎、不骄不躁、同心同德、顾全大局、勤俭节约、清正廉洁、励精图治、无私奉献。继而发展成为凝聚民族力量的“五种精神”，即“解放思想、实事求是的精神，紧跟时代、勇于创新的精神，知难而进、艰苦奋斗、务求实效的精神，一往无前的精神，淡泊名利、无私奉献的精神”，这是对新时期中华民族精神内涵的丰富和高度总结。

以江泽民为核心的党的第三代领导集体，更是把中华民族精神的培育放到至关重要的位置上，江泽民在党的十六大报告指出“民族精神是一个民族赖以生存和发展的精神支撑。一个民族，没有振奋的精神和高尚的品格，不可能自立于世界民族之林。在五千多年的发展中，中华民族形成了以爱国主义为核心的团结统一、爱好和平、勤劳勇敢、自强不息的伟大民族精神。我们党领导人民在长期实践中不断结合时代和社会的发展要求，丰富着这个民族精神。”②这是对源远流长的中华民族精神的科学概括和生动写照。

胡锦涛对于弘扬和培育民族精神，使中华民族精神在新的历史客观条件下导向时代需要、促进民族新发展更有清醒的认识和透辟的表述，明确提出了“八荣八耻”的社会主义荣辱观，把文化建设上升到治国方略的高度，提出了科学发展观和构建和谐社会。

党的十七大报告指出“人民民主是社会主义的生命。发展社会主义民主政治是我们党始终不渝的奋斗目标。改革开放以来，我们积极稳妥推进政治体制改革，我国社会主义民主政治展现出更加旺盛的生命力。”“社会主义愈发展，民主也愈发展。在发展中国特色社会主义的历史进程中，中国共产党人和中国人民一定能够不断发展具有强大生命力的社会主义民主政治。”“社会主义核心价值体系是社会主义意识形态的本质体现。要巩固马克思主义指导地位，坚持不懈地用马克思主义中国化最新成果武装全党、教育人民，用中国特色社会主义共同理想凝聚力量，用以爱国主义为核心的民族精神和以改革创新为核心的时代精神鼓舞斗志，用社会主义荣辱观引领风尚，巩固全党全国各族人民团结奋斗的共同思想基

---

① 《毛泽东邓小平江泽民论弘扬和培育民族精神》，学习出版社 2003 年版。

② 《江泽民文选》第 3 卷，人民出版社 2006 年版。

础。大力推进理论创新,不断赋予当代中国马克思主义鲜明的实践特色、民族特色、时代特色。”①不仅为新时期丰富、弘扬和培育中华民族精神指明了前进方向,也为全球化潮流下发掘当代民族精神的源流,汲取时代与社会进步的鲜活力量,创新民族精神提供了强大的理论武器。

汶川抗震使“中华民族精神在与灾难抗争中得到彰显和弘扬”,使“中华民族以最快速度最大限度地行动了起来,万众一心,众志成城,全民聚力,共赴国难,把中华民族精神发扬到了极致”。② 萨马兰奇先生在评价汶川抗震救灾时指出:“中国人民在地震发生后,所展现的与灾难顽强斗争的伟大精神,本质上和奥林匹克精神是一脉相通的。你们的坚强意志和挑战极限的精神,是对奥林匹克内涵的最好诠释。”这种评价也是对中国人民万众一心、众志成城,以人为本、尊重科学的伟大抗震救灾精神和中华民族精神强大凝聚力的完美诠释。汶川抗震再一次使中华民族发展中国特色社会主义的强大精神动力得到考验和凝聚,形成了伟大的抗震救灾精神,“是爱国主义、集体主义、社会主义精神的集中体现和新的发展,是我们党和军队光荣传统和优良作风的集中体现和新的发展,是中华民族民族精神在当代中国的集中体现和新的发展。”③

习近平总书记在第十二届全国人民代表大会第一次会议上的讲话中说:“实现中国梦必须弘扬中国精神。这就是以爱国主义为核心的民族精神,以改革创新为核心的时代精神。这种精神是凝心聚力的兴国之魂、强国之魂。爱国主义始终是把中华民族坚强团结在一起的精神力量,改革创新始终是鞭策我们在改革开放中与时俱进的精神力量。全国各族人民一定要弘扬伟大的民族精神和时代精神,不断增强团结一心的精神纽带、自强不息的精神动力,永远朝气蓬勃迈向未来。”

党的十八大以来,以习近平同志为总书记的党中央,继承和发展了“三代领导集体”所开创的中国革命、建设和改革的伟大事业,以毛泽东思想、邓小平理论和“三个代表”重要思想为指导,提出了以科学发展观和构建社会主义和谐社会为标志和统领的一系列理论成果,体现了马克思主义基本原理同中国革命、建设和改

① 《十七大报告学习读本百问》,学习出版社 2007 年版。

② 赵存生:《中华民族精神:多难兴邦的强大精神支柱》,载《光明日报》,2008 年 6 月 26 日。

③ 任仲平:《凝聚起民族复兴的力量——论伟大的抗震救灾精神》,载《人民日报》,2008 年 7 月 4 日。

革开放实际的相结合,更体现了马克思主义基本原理同中华民族精神的有机结合。在中国革命、建设和改革开放的伟大实践中,中华民族精神不但推进了马克思主义中国化的历史进程,而且从理论与实践创新的国家层面提升了中华民族精神。

毫无疑问,中华民族精神的形成和发展,是无数中华儿女智慧的结晶与不断实践的结果,是中华民族优秀文化的彰显。在不同的历史时期,中华民族精神功能与作用不同,各有其时代意义。在中国古代时期,以"贵和持中"、"道德至上"为主要特征的古典中华民族精神,对于中华民族这个民族实体、文化共同体的发展,对于多元一体的中华民族格局的形成和完善,对于中国古代社会的进步,起了促进其凝聚、认同、融会的作用。就价值观念而言,古典中华民族精神对于中华民族统一的价值取向、思维方式、人格追求、伦理观念以至审美情趣的形成,都有着十分重要的作用。秦汉以后,古典中华民族精神对于维护既成的多元一体的中华民族格局,对于大一统的政治、经济、文化格局的延续和完善,起了维护的作用。尽管从今天的全球眼光和现代意识来看,古典的中华民族精神存在着某些不足,但我们仍然无法否认它曾经起过的历史性作用。在中国近代时期,以浪漫主义和英雄主义为特征的革命精神,反映的是近代中国人民不屈不挠地反抗侵略、争取民族独立和国家富强的民族精神。它的时代意义在于,超越了古典民族精神的局限,吸收了西方先进文化中的科学、民主精神,以及法制精神和自由精神,升华了中国传统文化,促进了近代中国的社会转型和文化转型,促进了民族独立的实现。特别重要的是,近代中华民族精神,是已经从古典的自在阶段发展到自觉阶段的精神,是充满理性的新的时代精神,它的崛起和弘扬,唤醒了中华儿女的民族意识,提升了中华儿女的近代精神,从而成为近代中国由传统迈向现代的极为重要的、基本的精神力量和价值准则。改革开放以来形成的当代中华民族精神,是对既往民族精神的批判性继承和创造性超越,是对当代中国现代化进程的积极推进,是对当代世界"和平与发展"的时代主题的正确回应。以开拓创新为基本特征和思维旨趣的当代中华民族精神的形成,对于市场经济条件下人们的安身立命之道的探索,对于中国特色社会主义先进文化的建设,对于中华民族凝聚力的增强,都有无可替代的作用。

四、中国民族精神的发展契机

自2001年中国加入世界贸易组织(WTO)后,中国逐渐融入世界,全球化对于中国的经济与文化均造成了正反两方面的作用。民族文化在1840年经受了冲击,在1919年的五四运动遭受了强烈的质疑,到新中国成立后"文革"时期仍然有强烈的反传统运动。直到改革开放后,传统文化的地位与作用才得到认同。可以说,民族文化是在"内"与"外"的双重紧张压力下砥砺前行。作为民族文化的核心与灵魂,民族精神也在经历着时代的考验。

(一)民族精神的认同危机

如今在全球化背景下,全球化已然不再是单纯的经济现象,"全球化在今日已成为无远弗届的力量,可以说浩浩荡荡,不可阻挡"。① 中国作为一个在世界活动中有着举足轻重地位的国家,已成为全球化的体验者和参与者。在全球化的过程中"痛并快乐着",这其中的"痛"就表现在中华民族精神中显现的"认同危机"。

"认同"(identity)是个哲学术语,加拿大哲学家查尔斯·泰勒将认同问题视为哲学的基本问题。他表达的是个人与个人之间,群体与个人之间,群体及个人与社会之间双向互动、信任及承诺的关系。认同的过程就是主体对自己身份的探究和确认。所谓对自己的探究和确认,就是在自身之外探寻"我是谁"的过程。而所谓的"认同危机"就是人在社会中感到自我被边缘化,那么认同就是自我向中心的自觉趋近。而全球化作为看待问题的基本视角和出发点,"全球化不是一种具体、明确的现象。全球化是在特定条件下思考问题的方式"。② 以往的人们生活的环境相对比较封闭,各个地区和各个国家之间的交往并不频繁。人们往往只能接触到自身的母体文化,由于没有其他文化的介入也不会产生所谓的"认同问题"。然而,随着科学技术的进步,交通的便利,人们的交往范围不断地扩大,不仅带动了经济的发展,更加催生出文化的激荡。这就更加突出了人们的认同意识,常常会不断反思:"我究竟是谁?""我是什么?"自此"当我们发现存在好几种文化而且不仅是一种文化时,结果我们在承认一种文化垄断终结的同时,不管是幻觉

---

① 陈刚:《全球化与文化认同》,载《江海学刊》,2002年第5期。

② [意]M. I. 康帕涅拉:《全球化、过程和解释》,梁光岩译,载《国外社会科学》,1992年第7期。

还是确实如此,我们都受到……来自自身发现的威胁。顷刻间情况变得可能是只存在他者而我们自己则是诸他者中的‘他者’。”①中国民族精神的“认同危机”主要表现为民族文化认同危机、社会认同危机这几种主要形式。

所谓文化认同是指人与人或个人群体之间对文化符号、文化理念、思维方式以及行为方式具有共同的认知和确认,是个体对社会文化具有归属感,将自己归为某种社会或群体特有的文化价值观。

文化认同的目的往往体现的是人对群体的归属性,但此过程却是差异出现的开端。在认同的过程中,主体在主体之外探求自身时往往会遇到他体。例如“人与人相遇才会思考自己是谁;一个群体与其他群体相遇,才会把这个群体想象成为共同体;一个民族只有遭遇另一个不同的民族时,才会感觉到自己的民族特征”。② 1840 年鸦片战争以前中国一直以“天朝上国”自居,除本土以外的地方不过都是需要接受中国文化恩惠的蛮夷之地。而 1840 年,英国用坚船利炮打开了中国封闭了 200 多年的国门,自此才动摇了中国人华夷分野和自视世界中心的信念。可见,自我认同是在同他者的接触中产生的,在全球化为差异的相遇创造了前所未有的条件,不同文化在这个环境中“遭遇”了不同的“他者”,并在这个过程中形成新的自我认识。在全球化背景下,一部分中国人特别是年轻的中国人对中国民族的文化表现淡漠,认同度略低。比如,随着网络技术的进步,很多国外的影视剧充斥在中国市场,并取得了巨大的成功。更多的年轻人在追“美剧”和“韩剧”,但是对中国本土的电视剧却兴趣寥寥。韩剧《来自星星的你》中一句“下雪了,怎能没有啤酒和炸鸡”的台词,火爆网络,2014 新年初雪时,微博、短信、微信里大家最常见的招呼就要数这句“今年初雪,炸鸡和啤酒吃了没?”在韩剧逐渐成为文化符号宣扬民族幸福感的同时,美国的《生活大爆炸》、《绯闻少女》等电视剧传达的则是美国的中产阶级文明。一部电视剧的成功往往由于其涵盖着本民族的文化共同体的底蕴和精髓。而中国的电视剧在此方面的薄弱反映的不仅是电视剧制作水平方面的欠缺,更反映了中国文化养分的流失。民族文化是民族精神的重要载体和形成基础,如果失去了文化认同,那么任何民族精神都无从谈起。文化认同的选择是具有价值判断的选择,这其中包含着好恶的倾向。这种倾向若是

---

① [英]戴维·莫利、凯文·罗宾斯:《认同的空间》,司艳译,南京大学出版社 2001 年版。

② 韩震:《论全球化进程中的多重文化认同》,载《求是学刊》,2005 年第 5 期。

同民族、历史、传统联系起来，还会成为集体动员的符号和标志。可见一个民族自身的文化氛围与精神家园，为本民族的认同提供了价值理念和安身立命的前提。如果这种价值和文化被颠覆或否认，那么这个民族就可能会成为精神上、文化上、心灵上无家可归的群体。若一个民族失去了精神上的追求和依托，失去本民族原生的文化认同与价值，就像伊壁鸠鲁的原子，脱离了轨道，乱打乱撞，便会面临亡国灭种的危机。

在全球化视角下，我们不应单纯地“消费”某种文化，在品味该文化时还需要进行理智的区分，例如我们可以喜欢韩剧的“炸鸡和啤酒”，可以喜欢美国时代华纳的新片和苹果手机，可以喜欢俄罗斯的芭蕾，但是我们也不应当完全漠视传统文化而一味地“崇洋”。毕竟只有中华文化才能带给我们安身立命的归属感觉。

社会认同，被认为是个体认识到他属于特定的社会群体，同时也认识到作为群体成员带给他的情感和价值意义。社会认同理论的奠基者塔基费尔指出，社会认同是“个人自我界定的一部分，源于个人对他在一社会群体（或一些社会群体）中成员地位的认识以及赋予这种成员地位的价值观与感情上的重要意义。”①中国曾经历过两千年的封建统治，新中国成立初期也是以计划经济为主导的经济制度。这使得中国在很长一段时间的主流价值观是国家利益集体利益高于一切的。但是随着我国改革开放政策的实行，建立起市场经济体系，中国也被卷进了全球化的浪潮。曾经“臣以君为纲，子以父为纲”的价值观逐渐退出了历史舞台，而个人意识、自我意识渐渐成为主流。人们的精神需求也变得多样化，此时为满足各式各样不同的精神需求，人们变得很浮躁，部分公民心中出现了所谓的“信仰真空”。例如，在报纸上我们经常会看到“八毛钱治结肠闭锁”“助产护士缝肛门”“医院‘烤婴儿’”等标题。这些标题往往是一些记者为博人眼球，而做出的不负责任的报道。媒体有“无冕之王”的美誉，他们报道的事件会引起社会更广泛的关注。时下民主意识和民主权利极度觉醒，每个人都想捍卫自己的权利。履行法律程序却并不能有立竿见影的效果，媒体曝光就成为一些人常用的手段。媒体一般以事实的经历者的身份出现，肩负着“负责报道一切”的重担。这个重担就要求报道者是个通才，对所报道的内容有专业的认知。事实上，这样的媒体人在媒体工

---

① 李小军：《全球化语境下中国民族精神的危机与重构》，载《上海行政学院学报》，2006 年第 1 期。

作者中所占数量屈指可数,往往是很多初级的媒体人根据自己仅有的学识,相对世间万物来说还稍显狭窄知识结构体系就开始对世间万物夸夸其谈。当然,这个世界上没有对每一个领域都十分精通的通才。但是在网络如此发达的今天,在进行报道前并未了解一些常识,就用一些震撼性、爆炸性的文字和语言做标题,以博人眼球哗众取宠的方式引发公共话题,似乎并不是恰当的解决问题的方式,有时甚至还会制造更大的社会矛盾。单就媒体人的角度而言,既然要在社会中承担具有"道德良心"的"社会公器"的角色,在报道之前是否就应先通过各种手段,对所要报道的问题有一个基本的科学的认识再对这个问题发声,做这些并不会浪费太多的时间。时下医患关系紧张随时会有矛盾产生,在报道案例时,媒体人常常会因家属的哭诉而简单断定事故的发生为医院和医生的责任。在"湖南一产妇死在手术台主治医生护士全体失踪"的新闻报道中就曾出现过"羊水栓塞为何没有事先检查出来"的无知错误。这样的错误,不单显现了媒体人的无知、技术上的失误,甚至还有故意制造话题煽情达到炒作目的,无端加剧社会不安之嫌。

诚信本是公民社会的主要标志和基本要求。孔子言"民无信不立",孟子言"诚信,天之道也;思诚者,人之道也",法家的韩非子说"小信诚则大信立",这些古老的名言警句无一不体现出,小到个人唯有做到诚信,才能够在社会中立足;大到国家做到诚信,才有资本富强于世界。在全球化背景下,各种资本充斥在市场体系内,人们为了追寻个人利益,我国出现了诚信资源严重匮乏的情况。社会诚信的匮乏会降低人们对社会的认同感,社会认同感的降低也是社会认同危机的体现。

这些初露端倪的危机,反映了我国民族精神在全球化背景下所遇到的新问题新情况。这要求我们重拾中国传统文化中优秀和精华的部分,重建我们的文化体系和民族信仰。在保证国家统一的基础上,增加文化共性基础,同时塑造出明晰地有别于其他国家的具有民族特色的中华民族精神。

(二)民族精神的"未来式"

民族精神"未完成的存在",随着时代的发展而不断丰富、与时俱进。中华民族的民族精神是在历史的长河中形成与发展起来的。在过去民族精神凝聚了中华儿女的集体力量,引导着民族的前进。在当下,中国已成为世界第二大经济体,以爱国主义为核心的民族精神彰显着民族特色,促进了有中国特色的社会主义的改革实践。在未来,中华民族的民族精神必将被赋予新的时代内涵,增添新鲜血液,焕发出时代性的、民族性的光彩。

民族精神未来的表现形式并不是人们主观的任意臆测,而是在具体的历史发展过程中确立的。尤其是在引领当前社会前进的过程中,在解决当前社会问题的过程中,我们能够看见民族精神发展的大致方向。当前,尽管中华民族的民族精神存在一些认同上的、实践上的问题,但并不意味着它已没有存在的价值与意义,不能因为对于民族精神的理解与践行出现了这样或那样的问题,而否定了民族精神本身。回顾历史,民族精神的升华正是在应对挑战与危机中成长起来的。当代民族精神所遭受的挑战就蕴含着发展的际遇。今天形成的以爱国主义为核心的团结统一、爱好和平、勤劳勇敢、自强不息的伟大民族精神并不是一成不变,未来作为“不确定性的时代”,必然会要求我们对民族精神做出时代性的理解与丰富它的内涵。

在可预见的未来,随着全球化进程的稳步推进,不同国家之间的经济联系、文化交流的程度仍会持续存在着,而且相互作用的程度、深度、广度都会不断加深,民族文化会受到更多都挑战,每个国家都会在“文化安全”事项上做出时代性应对,民族精神未来的绽放需要文化产业的大力扶持,需要自由的精神生产不可或缺的重要基础。一方面,要采取“受众”喜闻乐见的方式进行精神生产与文化传播;另一方面,宣扬民族精神的精神产品的内容应当贴近受众当前的日常生活,满足受众的时代性的需要。只有贴近大众的生活,才不会使民族精神沦为空泛的形式。只有满足大众的各种需要,才可能形成民族精神的普遍性的认同。在此基础上,才能发挥出民族精神的引导、规范功能。

民族精神是“变”与“不变”的辩证统一。爱国主义作为民族文化的精华,几千年来引领着中华民族儿女为了中华民族之崛起而奋斗,今天中国取得的显著成绩离不开爱国主义的民族精神的巨大作用。对于爱国主义的理解是变化的,不同的历史时代人们的爱国行为、爱国动机往往有不同的表现形式。历史上封建社会中的爱国行为很多都是“爱君”胜于“爱国”,20 世纪后,中国进入了人民当家做主的社会主义社会,爱“国”的体现是爱“人”,爱人民群众。“以人为本”的执政理念强调了政府工作的出发点与落脚点,将个人利益与集体利益、国家利益有机统一,这是爱国主义的划时代的进步。人民群众是历史的创造者,在社会历史发展过程中,人民群众起着决定性的作用。以“人”为本,以“人的需要”为本,就能做到民族精神贴近人们的日常生活,反映人民群众的所思所想,就能让中华民族的民族精神发扬光大。未来,爱国主义的本质精神不会发生变化,变化的是它具体的表现形式。因为人的需要是历史性的需要,在未来,人们的需要的具体内容不同于今日,因此这就决定了未来爱国主义的民族精神也会被赋予时代性的新内涵。

尽管还存在一些民族精神的认同问题,但随着改革的深化与社会主义建设的稳步推进,我们有理由相信“困难是暂时的,前途是光明的”,因为社会主义事业是民心所向、众望所归。只要一方面坚持“以人为本”的执政理念,做到“权为民所谋、情为民所系,利为民所谋”,另一方面协调处理好精神文化产品的经济效益与社会效益之间的张力,就能解决社会主义建设中的种种问题。

20世纪初,鲁迅先生曾郑重地指出:“唯有民魂是值得宝贵的,唯有他发扬起来,中国才有真进步。”①在新的世纪,我们完全有理由相信,沿着建设中国特色社会主义的正确道路,弘扬和培育伟大的民族精神,中华民族一定能够绘就伟大复兴的美好图景。

① 《鲁迅选集》第2卷,人民文学出版社1995年版,第244页。

第二章

加强民族地区大学生民族精神教育的重要性、紧迫性和特殊性

民族精神是民族存续的精神血脉，对于任何一个民族的生存与发展都具有重要意义。大学生是祖国和民族的未来，他们的民族情感、民族意识和民族精神状况直接关系到社会主义事业的兴衰成败，关系到中华民族伟大复兴的能否顺利实现。因此，在全球化多种意识形态、多种思潮、多种价值观念相互涤荡的条件下，培育当代大学生民族精神极具重要性和紧迫性，对于新时期创新高校人才培养模式、促进大学生健康成长、实现中华民族伟大复兴具有重大的现实意义。

进入21世纪，随着信息资源、现代文明的全球一体化进程，世界呈现出政治多极化、经济全球化、文化多元化的新格局，以国家和国家集团为单元的民族竞争异常激烈，以科技实力和经济实力为主的综合国力成为决定民族在激烈竞争中成与败、发展与否的关键因素。习近平总书记在第十二届全国人民代表大会闭幕会的讲话中强调："实现中国梦必须弘扬中国精神。这就是以爱国主义为核心的民族精神，以改革创新为核心的时代精神。这种精神是凝心聚力的兴国之魂、强国之魄。爱国主义始终是把中华民族坚强团结在一起的精神力量，改革创新始终是鞭策我们在改革开放中与时俱进的精神力量。全国各族人民一定要弘扬伟大的民族精神和时代精神，不断增强团结一心的精神纽带、自强不息的精神动力，永远朝气蓬勃迈向未来。"

任何竞争归根结底是人才的竞争。要实现"两个百年"的奋斗目标以及中华民族伟大复兴的中国梦，必须坚持长期在国民中（特别是青年学生）弘扬和培育民族精神，使之成为民族凝聚力、创造力和原动力，使之在国民的精神层面流而不逝、静而不止，任何诱惑和干扰、侵袭和挤压风起云涌，始终保持我自岿然不动。

在严峻的竞争环境中,对内对外中华民族都面临着复杂的思潮激荡,一旦缺乏坚定的凝聚力和感召力,后果将是不可想象的。

就国内而言,并不是风清日丽,风清气正。有几方面消极思潮还广泛存在:一是随着社会主义市场经济的不断完善,贫富差距逐渐增大,追求物质利益越来被年轻人所崇尚,极大地刺激了国民的普遍物欲膨胀,导致重物轻德、重利轻义,这种意识极容易在异彩纷呈的物欲诱惑面前迷失方向、丧失自我,从而逐利忘义、逐利忘国,内部的正气迷失会导致民族不战而败;二是民族分裂主义从来没有停止过其分裂活动,西藏暴乱、疆独分子不断制造各种爆炸和袭警事件,对这种势力的斗争是在民族精神维系下对其进行长期的、渐进的瓦解和感召,特别是对于民族地区大学生进行民族精神教育提出新的课题;三是近些年来,一些党员干部贪污腐败,党内面临着执政能力考验、改革开放考验、市场经济考验、外部环境考验等四大考验,存在着精神懈怠的危险、能力不足的危险、脱离群众的危险、消极腐败的危险等四大危险,潜藏着底层民众对党和国家的疏离和怨尤。

从国际来看,在国家和民族对国际事务参与度、政治话语权和经济推动力等愈来愈有号召力和影响力的前提下,以美国为首的西方世界排华、抑华、反华势力不断加剧,亡我之心日益增强,而且表现得越来越变本加厉,从"和平演变"到对青年一代意识形态的腐化,从"重返亚洲"到支持台"独"、藏独,希望制造中华民族的第二根痛指。在经济制裁、文化侵蚀下,如果我们没有在民族精神凝聚下的坚定民族自信心和民族自豪感,没有在民族精神凝聚下的卓越创造力和对外感染力,随时都会出现在突发事故中引爆的民族动荡和民族衰落。因而在当代复杂的国际国内环境中,要实现中华民族的伟大复兴,建成全面小康社会,构建社会主义和谐社会,抵制任何领域的不良倾向,振奋积极高昂精神状态,民族精神的弘扬和培育具有极其重要的现实意义和深远的历史意义。

第一节　加强民族地区大学生民族精神教育的重要性

民族精神的状态如何,关乎一个民族的兴衰成败。大学生是对国家未来发展走向产生重要影响的群体,肩负着全面建设小康社会和加快推进社会主义现代化建设的历史使命，他们的民族观和民族精神在一定程度上决定着我国在未来国际竞争中的地位和形象，直接关系到中华民族能否应对全球化带来的文化挑战与价值冲突。目前，部分大学生在弘扬民族精神方面不同程度地存在着民族精神失序失范现象，表现为盲目崇拜西方，缺乏民族自信心；过分关注个人利益，民族意识、国家意识淡漠，缺乏社会责任感；淡忘民族历史和民族传统文化，否定中华民族传统文明与优秀传统文化的价值等一些值得党和国家高度重视的问题，凸现了新时期培育当代大学生民族精神的重要性。

一、加强民族精神教育，是我国高等教育目标的根本要求

民族精神是民族文化的旗帜，大学生是青年中富有生命力和创造力的主体，他们是国家宝贵的人才资源，承载着民族的希望与国家的未来，反映着民族的整体文化素质和民族精神培育的水平。民族地区高等学校作为民族先进文化的重要传承基地，负有传承传统文化、开启先进文化、引领文明发展的重要职责，不仅担负着培养德智体美全面发展的社会主义建设者和接班人的重任，而且肩负着培育民族大学生民族精神的使命。民族地区高等学校弘扬和培育民族精神的使命是由高等学校的社会地位、肩负的历史责任和教育目标决定的。它们担负着培养高级专门人才和发展科学文化的重大任务，是培育民族精神的重要阵地，是国家培养专业人才和拔尖人才的摇篮，与一般世俗机构相比更关注人的心灵发育与成长，更注重对优秀传统文化的传承。民族地区高等学校是一个国家和民族坚守和弘扬民族精神的重要阵地，如果民族精神淡薄，那么民族精神在整个国家或经济社会发展中必定遭受深刻危机与浩劫。在经济全球化进程中，如何既容纳时尚文化，又不削弱本民族文化，又能增强民族意识，积极弘扬和培育民族精神，为当代学生提供一个自由、健康、文明，又具有浓郁民族特色的、富含民族精神的文化环境，是民族地区高等学校培养学生做人做事的能力和培育民族精神的根本要求所在。民族地区大学生是弘扬民族精神的生力军，培育和发展大学生的民族意识，让大学生意识到自己对国家的责任、对民族的义务，意识到自己的历史使命，意识到自己的人生价值，是民族地区高等学校弘扬和培育民族精神的使命要求。只有大学生掌握了先进的科学文化知识，充满了积极创造价值的渴望，才能树立起正确的世界观、人生观、价值观和创业观，树立起民族自尊心和自信心，才能成为现

代化建设的中坚力量,成为中华民族先进文化的传播者、开拓者和创新者。

面对国际国内形势的深刻变化,面对大量西方文化思潮和价值观念的冲击,大学应肩负起传承中华民族优秀文化,弘扬先进文化,塑造时代需要的合格人才的重要历史使命。大学生是先进文化、先进生产力的代表,是实现富国安邦和弘扬民族精神的生力军,他们的民族精神状况直接关系到中国特色社会主义事业的顺利进行和中华民族的伟大复兴,关系到党和国家的长治久安。当代大学生如果没有强烈的民族意识,那么就不可能有深沉的民族责任感,就不可能把爱国之志转化为报国之行。因此,培养和增强民族地区大学生的民族意识和民族责任感,使他们成为弘扬民族精神的高尚品质的社会群体,是民族地区高等学校贯彻落实《关于进一步加强和改进大学生思想政治教育意见》的落脚点和归宿,也是实现高等教育目标的客观要求和时代现实要求的必然结果。

二、加强民族精神教育,是巩固边疆安全、增进民族团结、维护社会稳定的需要

对于民族地区大学生来说,他们是民族地区发展的中坚力量,他们的科学文化素质以及思想政治修养状况,直接关系到民族地区经济的发展,关系到民族的团结和社会的稳定,关系到我国社会主义现代化和谐社会目标的实现,更关系到中华民族的伟大复兴——中国梦的实现。在我国,重视大学生思想政治教育是我们的政治优势和优良传统,毛泽东在总结中国革命实践特别是延安整风经验的基础上指出:“掌握思想教育,是团结全党进行伟大政治斗争的中心环节。如果这个任务不解决,党的一切政治任务是不能完成的。”这就明确了思想政治教育在党的各项工作中的重要地位。高度重视和加强民族地区大学生的民族精神教育是思想政治教育的重要组成部分。

民族地区大学生是我国社会主义建设和民族地区建设的优秀人才,他们在高校学习科学文化知识,提高自身的综合素质主要目的是为了更好地服务于国家、服务于社会、服务于人民、服务于边疆。近年来,在我国一些民族地区和边疆地区,民族分裂分子、宗教极端势力和暴力恐怖分子的活动比较猖獗,一些恐怖势力威胁我国社会安全的因素有所抬头,并且相当活跃。西方敌对敌势力企图破坏我国安定团结、繁荣发展局面的想法始终没有改变,不时地以各种手段和方式对我国施行“西化”和“分化”,以期达到颠覆中国共产党的领导和社会主义制度的目

的。由于各种敌对势力的诱导，有个别少数民族群众被蒙蔽利用，因此，民族地区大学必须加强对少数民族大学生开展持续有效的思想政治教育工作，加强民族精神教育和政治修养，用社会主义核心价值观去教育和引导民族地区大学生树立正确的世界观、人生观和价值观，这不仅直接关系到民族地区的发展、团结和社会稳定，还关系到我国社会主义现代化和谐社会目标的实现，更关系到中华民族的伟大复兴。

进行社会主义现代化建设，促进社会健康、稳定、和谐发展，需要依靠全国各族人民的共同努力，需要一个安定团结的社会政治环境。然而，民族地区多层次、多元化的民族社会文化环境，客观上决定了少数民族地区内部不同民族、不同地域的各种民族价值取向存在着较大差异，同时，随着经济全球化趋势的加强，民族地区与外界进行社会交往、经济合作、文化交流日益增多，必将与西方文化和意识形态相互碰撞。在多元文化相互融合、相互碰撞的背景下，各种政治思想文化也互相激荡。一些民族分裂势力、宗教极端势力、暴力恐怖势力和西方敌对势力长期处心积虑利用各种机会煽动民族矛盾、破坏民族团结、颠覆中国共产党的领导和社会主义制度。如果民族地区大学生的自身素质不高、政治觉悟低，加之管理不到位，就容易给境内外敌对势力可乘之机，将严重影响民族地区的发展、祖国边防巩固和边疆的稳定。另外，少数民族大学生作为本民族的见多识广者，是本民族青年的榜样，有很大的影响力，他们的一言一行对本民族的其他人产生重要的影响。因此，加强民族地区大学生的民族精神教育，激发爱国热情具有特殊价值和意义。

我国经过30多年的改革开放，社会主义现代化建设取得了巨大的成绩，社会目前呈现出一片团结、和谐的氛围。广大优秀青年大学生是社会主义和谐社会构建的主力军，少数民族大学生是各少数民族中的优秀分子，对于维护民族地区的稳定和国家的安定团结起着非常重要的作用。胡锦涛同志在国务院第五次全国民族团结进步表彰大会上的讲话中强调指出，当今世界正在发生广泛而深刻的变化，当代中国正在发生广泛而深刻的变革，我们要站在党和国家事业发展全局的战略高度，充分认识继续推进我国民族团结进步事业的极端重要性和现实紧迫性。民族地区大学生必须站在国家和社会发展全局的高度，进一步加强对少数民族大学生的思想政治教育，这关系到少数民族大学生自身发展进步的需要，关系到民族地区社会的安全稳定和经济的发展,更关系到建设中国特色社会主义事业的顺利实现。因此,民族地区大学肩负着培养少数民族大学生的重任,必须结合学校实际工作,坚定不移地用马克思主义理论和社会主义核心价值体系来引导少数民族大学生树立正确的理想信念,充分利用党团组织的阵地作用,进一步发挥各级党团组织的政治优势和组织优势,切实把民族地区大学生的思想政治教育工作做实、做透,培养和造就一批具有社会主义坚定信念,拥护中国共产党的领导,热爱社会主义和谐社会的少数民族大学生,从而促进民族地区的繁荣发展和国家的安定团结。习近平总书记在2014年春节,冒着严寒到内蒙古考察指导工作,他嘱托内蒙古各族干部群众要“守望相助”。“守,就是守好家门,守好祖国边疆,守好内蒙古少数民族美好的精神家园;望,就是登高望远,规划事业、谋划发展要跳出当地、跳出自然条件限制、跳出内蒙古,有宽广的世界眼光,有大局意识;相助,就是各族干部群众要牢固树立平等团结互助和谐的思想,各族人民拧成一股绳,共同守卫祖国边疆,共同创造美好生活。”总书记赋予“守望相助”以深刻的思想内涵、鲜明的时代特色、民族特色和科学的实践要求,这是做好边疆民族地区工作的根本遵循。

三、加强民族精神教育,是构建社会主义和谐社会的需要

社会主义和谐社会是中国社会进步进程中的一项崭新事业,这项事业的顺利实现离不开强大的物质与技术的支撑,更离不开民族精神的支撑。一个民族事业的兴盛往往与民族精神的高扬同步,一个民族的衰落往往与民族精神的淡漠与低迷分不开。对于民族地区大学生而言,民族精神是一个民族赖以生存和发展的精神支撑,是构建社会主义和谐社会的精神动力。中华民族是一个有着强大凝聚力和向心力的民族,以爱国主义为核心的民族精神从来就是一种巨大的精神力量,能够激发民族成员的归属意识、进取意识和奋斗意识,在凝聚社会各方面力量中形成中华民族克服艰难险阻的强大的民族凝聚力。历史不止一次证明,越是在国家民族面临生死存亡的重要关头,中华民族的爱国主义精神就会越发不可动摇,中华民族精神的凝聚力就会越发坚不可摧。

构建社会主义和谐社会是一项十分艰巨而复杂的事业,必须最大限度地调动一切积极因素,最广泛地动员和团结海内外炎黄子孙来为之奋斗才能顺利完成的

民族复兴伟业。如果没有一种团结、凝聚、鼓舞和激励全体人民万众一心、昂扬向上、发奋图强的精神支撑,实现社会主义和谐社会的奋斗目标是不可能的。随着当今社会经济结构的调整和深刻变化,大量的社会矛盾可能会以一种比较激烈的、爆炸性的形式表现出来,中国经济社会的安全运行面临着前所未有的威胁与挑战。民族精神不仅能够为和谐社会提供自强不息的社会精神环境,而且还能在构建一个民主法治、公平正义、诚信友爱、充满活力、安定有序、人与自然和谐相处的社会主义和谐社会的伟大历史进程中起到凝聚广大人民群众积极性和创造力的重大作用。"民族精神强大的社会凝聚力和社会整合功能,是国家发展和稳定的精神基础,是凝聚和激励全国各族人民的主要力量,是综合国力和国际竞争力的重要标志。精神的力量虽然不同于物质的力量,但它在一定条件下可以转化为强大的物质力量,这种强大的精神力量不仅可以促进物质技术力量的发展,而且能够使一定的物质技术力量发挥出更好、更大的作用。"①因此,在构建社会主义和谐社会的历史进程中,只有坚持弘扬和培育中华民族精神,才能够激发和培育人们的爱国情怀,激励和鞭策全体人民始终保持昂扬向上的精神状态;才能在增强综合国力、迎接激烈挑战与竞争中,艰苦奋斗,顽强拼搏,克服艰难险阻;才能把整个社会紧紧地凝聚、团结起来,使海内外中华儿女同心同德地朝着构建社会主义和谐社会和中华民族的伟大复兴这一共同的价值目标前进,真正使构建和谐社会和实现中华民族的伟大复兴有一个广泛而深厚的社会基础和强大的精神动力。

四、加强民族精神教育,是民族地区大学生健康成长、成人成才的需要

思想政治教育是教育者用一定的政治观点、思想体系、道德规范对人们施加有目的、有计划、有组织的影响,使人们形成符合一定社会和阶级需要的思想品德的社会实践活动。思想政治教育是高校德育教育的重要部分,是素质教育的灵魂,良好的思想政治教育是学生树立正确的世界观、人生观、价值观,提高自身素质和个人修养,展示自我、实现自我价值的客观需要。民族地区大学生作为中国大学生中一个重要的组成部分,是宝贵的人才资源,是民族的希望,祖国的未来,改革开放以来,我国高等教育按照党的教育方针,培养了一大批德、智、体、美等全

① 王有炜:《民族精神在构建和谐社会中的价值功能》,载《思想教育研究》,2006 年第 5 期。

面发展的少数民族人才，为民族地区社会主义现代化建设做出了巨大的贡献。但是，我们也要看到，在改革开放和发展社会主义市场经济的条件下，我国社会生活正在发生广泛而深刻的变化，给人们的思想观念和人与人之间的关系带来影响，使当代大学生也置身于世纪转换、体制转换、社会转型、观念转弯的大潮之中，面对科学技术高速发展、世界经济大开放、多元文化冲击的纷繁世界，部分少数民族大学生感到无所适从，甚至在世界观、人生观和价值观上出现了偏差，这在某种程度上影响和制约了民族地区大学生的健康成长，同时，就民族地区大学生自身而言，他们思想活跃，自尊意识突出，成才愿望强烈，但由于民族地区大学生大多来自农村牧区、贫困山区和边疆偏远地区，自然环境复杂，经济基础薄弱，交通不便，信息闭塞，因而部分大学生在进入大学之前很少受到正规的思想政治教育，在自律能力、实践能力、心理素质等方面不同程度地存在着有待进一步提升的需要，因此，通过积极开展卓有成效的民族精神教育和系统的思想政治教育，能够有效帮助他们克服困难，奋发进取，全面提升自身素质，促进其健康成长。

中华民族之所以能在五千多年的历史发展中，饱经磨难而信念弥坚，历尽艰辛而斗志昂扬，创造出了灿烂的中华文明，是因为民族精神深深根植于中华大地丰厚的文化与沃土之中，是贯穿始终的力量之源。大学生是民族的希望和祖国的未来，理应承担弘扬和培育民族精神的历史重任。但在国际竞争日趋激烈的社会环境下，教育和培育当代大学生自觉承担起弘扬民族精神的历史重任，对于全面实施科教兴国和人才强国战略，确保构建社会主义和谐社会奋斗目标的实现，确保中国特色社会主义事业兴旺发达、后继有人，具有重大而深远的现实意义。

对于民族地区大学生来说，他们年青有朝气，具有强烈的民族意识和民族自豪感，但社会阅历不丰富，缺乏历史文化知识，思想认识、价值观念尚不成熟。面对世界上的各种文化思潮的影响，他们往往容易产生思想上、认识上的困惑和迷茫。这就需要民族地区高校系统地、有针对性地、分层次地对其进行民族精神教育，用优秀的文化滋润他们的心灵、陶冶他们的情操，用民族精神塑造他们的精神世界，既有利于他们树立科学成才的理想信念，又有利于激发他们刻苦学习的精神动力，还有利于增强艰苦创业的意识。对于激励民族地区大学生为中华崛起而读书，为民族振兴而坚定成才信念，增强民族自尊心、自信心和民族意识，弘扬民族精神，促进其全面发展与健康成长具有重要意义。

从弘扬和培育民族精神的历史使命来看，民族地区大学生是祖国边疆建设的未来，民族的希望，是将来全面建设小康社会的主力军和振兴中华民族的重要力量。他们的思想道德素质直接关系到社会主义事业的成败。弘扬和培育民族精神，就是要增强他们爱祖国、爱人民、爱劳动、爱科学、爱社会主义的情感，培养他们艰苦奋斗、自强不息的品格，使他们把自己的理想、志愿、工作选择与祖国的前途、民族的振兴联系起来，把个人的荣辱得失与祖国的兴衰强弱联系起来，为中华民族的复兴伟业建言献策，贡献出青春与才智。

就民族精神的社会功能而言，民族精神具有强大的社会凝聚力和社会整合功能，是国家发展和稳定的精神基础。中华民族精神是凝聚和激励全国各族人民的主要力量，是综合国力和国际竞争力的重要标志。如果没有民族精神的凝聚，我们这样一个有着五十六个民族的发展中国家，就很难维持长期的统一和稳定，很难不断地发展壮大。在民族地区大学生中大力弘扬和培育民族精神，就能以民族精神为纽带，引导他们维护国家的尊严和利益，以振兴中华为己任，从我做起，从现在做起，从一点一滴做起，把对祖国、对人民深厚的爱，把个人的理想和抱负，转化为立志图强、报效祖国的实际行动，为实现全面建成小康社会目标和实现中华民族的伟大复兴贡献出自己的力量。

五、加强民族精神教育，是培养民族地区建设人才，推动民族地区发展的需要

民族地区大学生大多数从小生活在本民族地区，对本地区的社会环境和发展现状有很深的了解，对本地区经济社会发展中的问题有较深刻的认识，而且他们很关心本民族地区的建设和发展，他们学有所成之后在推动民族地区各项事业的建设活动中有很大的优势和便利，而且事实证明，民族地区大学生在本地区的各项建设事业中发挥了巨大的推动作用。随着我国高等教育的迅速发展，民族地区大学生的数量和比例也日益增加，他们肩负着建设和发展民族地区社会、经济、文化，促进祖国边疆繁荣和巩固民族团结的特殊重任。然而，由于西方个人主义和享乐主义思想的日益渗透和影响，一些少数民族大学生的民族责任心较为薄弱，缺乏为家乡社会经济建设做出应有贡献的理想，毕业后不愿返回故乡，客观上造成民族地区人才流失，因此，民族地区高校应通过民族精神教育，激发他们热爱家乡、热爱祖国的热情，“唯能爱故乡，方能爱故国”，教育引导他们成为热爱祖国，热

爱民族，热爱家乡，服务于祖国边疆的建设者，鼓励教育民族地区大学生努力成才，唤起他们对担负实现民族振兴以及改变家乡落后面貌的历史使命和认同感。

民族地区大学生作为民族地区十分宝贵的人才资源，他们毕业后大部分会回到家乡，为本民族地区的建设贡献自己的力量。作为民族地区的生力军，他们将是未来发展民族地区经济及各项事业的中坚力量，为国家的社会安定团结和民族地区的稳定提供有力的智力支持。教育部副部长李卫红同志在内地高校支援培养少数民族人才工作研讨会上的讲话中指出：教育支援西藏、新疆，事关我国现代化建设的大局，事关祖国统一、社会稳定、民族繁荣的大局，事关科教兴国、人才强国的大局，事关西部大开发战略实施，构建和谐社会的大局。由此可见，我们民族地区高校在为民族地区培养合格的高层次人才方面显得尤为重要，在帮助民族地区大学生提高科学文化知识和本领的同时，还要高度重视他们的思想政治教育工作和民族精神教育，要用有中国特色社会主义理论体系和社会主义核心价值体系去教育和引导民族地区大学生树立正确的民族观和国家观，以此来促进民族地区的经济和社会发展。

六、加强民族精神教育，是实现中华民族伟大复兴——中国梦的需要

2012 年 11 月 29 日习近平总书记在参观《复兴之路》过程中，发表了重要讲话，习近平指出："每个人都有理想和追求，都有自己的梦想。现在，大家都在讨论中国梦，我以为，实现中华民族伟大复兴，就是中华民族近代以来最伟大的梦想。这个梦想，凝聚了几代中国人的夙愿，体现了中华民族和中国人民的整体利益，是每一个中华儿女的共同期盼。"从此，中国梦开始在中国大地广泛传播。《人民日报》分别以"满怀信心走好中国道路""高扬凝心聚力的中国精神""凝聚不可战胜的中国精神""以发展筑牢梦想根基""民生改善是梦想的最好诠释""和世界共发展与世界共分享""中国梦归根到底是人民梦""在党的领导下汇聚圆梦力量""担起我们这代人的使命"九论同心共筑中国梦。

2013 年"五四"青年节，习近平总书记参加了"实现中国梦、青春勇担当"大学生主题团日活动，再一次提出"中国梦是我们的，更是你们的。中华民族的伟大复兴将在广大青年的接力奋斗中变为现实。"最后指出：为实现中华民族伟大复兴的中国梦而奋斗，是中国青年运动的时代主题。共青团要在广大青少年中深入开展

“我的中国梦”主题教育实践活动，为每个青少年播种梦想、点燃梦想，让更多青少年敢于有梦、勇于追梦、勤于圆梦，让每个青少年都为实现中国梦增添强大青春能量。实现中国梦必须走中国道路、弘扬中国精神、凝聚中国力量。道路、精神和力量这三大关键词，阐明了我们怎样实现中国梦、为什么能够实现中国梦。中国道路是自强自信的必由之路，是一条属于中国自己的创新之路。中国精神是以爱国主义为核心的民族精神，以改革创新为核心的时代精神，是凝心聚力的兴国之魂、强国之魄。中国力量是不可战胜的力量，伟大的事业、宏伟的蓝图要有强大的力量来保障。

从国内形势上看，我国正处在历史转折的关键时期，邓小平同志提出的“三步走”的战略目标，前两步用了二十年基本上已经实现，第三步计划用五十年才能实现，第三步的目标，不仅任务重，情况纷繁复杂，而且时间长。党的十八大提出了“两个百年”奋斗目标，全党全社会面临着能否实现中华民族伟大复兴——中国梦的严峻考验，要想实现中国梦，必须增强大学生的民族精神和民族自豪感。大学生是祖国的未来，民族的希望，只有他们有了强烈的民族责任心和责任感及伟大的爱国主义情操，才可以保证我们民族振兴的持续性和先进性，使中华民族伟大复兴的事业永远后继有人。如何在改革开放和发展社会主义市场经济条件下弘扬民族精神，推进中国特色社会主义事业顺利发展，实现中华民族的伟大复兴，是当代中国面临的一个历史性课题。一个民族没有伟大民族精神，不可能实现伟大的复兴和成为伟大的民族。追求发展与富强是中国的现代化主题，凝聚着中华民族的强烈愿望。中国现代化的目标就是要实现中华民族的伟大复兴，建设一个富强、民主、文明、和谐的国家自立于世界民族之林。民族精神成为中国社会主义现代化不可缺少的强大动力。

一个没有民族精神的民族，挨打是不可避免的。回想中国近现代历史，失去自尊而任人宰割的悲惨情景，真正的中国人是不可能忘记的。鸦片战争使中国从世界强国跌落于任人宰割、饱受凌辱与蹂躏的深渊，深刻的原因也在于民族精神的缺失。中华民族经历了一个多世纪的磨难，经过千百万仁人志士的奋斗，最终走上了民族振兴的大道，重要原因也是重新找回了民族精神。毛泽东曾经说过：“我国从十九世纪四十年代起，到二十世纪四十年代中期，共计一百〇五年时间，全世界几乎一切大中小帝国主义国家都侵略过我国，都打过我们，除了最后一次，即抗日战争,由于国内外各种原因以日本帝国主义投降告终以外,没有一次战争不是以我国失败、签订丧权辱国条约而告终。""如果不在今后几十年内,争取彻底改变我国经济和技术远远落后于帝国主义国家的状态,挨打是不可避免的。"①"落后就要挨打"被中国近现代史所证明。近代中国为什么落后,为什么被动挨打?深层次的原因还在于民族精神的缺失。在大清王朝被迫签订一个又一个不平等条约的时代,在公园门口悬挂"华人与狗不得入内"的时代,在国民被称为"东亚病夫"的时代,没有一个真正的中国人不为此痛心疾首。中国的民族精神在哪里?联想到今天一些人花天酒地、醉生梦死;联想到一些人忙着与国际接轨,逐步忘记民族的历史;联想到我们的一些留学生外语好、数学好,懂得美国、英国,就是不太了解中国,甚至一心一意要早日把自己变成一个外国人,这不能不发人深思。

民族精神是中华民族成长壮大的不竭动力,是凝聚中华民族的思想基础。自古以来,无论面对多少艰难困苦、挫折失败,中华民族都能够薪火相传、不断前进,靠的就是民族精神的伟大力量。在改革开放和社会主义现代化建设的新时期,实现中华民族的伟大复兴,这是中华儿女的共同愿望,也是前无古人的伟大事业。

第二节 加强民族地区大学生民族精神教育的紧迫性

全球化给世界经济带来了繁荣和发展的历史机遇,也极大地促进了世界范围内不同文化的相互激荡,不仅为各民族文化互相沟通、互相交融、互相借鉴提供了有利条件,但也给强势文化吞噬弱势文化、西方文化主宰世界文化提供了借口。发达国家抓住一切时间和一切可能的机会利用自己在竞争中所处的强势地位不遗余力地向发展中国家进行文化扩张与渗透,以消弭这些国家的民族和人民特别是还具可塑性和可变性的青少年身上的民族精神。民族精神是一个民族存续的精神血脉,当代大学生是传承本民族存续的精神血脉与弘扬民族精神的有生力量。民族地区高校,只有加强对大学生民族精神教育,增强大学生民族意识和民族责任感,才能提高大学生自觉抵制异族文化渗透的能力和弘扬民族精神的能力。

---

① 《毛泽东文集》第8卷,人民出版社1999年版。

一、从全区角度看,大学生对民族精神认同感的现状

在2014年4至5月,课题组用了近两个月的时间,在内蒙古六所高校进行问卷调查和个别访谈(第三章有详细调查分析),了解民族地区大学生对民族精神的认同感,结果显示:民族地区高校大学生的民族意识和弘扬民族精神的主流是好的,是积极向上的。但在复杂动荡的国际形势和西方各种思潮的冲击下,在价值观念多元化与社会经济结构多样化的影响下,大学生们的思想观念受到了前所未有的强烈冲击和挑战,有部分大学生的民族意识与民族精神淡漠,还有一部分大学生没有确立正确的民族意识与民族精神,培育当代大学生弘扬民族精神、激发爱国热情成了时代的强音。目前大学生对于民族精神认同感上存在的问题,主要表现在以下几个方面。

第一,从全区大学生对民族精神的认同情况看,我们设置了"你对于民族精神了解多少?"对于这一问题,了解民族精神的占60.6%,比较了解民族精神的占15.1%,不太了解民族精神的占21.4%,根本不了解的占2.5%。在问卷中"针对全球化将会导致民族文化的消失,以爱国主义为核心的民族精神教育也随之失去了意义"选项,有75.3%的大学生认为全球化不会导致民族精神的消失,有20.5%的大学生认为全球化会最终导致民族精神的消失。"对民族精神是综合国力强弱的重要尺度,是综合国力重要组成部分"的选项中,非常赞同的占47.7%,比较赞同的占36.8%,不赞同的占9.4%。"民族精神是一个民族赖以生存和发展的精神支撑,同时也是一个国家综合国力的重要组成部分"选项中,回答非常赞同的占73.6%,比较赞同的占20.3%,不赞同的占5.9%。"是否赞同民族精神的基本内涵是以爱国主义为核心的团结统一、爱好和平、勤劳勇敢、自强不息"的选项中,非常赞同的占56.1%,比较赞同的占41.2%。这充分说明当代大学生绝大多数都能认识到弘扬和培育民族精神的重要性,但也存在着不容忽视的"不太了解民族精神"的现实。

第二,从全区大学生对民族意识和爱国情感的认同情况看,我们设置了"你是否认为国家与民族的利益高于一切"的选项,认为高于一切的占75.4%,认为个人利益应放在第一位的占18.9%。在"你认为现在大学生中国家意识与民族精神状况如何?"的调查中,28.9%的同学认为当代大学生国家意识强烈,民族精神高昂,

51.6%的同学认为当代大学生民族精神淡化，民族自信心不强，16.3%的同学认为大学生的民族精神低下，国家意识不强，需要重点培养，另外还有2.6%的同学认为当代大学生没有一点儿国家意识和民族精神感。这说明了当代大学生绝大多数都有强烈的民族意识和爱国情感，充分认识到民族精神的重要性，但也反映出许多大学生对本群体的民族精神状况评价不高，也从另一个侧面反映了加强大学生民族精神教育的紧迫性。

第三，从大学生对加强民族精神教育的认同情况看，“弘扬和培育民族精神对当代大学生的健康成长是否有作用”选项中，认为非常重要的占67.5%，比较重要的占23.4%，不重要的占7.3%。“你是否愿意接受民族精神教育”选项中，愿意接受的占86.1%，不愿意接受的只有3.6%。认为“培育当代大学生民族精神是中华民族伟大复兴的需要”的占58.4%；认为“培育当代大学生民族精神是建成全面小康社会的需要”的占49.6%；认为“培育当代大学生民族精神是巩固边疆安全、增进民族团结的需要”的占70.3%；认为“培育当代大学生民族精神是大学生健康成长、成人成才的需要”的占59.8%。对党的十六大报告提出的“把弘扬和培育民族精神纳入国民教育全过程，纳入精神文明建设全过程”表示非常赞同的占58.6%，比较赞同的占34.4%，不赞同的占8.3%。“对于大学生是否有必要进行民族精神教育”，有75.4%的认为有必要，有18.5%的认为没必要。“对当前大学生进行民族精神教育是否感到满意”选项中，认为满意的大学生不到20%，有50%的大学生认为不满意，还有30%以上的大学生说不清。这说明当代大学生绝大多数对开展民族精神教育是认同的，但也说明当前大学生民族精神教育的状况不容乐观，高校德育的主渠道“两课”教育未能完全发挥主阵地、主渠道作用。

二、影响民族地区大学生民族精神教育的各种因素分析

通过对全区六所高校大学生的调查分析，民族地区大学生民族精神认同感的状况看，主流是好的，积极向上的，但也不能忽视支流的巨大负面影响。特别是要重点分析部分大学生民族精神淡漠的成因，从而探究影响大学生弘扬民族精神、激发爱国热情的外在环境因素和个人内在因素，以便更好地有针对性地进行民族精神教育。

(一)环境因素

影响大学生民族精神淡漠的环境因素,既有国际政治、经济、科技和文化的影响,也有国内社会发展水平和民族精神教育的局限性。具体表现在以下几个方面。

(1)从国际环境看,西方发达国家凭借自身的政治、经济、科技和军事等优势,一直以来整体向处于劣势的欠发达国家推行“单边主义”“霸权主义”及本国的文化价值理念,始终利用各种渠道和手段试图对我国的思想文化、意识形态进行渗透与吞噬,“西化”“分化”的图谋始终没有停止或间断过。美国人有一句话说得一针见血:“把你的钱装进我的口袋;把我的思想装进你的脑袋。”思想不够稳定、意志不够坚决、品行容易改变的大学生群体始终是西化渗透与争夺的重点。西方一位政要曾经毫不掩饰地说“中国不会拒绝互联网,只要他们接受互联网,我们就有武器。”西方发达国家高度重视网络媒体传播的全球性与隐匿性,在网络媒体上大肆宣扬本国的准则、制度、经济、文化、政治模式和生活方式,通过覆盖全球的网络来控制世界每个角落异族人民的精神文化生活,改变世界异族人民的价值认同与精神意念,使异族人民对本国产生亲近感、信任感,产生动摇或放弃自己民族的自尊心、自信心和自豪感,从根本上形成对西方资产阶级的生活方式的迷信和内心深处的认同与敬仰,最终使异族人民认同和依赖本民族文化与价值理念,而达到在意识形态上完全控制异族人民的目的。对当代大学生成长不利的国际环境,如果任其泛滥,各种腐朽、落后的文化观念必定会侵蚀大学生的思想,注定会涣散人心,注定会腐蚀和削弱当代大学生弘扬民族精神的能力和坚定信念。

(2)从国家重视的程度看,党的十六大报告明确指出:“必须把弘扬和培育民族精神作为文化建设极为重要的任务,纳入国民教育全过程,纳入精神文明建设全过程。”①党的十八大报告再次强调:“广泛开展理想信念教育,把广大人民团结凝聚在中国特色社会主义伟大旗帜之下。大力弘扬民族精神和时代精神,深入开展爱国主义、集体主义、社会主义教育,丰富人民精神世界,增强人民精神力量。倡导富强、民主、文明、和谐,倡导自由、平等、公正、法治,倡导爱国、敬业、诚信、友

① 江泽民:《全面建设小康社会,开创中国特色社会主义事业新局面》,载《人民日报》,2002年11月15日。

善，积极培育和践行社会主义核心价值观。”①在中共中央、国务院《关于进一步加强和改进大学生思想政治教育的意见》明确规定：“以爱国主义为重点，深入进行弘扬和培育民族精神教育。深入开展中华民族优良传统和中国革命传统教育，开展各民族平等团结教育，培养团结统一、爱好和平、勤劳勇敢、自强不息的精神，树立民族自尊心、自信心和自豪感。要把民族精神教育与以改革创新为核心的时代精神教育结合起来，引导大学生在中国特色社会主义事业的伟大实践中，在时代和社会的发展进步中汲取营养，培养爱国情怀、改革精神和创新能力，始终保持艰苦奋斗的作风和昂扬向上的精神状态。”②这充分说明了党和国家对弘扬和培育民族精神的高度重视。但也只明确了弘扬和培育民族精神的内容，对弘扬和培育民族精神没有形成系统化、科学化的有效实施机制、考评机制和监督机制等，在一定程度上影响了当代大学生民族精神的弘扬与培育。

(3)从社会环境看，随着我国社会主义市场经济的深入发展，正在经历着前所未有的社会转型，社会利益格局的巨大分化与调整，经济成分与利益主体的多元化、社会组织形式的多样化，客观上为人们思想观念和行为方式呈现多元化提供了社会环境，一些消极颓废思想沉渣泛起，在一定程度上助长了社会丑恶现象和腐败现象的泛化，不可避免地给当代大学生在精神层面带来一些严重的负面影响。拜金主义、极端个人主义等现象的广泛存在，严重地消解和弱化着民族精神的弘扬和培育。针对社会上的不正之风、不公平现象以及大学生就业困难等一系列重要的社会问题，一些大学生对党和国家的前途、对中国特色社会主义事业缺乏信心，民族虚无主义思潮有了泛滥的温床，在一定程度上动摇了部分大学生对民族的信心与信念。另外，在整个民族地区环境中还没有形成民族精神教育的良好氛围和社会舆论共识，民族精神缺失现象得不到有效补偿，这也就使得学校正面教育所取得的积极成果得不到根本巩固。所有这些，在一定意义和一定程度上给大学生弘扬民族精神、激发爱国热情造成了一定困难。

(4)从民族地区高校进行民族精神教育的实效性看，当前普通高等学校思想

① 胡锦涛：《坚定不移沿着中国特色社会主义道路前进，为全面建成小康社会而奋斗》，载《人民日报》，2012 年 11 月 16 日。

② 中共中央国务院：《关于进一步加强和改进大学生思想政治教育的意见》，中发 2004 年 16 号文件。

政治教育中民族精神教育方面还相对薄弱，主要表现在：首先是对加强民族精神教育的重要性认识不足，内容比较单一，没有形成相对完整的民族精神教育体系，使得民族精神教育可有可无、可深可浅，缺乏系统性和明确的规范性。其次是对加强民族精神教育的实效性认识不够，片面强调功利目标的激励作用，忽视了优秀传统文化的熏陶作用，特别是民族精神的导向和激励作用。再次是对民族精神的教育不能单纯地依靠思想政治理论课教学或学生自觉活动，大学生思想政治理论课教学尚未充分发挥出民族精神培育的主渠道和主阵地作用，虽然已经把时代精神和民族精神纳入社会主义核心价值体系的主要内容，要求贯穿思想政治理论课的全部内容，但许多教师在讲授过程中只是一提而过，很少展开，更谈不上拓展和挖掘，这就严重地影响了民族精神教育的实效性和针对性。整个民族地区高校都未能形成上下齐抓共管、有机统一的教育氛围。最后，大学生民族精神教育熏陶活动开展得比较少，基本处于“隐性状态”，民族精神教育活动缺乏连续性、长期性，不能有效贯穿于高等学校思想政治工作的全过程，大学生应有的民族情感得不到展示和发挥。这些在一定程度上都极大地影响和削弱了大学生民族精神教育。

(5)从家庭教育环境看，家庭教育环境具有学校教育和社会教育不可替代的作用，父母对子女思想品德的形成具有重要的影响示范作用。家长的名利观、教育理念以及对民族精神的认知与态度决定了家长在教育子女方面存在的“重成绩、轻品德；重结果、轻过程；重言教、轻身教；重利益、轻道义”的误区，深刻地影响着子女的成长和成才。学生的全面发展是我国教育追求的理想目标。由于受教育体制和应试教育的影响，德育虽然理论上和口头上得到重视，但实际上没有细化、量化的结果导致了只要不做违法乱纪的恶性事情，剩下的评价标准就只能是学习成绩。考分成了决定能力、前途和命运的指挥棒，成了家长们普遍关注的焦点。在世俗社会生活中，人们关注最多的是最终结果，只要成绩好、能获得一些荣誉和证书就可以了，过程的合理性实际上很少有人追问。从长远来看，民族精神是一个人成功的精神支撑。家长们普遍愿意把子女塑造成预期理想状态的人。但在现实面前为了眼前利益，理想与现实发生错位，对自己和对子女的要求不一致，言教和身教不一的矛盾行为对子女负面引导和影响是深刻的。家庭教育是生活教育，家长在日常生活中的言行举动都对孩子有耳濡目染的影响作用，家长的民族观及弘扬民族精神的态度都给孩子暗示着一种思想和行为模式。在重利轻义的家庭环境中成长起来的大学生,弘扬民族精神一旦与利益发生冲突的时候,其做出的价值抉择是可想而知的。

(二)自身修养与认知

部分当代大学生民族精神的淡漠源于自身修养与认知水平同弘扬民族精神价值观的背离,也是当代大学生民族精神失范失序的根本原因。具体而言,表现在民族地区大学生的人生观、民族观、民族精神价值观等方面。

从大学生的人生观层面看,由于市场经济的一些消极因素和社会生活领域中道德失范的影响,部分当代大学生的人生价值观念不同程度地被扭曲,拜金主义、享乐主义、极端个人主义等消极因素腐蚀和支配着大学生的思想与行为。认为集体主义、为人民服务的思想已经过时,只有金钱、物质利益才是真实的值得追求的东西,把民族精神的时代体现同民族精神的牺牲精神、奉献精神割裂开来,理想信念淡化,思想道德失范,不能把弘扬民族精神同树立正确的人生观、价值观结合起来,不能将个人利益同爱国主义、祖国命运、民族复兴联系在一起,不能用马克思主义观点观察、分析和对待民族精神问题,不能将中华民族精神熔铸于自身的品格和精神追求之中。

从大学生的民族观层面看,特别是民族地区大学生由于受大民族主义、种族歧视、民族隔阂等因素的消极影响,部分大学生不能很好地树立正确的民族观,不能用马克思主义民族观看待和分析民族精神问题,往往把民族精神同民族意识、民族个性、民族政策等混为一谈,缺乏应有的民族自尊心、自信心和自豪感。许多大学生只重视专业知识的学习,轻视对传统文化的学习和掌握,认为中国传统文化不能适应经济全球化的要求而盲目崇拜异族文化,忽视了中华民族优秀传统文化对民族精神的涵养与凝聚。部分大学生自身缺乏正确民族观应有的人文素养与积淀,又不注重现时提升,不能把弘扬正确的民族观与大学生增强社会责任感、历史使命感结合起来,不能有效地从中华民族优秀的传统文化和现实国情中汲取中华民族发展壮大的精神动力。

从大学生的民族精神价值观层面看,当代大学生民族精神价值观的取向直接关系到社会主义事业能否后继有人的大事。一部分大学生的民族精神追求和民族精神信念不够坚定,对目前我国生产力不发达状况感到疑惑,对现行的政策、制度不理解而感到祖国前途迷茫，本身在享受着改革开放带来的巨大成果，却看不到我国社会主义建设的伟大成就，不能正确对待在改革开放过程中遇到的困难和问题，对国家发展的未来前景的认识与判断，及祖国前途缺乏信心，盲目推崇西方的政治制度，片面认识和看待差距和不利条件，否定了自身的民族精神的优势和弘扬民族精神的有利条件，没有把民族精神价值观定位在努力学习、奋发成才、自觉维护祖国和民族的尊严与利益上。

总之，弘扬与培育民族精神对当代大学生来说，不能因外在环境的变化而淡化或放弃弘扬民族精神的坚定信念、顽强意志和崇高的精神追求，更不能丢失民族的价值上的操守和精神上的底线。

三、民族地区大学生民族精神教育的机遇与挑战

政治多极化、经济全球化为我国经济的发展带来了历史性机遇，也使我们在政治、文化和价值观念等各领域面临着发展机遇和严重的挑战。反映在培育大学生民族精神方面，更是机遇与挑战并存，优势与劣势、压力与动力同在的对立统一过程。

（一）大学生民族精神教育面临的机遇

在经济全球化的背景下，发达国家利用自己在科学技术等方面的优势和强势地位，不遗余力地进行文化扩张和文化渗透。国家要独立，不仅要在政治和经济上保持独立，还要在思想文化上保持独立。尽管我们现在面临的困难很多，同时也为大学生民族精神教育带来了机遇。

（1）从我国社会制度看，中国共产党的领导和我国的社会主义制度是我们做好当代大学生民族精神教育工作的根本保证。党的十八大报告指出：中国特色社会主义道路，就是在中国共产党领导下，立足基本国情，以经济建设为中心，坚持四项基本原则，坚持改革开放，解放和发展社会生产力，建设社会主义市场经济、社会主义民主政治、社会主义先进文化、社会主义和谐社会、社会主义生态文明，促进人的全面发展，逐步实现全体人民共同富裕，建设富强民主文明和谐的社会主义现代化国家。中国特色社会主义理论体系，就是包括邓小平理论、“三个代表”重要思想、科学发展观在内的科学理论体系，是对马克思列宁主义、毛泽东思想的坚持和发展。中国特色社会主义制度，就是人民代表大会制度的根本政治制

度,中国共产党领导的多党合作和政治协商制度、民族区域自治制度以及基层群众自治制度等基本政治制度,中国特色社会主义法律体系,公有制为主体、多种所有制经济共同发展的基本经济制度,以及建立在这些制度基础上的经济体制、政治体制、文化体制、社会体制等各项具体制度。中国特色社会主义道路是实现途径,中国特色社会主义理论体系是行动指南,中国特色社会主义制度是根本保障,三者统一于中国特色社会主义伟大实践,这是党领导人民在建设社会主义长期实践中形成的最鲜明特色。①

(2)从我国的经济基础来看,改革开放以来国民经济发展的伟大成果为我们做好当代大学生民族精神教育工作提供了强大的物质基础与保障。特别是近十年来,我国经济总量从世界第六位跃升到第二位,社会生产力、经济实力、科技实力迈上一个大台阶,人民生活水平、居民收入水平、社会保障水平迈上一个大台阶,综合国力、国际竞争力、国际影响力迈上一个大台阶,国家面貌发生新的历史性变化。人们公认,这是我国经济持续发展、民主不断健全、文化日益繁荣、社会保持稳定的时期,是着力保障和改善民生、人民得到实惠更多的时期。我们能取得这样的历史性成就,靠的是党的基本理论、基本路线、基本纲领、基本经验的正确指引,靠的是新中国成立以来特别是改革开放以来奠定的深厚基础,靠的是全党全国各族人民的团结奋斗。

(3)从指导我国社会发展的理论来看,马克思主义中国化的理论成果即毛泽东思想和中国特色社会主义理论体系为我们做好当代大学生民族精神教育工作提供了理论支撑与发展方向。党的十七大报告指出:"建设社会主义核心价值体系,增强社会主义意识形态的吸引力和凝聚力。社会主义核心价值体系是社会主义意识形态的本质体现。要巩固马克思主义指导地位,坚持不懈地用马克思主义中国化最新成果武装全党、教育人民,用中国特色社会主义共同理想凝聚力量,用以爱国主义为核心的民族精神和以改革创新为核心的时代精神鼓舞斗志,用社会主义荣辱观引领风尚,巩固全党全国各族人民团结奋斗的共同思想基础。大力推

① 胡锦涛:《坚定不移沿着中国特色社会主义道路前进,为全面建成小康社会而奋斗》,载《人民日报》,2012年11月16日。

进理论创新,不断赋予当代中国马克思主义鲜明的实践特色、民族特色、时代特色。"①这里最重要的就是我们坚持以马克思列宁主义、毛泽东思想、邓小平理论、"三个代表"重要思想为指导,勇于推进实践基础上的理论创新,围绕坚持和发展中国特色社会主义提出一系列紧密相连、相互贯通的新思想、新观点、新论断,形成和贯彻了科学发展观。科学发展观是马克思主义同当代中国实际和时代特征相结合的产物,是马克思主义关于发展的世界观和方法论的集中体现,对新形势下实现什么样的发展、怎样发展等重大问题做出了新的科学回答,把我们对中国特色社会主义规律的认识提高到新的水平,开辟了当代中国马克思主义发展新境界。科学发展观是中国特色社会主义理论体系最新成果,是中国共产党集体智慧的结晶,是指导党和国家全部工作的强大思想武器。马克思主义、毛泽东思想和中国特色社会主义理论体系包括邓小平理论、"三个代表"重要思想和科学发展观等一系列重大理论体系,是党必须长期坚持的指导思想。

(4)从我国文化底蕴来看,中华民族的历史源远流长,中华文化博大精深,蕴含着丰富而优秀的思想文化资源,是我们开展民族精神教育独特而珍贵的文化资源,也为我们做好当代大学生民族精神教育工作提供了丰富的文化与内容支撑。党的十八大强调:社会主义核心价值体系是兴国之魂,决定着中国特色社会主义发展方向。要深入开展社会主义核心价值体系学习教育,用社会主义核心价值体系引领社会思潮、凝聚社会共识。推进马克思主义中国化时代化大众化,坚持不懈用中国特色社会主义理论体系武装全党、教育人民,深入实施马克思主义理论研究和建设工程,建设哲学社会科学创新体系,推动中国特色社会主义理论体系进教材进课堂进头脑。广泛开展理想信念教育,把广大人民团结凝聚在中国特色社会主义伟大旗帜之下。大力弘扬民族精神和时代精神,深入开展爱国主义、集体主义、社会主义教育,丰富人民精神世界,增强人民精神力量。倡导富强、民主、文明、和谐,倡导自由、平等、公正、法治,倡导爱国、敬业、诚信、友善,积极培育和践行社会主义核心价值观。牢牢掌握意识形态工作领导权和主导权,坚持正确导

---

① 胡锦涛:《高举中国特色社会主义伟大旗帜,为夺取全面建设小康社会新胜利而奋斗》,载《人民日报》,2007年10月22日。

向，提高引导能力，壮大主流思想舆论。①

（5）从弘扬民族精神的伟大实践来看，在中华民族精神发展和进步的历史上，无数仁人志士用切身实践经验丰富了民族精神的内涵，为做好当代大学生民族精神教育工作提供了丰富的实践经验和参考依据。一个民族的文化，凝聚着这个民族对世界和自身的历史认知和现实感受，积淀着这个民族最深层的精神追求和行为准则。任何一个国家和民族文化的延续和发展，都是在既有文化传统基础上进行的文化传承、变革与创新。如果离开传统，割断血脉，就会迷失自我、丧失根本。中华民族在几千年的历史长河中，创造了灿烂的中华文明，形成了优良的文化传统，不仅成为凝聚中华民族的精神纽带，而且对世界文明做出了重大贡献。我们要在新的历史起点上铸造中华文化新辉煌，必须依托历史、立足现实，尊重过去、面向未来，以礼敬、自豪的态度善待民族优秀传统文化。我们要深刻认识祖国传统文化的历史意义和现实价值，按照取其精华、去其糟粕的要求进行科学梳理，挖掘符合时代发展要求的内容，汲取合理思想内核，赋予新的时代内涵，使之与当代社会相适应，与现代文明相协调。

（二）大学生民族精神教育面临的挑战

经济全球化为不同民族之间思想文化的交流与借鉴提供了有利条件，也向经济全球化进程中总体上处于弱势的国家和民族如何维护自身民族文化的独立与安全，如何维护培育接班人弘扬民族精神的能力提出了严峻的挑战。总体上看，培育当代大学生民族精神面临着主、客观两方面的挑战；从客观来看，开放多元复杂的社会环境和大学生民族精神教育机制的不完善为大学生民族精神教育提出严峻的挑战；从主观上看，落后的思维方式制约着大学生民族精神教育的实效性。

（1）多元开放复杂的社会环境为弘扬和培育当代大学生民族精神提出了挑战。随着经济全球化和世界多元文化激荡，社会转型期多元文化的相互涤荡，使得当今社会的社会结构、民族关系和人们的价值观念都呈现出多元复杂的态势，这将为大学生民族精神教育提出严峻挑战。一是社会结构复杂化。社会转型时期，我们处于不断的政治、经济、文化等全方位的体制改革的过程中，一切变革以及建构新的体系的努力，都必然包含着对传统和经典理论的反思与重构。发生在

① 胡锦涛：《坚定不移沿着中国特色社会主义道路前进，为全面建成小康社会而奋斗》，载《人民日报》，2012年11月16日。

经济、政治、文化以及社会体制内的变革使社会环境的多变性大大增加，也使社会阶层、组织结构等不同利益单位之间关系的复杂化程度大大提高，使得我国的社会关系呈现出比过去要复杂得多的状况。二是民族关系复杂化。随着社会发展和社会关系的复杂化，我国民族关系也出现了一些新情况和新问题。伴随着西方霸权主义分裂中国的企图，我国民族分裂分子活动也日益猖獗，维护国家主权和民族尊严，反对霸权主义对民族凝聚力的侵蚀，就成为发展中的中国必须面对的严峻考验。由于经济全球化的冲击和异族势力的干扰，各民族间局部利益可能会上升为国家或整个民族的利益，使得民族成员在民族认同、民族精神的凝聚力和民族精神教育上呈现消解和弱化的状态。三是价值观多元化。随着经济全球化的发展和世界各种文化思潮的侵入，多元文化的相互涤荡使当代大学生的生活方式和思想道德状况呈现出多元化和多维标准的态势，最为突出的是西方以社会个体利益最大化作为价值评判标准的价值理念使我国传统的民族精神如先公后私、公而忘私的集体主义丧失了其应有的凝聚力和吸引力。同时，西方强权国家的政治文化渗透加剧了中国价值观念多元化的局面。中国作为当今世界上人口最多的发展中国家的迅速崛起引起了一些在世界利益格局中占统治地位的西方国家的疑虑和恐慌，于是这些国家开始展开对中国全方位的西化活动，向中国大量输出其政治、文化理念，意图从思想意识上达到西化中国的目的。所有这些都为当代大学生民族精神教育的思路和途径提出了挑战。

(2)大学生民族精神教育机制的不完善为弘扬和培育当代大学生民族精神带来了挑战。国家要求将民族精神教育纳入到弘扬和培育民族精神的全过程中，纳入国民教育和社会教育的全部实践中，但由于大学生民族精神教育机制的不完善，使得民族精神教育过程和教育效果的实效性难以得到保障。传统教育观中教育过程主客分离的思维定式导致了民族精神教育的主体和客体之间缺乏有效互动，降低了民族精神教育的实效性、渗透力和震撼力，影响到中华民族精神的实践价值和指导作用的有效发挥。伴随着经济全球化的冲击和异族势力的干扰，各民族间局部利益可能会上升为国家或整个民族的利益，使得民族成员在民族认同、民族精神的凝聚力和民族精神教育上呈现消解和弱化的状态。所有这些都为当代大学生民族精神教育的思路和途径提出了挑战。

(3)落后思维方式的残存制约着大学生民族精神教育的效果。中华民族在历史发展过程中形成的具有束缚力和规制性的传统思维习惯，在一定程度上还对人们的思想和行为有很大的影响力。传统思维模式中有很多优秀之处，但同时也存在着诸如循规蹈矩、墨守成规、崇尚权威、盲目从众等僵化钝滞的思维传统。在社会生活内容和方式都已经发生了重大改变的今天，传统思维习惯中的一些不良倾向和落后思维习惯并没有得到及时清理和完全改造，而是在很多场合仍旧制约着人们的认知方式。另外，传统教育观中教育主客体界线分明的思维定式会导致民族精神培育的教育者与受教育者之间缺乏深度沟通和有效互动，从而导致民族精神教育的实效性和渗透力不强。由于大学生理性对待和处理问题的能力还没真正形成，在应对纷繁复杂的新情况和新问题时，还不能有效克服传统思维习惯中落后思维方式的影响和束缚，使得当代大学生弘扬民族精神的能力与社会对大学生整体的民族精神预期之间产生较大的差距，为新形势下弘扬和培育当代大学生民族精神提出了挑战，从而影响民族精神的培育和弘扬。

第三节　加强民族地区大学生民族精神教育的特殊性

民族地区高校大学生的民族精神教育与其他高校民族精神教育相比，有很大的不同。就内蒙古自治区而言，少数民族大学生多以蒙古族为主，他们跟汉族学生共同学习生活在同一个校园，在这样一个民族融合的大学里，开展长期有效和系统完备的民族精神教育，不仅有其重要作用，同时也有其特殊性。

一、历史文化背景的特殊性

按照马克思主义的观点，民族作为一个历史的概念和社会存在经历了历史的发展和演变，现在的少数民族从历史渊源上来讲是由我国古代少数民族发展而来的，其民族风俗习惯、宗教信仰也都因处于不同的历史时期而发生过变化，然而这个变化是极其漫长的。一般而言，一个民族只有在遭受重大历史变故的时候，其风俗习惯、宗教信仰、价值观念才有可能发生变化，当然，各个民族之间的长期经济交流、社会交往也会潜移默化地影响本民族思想和观念。汉族与其他少数民族的交往促进了各少数民族的社会经济发展，其风俗习惯也有不少与汉族的风俗相同。换句话说,民族作为特定人群的社会组织形式,在一定社会历史阶段将长期保持其民族特征及其属性,如语言文字、风俗习惯、宗教信仰等,这些因素把整个民族紧紧地联系在一起,是产生民族凝聚力的重要因素。在这个意义上,就更加需要思想政治教育工作者充分尊重民族地区的风俗习惯,不能因为自身对马克思主义的科学信仰而蔑视或贬低有宗教信仰的少数民族大学生,要看到他们的风俗习惯、价值观念、行为准则、宗教信仰等,不会因为马克思主义学说和党的政策的科学性而改变,在我党的历史上曾出现过伤害少数民族人民感情的事情,这方面的教训应该吸取。作为内蒙古地区已经把蒙古族的历史文化、风俗习惯融合到汉族的生活习惯之中,汉族与少数民族融为一体,大家都愿意听蒙古族呼麦、长调,唱蒙古族歌曲,吃手扒肉,喝马奶酒。这在高校中对大学生进行民族精神教育无疑具有良好的文化基础和社会基础,大大增强了民族精神教育的效果。

二、教育对象的特殊性

民族地区高校大学生来自于全国各地少数民族,就内蒙古而言,以蒙古族居多,他们大多来自农村牧区、北方草原地带。少数民族学生具有鲜明的民族特色,是大学生群体中具有特殊性的群体,他们具有强烈的本民族意识,对中华民族表现出很强的向心力和凝聚力;另一方面,由于民族宗教观念的影响、文化的差异以及某些心理上和认识上的原因,思想教育工作中不仅要加强大学生的世界观、人生观、价值观的教育,也要面对一部分学生中存在的特殊问题,加强民族观、宗教观、国家观和文化观的教育,而民族精神正是各民族几千年和谐相处、协同发展的文明积淀和精髓提炼,开展深刻全面的民族传统、爱国精神教育,能够在少数民族大学生思想意识领域起到正本清源、去芜存菁的积极效果。具体来说,他们的特殊性表现在:

第一,具有强烈的进取心,崇尚知识、渴望成才,但往往对消极的思想文化缺乏必要的敏锐性和鉴别力。少数民族学生大多来自经济比较贫困、信息比较闭塞、思想比较落后的草原牧区或山区农村,来到城市高校后,耳闻目睹发达地区的建设成就,深感自己家乡经济与文化的落后,由此容易激发起为改变家乡落后面貌的强烈责任感和奋发图强的进取心,但也有少数学生因此而陷入对城市文明的盲目崇拜之中,而缺乏客观的、科学的全面认识。

第二,具有强烈的民族自尊意识,希望得到周围人的理解和尊重,但个别学生有时心理失衡。自尊与自信是维系一个民族生存与发展必不可少的要素,少数民族学生的民族自尊意识一般表现为:维护本民族的荣誉和个人的利益,希望得到汉族师生的理解和尊重,自我完善的意向十分明确,但往往在现实生活中出现心理失衡,一些心理矛盾如不及时予以化解和引导,往往会促使一些少数民族学生为维护所谓民族自尊而形成跨班、跨系、跨校的非正式群体,这些非正式群体不利于少数民族学生与汉族学生的沟通和相处,不利于少数民族学生的健康成长。

第三,具有诚实守信、热情好客等优良品德和开朗直率、粗犷倔强的个性,但情绪自控能力较差。少数民族地区淳朴的民风、辽阔的大自然,铸就他们豪爽、坦诚、率直的性格,这种个性为维护各族学生之间的团结、建立良好的人际关系奠定了坚实的基础。但粗犷倔强的个性也往往使他们的情绪自控能力相对较差,遇到不顺心的事情时不够冷静,受到指责批评或不被他人理解时容易引起烦躁,甚至出现酗酒打架的情况,引起不同民族学生之间的矛盾或对立。

第四,具有独立思考、勇于探索的精神,但往往思想波动性大,存在一定的盲目性。当代少数民族大学生朝气蓬勃、思维开阔、敢说敢干,但极少数学生看问题有时片面,思想较易偏激,在言行举止上同社会的某些共同遵守的行为规范、道德准则发生这样那样的冲突,表现出与社会格格不入。

三、教育内容的特殊性

中华民族精神与个体民族精神是相互依存、相互促进的关系,统一于全体民族共同繁荣发展的大业中。民族地区高校是传承和弘扬各民族优秀文化的重要场所,因此,在民族精神教育中,既要以中华民族精神为核心,同时也要注重个体民族优秀精神的传承与保护;既要注重中华民族精神的创新与发展,也要注重少数民族文化的平等与繁荣,唯如此,中华民族精神才有创新发展的土壤,各少数民族优秀文化才能继续保持生机和活力。

民族地区高校从教育内容上应该具备两个层次上的内容,一是与普通大学生一样的日常思想政治教育内容,把民族精神教育融合到整个思想政治理论课教学之中。如马克思主义基本原理、中国近现代史纲要、毛泽东思想和中国特色社会主义理论体系概论、民族理论与民族政策等许多章节都能和民族精神联系起来,深入挖掘，展开讲解，增强大学生爱国主义以及党的方针路线政策教育。二是根据少数民族大学生的实际，增加一些具有地方特色和民族特色的思想政治教育内容，如内蒙古地区高校可根据教学内容穿插昭君出塞、成吉思汗东征等内容，两个层次的教育内容，互相渗透、相辅相成，既相对独立，又彼此联系。第一层次的思想政治教育内容是站在全国的角度和中华民族的角度而言的，是总的要求和目的；第二层次的教育内容是为了更好地实现第一层次的目的和要求，为第一层次的顺利实施和开展提供重要保障。否则，第一层次思想政治教育的效果就会打折扣。第二层次的内容教育少数民族大学生具有民族精神、民族意识，穿插宗教信仰、生活习俗、传统文化等具有鲜明的民族特色，这与普通大学生的社会生活、文化氛围有明显不一样的地方。所以，应该在充分尊重少数民族风俗习惯和宗教信仰的前提下，有针对性地进行马克思主义的民族观教育、宗教观教育、民族文化教育、爱国主义教育以及社会发展理论等，其中主要的是民族精神和爱国主义教育，这些是社会主义核心价值体系的核心内容。

四、教育地位的特殊性

对民族地区大学生进行民族精神教育，是思想政治教育的重要组成部分。在民族地区高校具有特殊的地位，它不仅关系到学校的办学方向、存在价值、学校综合竞争力等自身要素，更关系到民族团结、国家统一；对大学生进行以中华民族精神为主题的思想政治教育，不仅决定着民族地区高校大学生的世界观、人生观、价值观、宗教观、民族观、国家观和文化观的正确教育和正义熏陶的成就，而且直接影响着学校在维护整个国家和边疆稳定、社会和谐的大局所发挥的重要作用和具备的重要地位。进行长效系统的民族精神教育，打造一所稳定、团结、具有凝聚力和向心力的卓越学校，其影响延伸到社会对国家的稳定、团结、具有强势凝聚力的大局产生积极的推动促进作用。另外，民族地区高校作为培养民族地区政治管理、经济建设、文化发展、环境保护中坚力量的主要阵地，唯有开展成效卓著的民族精神教育，培养大学生的爱国情操、团结统一精神、合则俱荣离则两败意识，才能有效抵御各种侵蚀和干扰。不仅高校重视，全社会应该达成共识，上升到政治高度，把加强民族地区大学生民族精神教育作为一项长期的政治任务。

当前的国际形势增加了民族地区大学生思想政治教育的复杂性。近几年来，由于西方敌对势力利用民族、宗教问题大做文章，内外民族分裂主义分子相互勾结，致使近些年来我国民族问题复杂化，两类不同性质的矛盾交织在一起，各类突发事件屡屡发生，民族问题往往是西方敌对势力对我国进行西化、分化的突破口。据有关部门统计，第二次世界大战以后，世界上发生的较大事件一共有 332 起，其中 248 起与民族问题相关，占全世界发生的大事件的 83% 还要多，这就充分说明民族、宗教问题对世界局势有重大影响。在这样的国际国内复杂的民族、宗教矛盾面前，民族地区大学生由于缺乏一定的政治鉴别力，有可能被西方敌对势力和民族分裂分子的言辞所迷惑，对它们的和平演变和分裂祖国的罪恶本质认识不清，从而对促进民族和民族地区的经济发展的民族政策产生怀疑、迷惘甚至否定。事实证明，西方某些国家时常利用所谓的民主、民族、宗教和台湾、西藏、新疆等问题频繁向我国发难，而民族地区大学生具有特殊的政治、文化地位，更受西方敌对势力关注，他们把打一场没有硝烟战争的希望寄托在许多少数民族大学生的身上，尖锐复杂的意识形态斗争和民族问题结合在一起，如此严峻的国际形势给民族地区大学生如何加强民族精神教育、激发爱国主义热情带来许多新课题，也提出了新的挑战。

第三章

民族地区大学生民族精神教育现状的调查分析

民族精神作为一个民族生存和发展过程中具有凝聚、调节、教化、推动功能的重要精神力量，是一个民族生存、发展、繁荣的精神支撑。中华民族在五千年的发展过程中，形成了自己独特的民族精神，十六大报告将中华民族精神概括为以爱国主义为核心的团结统一、爱好和平、勤劳勇敢、自强不息的伟大民族精神。中华文明绵延五千年、中华民族生生不息发展繁荣都离不开中华民族精神的引领和支撑。习近平总书记在十二届全国人大一次会议闭幕会上指出，“经过几千年的沧桑岁月，把我国56个民族、13亿多人紧紧凝聚在一起的，是我们共同经历的非凡奋斗，是我们共同创造的美好家园，是我们共同培育的民族精神”。新的历史条件下，面对外来文化的冲击和渗透，培育和弘扬民族精神更具有现实的紧迫性。十六大报告中强调：“面对世界范围各种文化的相互激荡，必须把弘扬和培育民族精神作为文化建设极为重要的任务，纳入国民教育全过程，纳入精神文明建设全过程。”胡锦涛在全国加强和改进大学生思想政治教育工作会议上进一步强调：“要以爱国主义教育为重点，深入进行民族精神教育。”习近平在十二届全国人大一次会议闭幕会上发表重要讲话：“实现中国梦必须弘扬中国精神。这就是以爱国主义为核心的民族精神，以改革创新为核心的时代精神。这种精神是凝心聚力的兴国之魂、强国之魄。”大学生是祖国的未来、民族的希望，是实现中华民族伟大复兴的重要有生力量，所以，大学生的民族精神状况如何直接关系到国家和民族的发展。民族地区大学生的民族精神状况更有其特殊性，所以有必要对民族地区大学生的民族精神状况以及民族地区大学生对本民族精神和中华民族精神的关系等方面进行一次系统的调查研究。

第一节 民族地区大学生民族精神状况调查分析

为更好地培育大学生的民族精神、激发其爱国热情,必须深入实际,全面了解当地大学生的民族精神状况,分析查找大学生在民族精神方面存在的问题和不足,为下一步制定更有效的教学方案寻求坚实的理论和数据支撑。为此,课题组选取内蒙古师范大学、内蒙古农业大学、内蒙古民族大学、内蒙古科技大学、赤峰学院、呼伦贝尔学院六所高校,遍布全区五个城市,横跨东、中、西三个地域,涵盖师范、理工、医药、财经、艺术等多学科。每所院校发放调查问卷200份,共1200份,收回有效问卷1076份,有效率89.67%。从性别比来看,男生308人,占28.6%,女生768人,占71.4%。从民族构成来看,汉族学生752人,占69.89%,蒙古族学生296人,占27.5%,其他少数民族28人,占2.6%。此次调查采取的是发放调查问卷与个别访谈相结合的方法。调查问卷由教师统一发放,学生集中填写,当场回收。调查的内容主要分为以下几个方面:一是大学生对民族精神的认知和理解情况;二是大学生对本群体民族精神状况的自我评价;三是从具体行为层面透视大学生民族精神践行情况;四是大学生对培育民族精神有效途径的看法和建议;五是如何看待本民族精神和中华民族精神的关系。

一、大学生对民族精神的认知和理解情况

(一)大学生对民族精神概念的认知状况

调查显示,对于"你知道什么是'民族精神'吗?"这一问题,有6.1%的大学生选择"很清楚",有84.3%的大学生选择"大概知道点儿",7.1%的大学生选择"听说过,但不知道其确切含义",2.5%的大学生选择"没听说过"。(见表3.1)可见,大学生对民族精神这一概念总体上处于一般性认识和了解的状态。

表 3.1　大学生民族精神概念认知状况一览表

问题	选项	比例(%)
你知道什么是“民族精神”吗?	A、很清楚	6.1
	B、大概知道点儿	84.3
	C、听说过,但不知道其确切含义	7.1
	D、没听说过	2.5

(二)大学生对中华民族精神内涵的认同情况

民族精神是一个一般性概念,各民族都有自己的民族精神,中华民族在其漫长的历史发展过程中形成了自己的民族精神,作为当代大学生应该对此有准确的认知和高度的认同,为此我们专门设置了问题进行考查。在“你是如何看待十六大报告中将中华民族精神概括为‘以爱国主义为核心的团结统一、爱好和平、勤劳勇敢、自强不息’的?”这一问题的调查中,67.2%的大学生选择“这一提法高度概括了中华民族精神的内涵”,26.3%的大学生选择“基本概括了中华民族精神的内涵”,4.6%的大学生选择“不能概括中华民族精神的内涵”,1.9%的大学生选择“不清楚”。(见表3.2)从调查数据可以看出,大学生对中华民族精神内涵的认同度比较高,但仍有近三分之一的大学生认为民族精神的内容还有待进一步充实和完善。另外,时代精神是民族精神的时代体现,当今社会条件下,我们国家确立的时代精神的核心是改革创新,对此,大学生中86.2%的同学持认同态度,认为要实现中华民族的伟大复兴必须走改革创新之路。

表 3.2　大学生民族精神认同情况一览表

问题	选项	比例(%)
你是如何看待十六大报告中将中华民族精神概括为“以爱国主义为核心的团结统一、爱好和平、勤劳勇敢、自强不息”的?	A. 这一提法高度概括了中华民族精神的内涵	67.2
	B. 基本概括了中华民族精神的内涵	26.3
	C. 不能概括中华民族精神的内涵	4.6
	D. 不清楚	1.9

(三)大学生对民族精神功能和作用的理解

民族精神内容丰富,同时具有民族凝聚、精神激励、价值导向、教育教化的功能。民族精神中的爱国主义和团结统一等思想对于凝聚全国各族人民共同奋斗、战胜各种艰难险阻、实现中华民族伟大复兴起到了十分重要的作用，大学生对民族精神这一功能的认知率也是最高的，达到67.2%（见表3.3）；民族精神中的自强不息等精神一直激励着无数中华儿女奋勇争先、顽强拼搏，这一点也得到了17.3%的学生认可。在“你是如何看待中华民族精神的?”调查中，97.7%的大学生认为中华民族精神很重要，是民族的脊梁，只有1.5%的同学认为民族精神不重要，很多内容需要与时俱进，0.74%的大学生认为说不清（见表3.4）。对于“你是否相信振兴中华民族精神能够促进中华民族的伟大复兴?”这一问题，选择“坚信”“时而相信时而动摇”“不相信”、“二者没有必然联系”的分别占81.4%、16%、1.48%和0.74%（见表3.5）。另外，关于培育民族精神在构建社会主义和谐社会中的意义的调查中，有93.3%的大学生认为培育民族精神有利于确立社会主义核心价值观，5%的大学生认识培育民族精神只是为维护统一的多民族国家的发展模式提供理念支持，0.37%的大学生认为二者没有关系（见表3.6）。从以上的调查可以看出，大学生对民族精神的主要功能有较准确的认知和认同，但不够全面，对培育民族精神在国家发展和民族进步中的作用给予了充分的肯定，认识到了培育民族精神的重要意义。

表3.3 大学生对民族精神作用理解一览表

问题	选项	比例（%）
你认为民族精神的主要功能是什么?	A. 民族凝聚功能	67.2
	B. 价值导向功能	9.8
	C. 精神激励功能	17.3
	D. 教育教化功能	5.33
	E. 其他	0.37

表3.4 大学生对民族精神作用理解一览表

问题	选项	比例（%）
你是如何看待中华民族精神的?	A. 中华民族精神很重要，是民族的脊梁	97.7
	B. 不重要，很多内容需要与时俱进	1.5
	C. 说不清楚	0.74

表 3.5　大学生对中华民族精神作用理解一览表

问题	选项	比例(%)
你是否相信振兴中华民族精神能够促进中华民族的伟大复兴？	A. 坚信	81.4
	B. 时而相信，时而动摇	16
	C. 不相信	1.48
	D. 二者没有必然联系	0.74

表 3.6　大学生对中华民族精神作用理解一览表

问题	选项	比例(%)
你认为培育中华民族精神对构建社会主义和谐社会有何意义？	A. 培育民族精神有利于确立社会主义核心价值观	93.3
	B. 培育民族精神只是为维护统一的多民族国家的发展模式提供理念支持	5
	C. 二者没有关系	0.37

二、从具体行为层面透视大学生民族精神践行情况

民族精神作为一种精神力量，属于观念形态。大学生的民族精神状况如何，需要借助于其具体的日常行为活动表现出来，我们根据大学生的具体行为活动就能较客观地判断大学生的民族精神状况。为此我们设计了一系列问题分别从多个层面来考查。

（一）大学生在国家意识层面的民族精神状况

爱国主义精神是中华民族精神的核心部分，维护祖国统一和民族团结是中华民族精神的重要内容。民族地区大学生在国家意识层面的民族精神状况从调查情况来看，总体上表现为：热爱社会主义祖国，坚持国家的统一和民族团结，拥护党的基本路线，对社会主义现代化建设成就感到自豪，其国家意识是强烈的。

在爱国主义方面，从调查来看，大学生爱国情感深厚，对于生于斯、长于斯、为其成长成才提供无私供养的祖国充满热爱和感激之情。但另一方面，在涉及个人具体利益的问题上，情感和行为又存在冲突。例如，对于观看《南京大屠杀》纪录片的感受，84.7% 的同学表示非常气愤，12.6% 的同学很生气，占到总人数的 97.3%，只有 2.6% 的同学感觉还好，0.37% 的同学无所谓（见表 3.7）。看到奥运

会上中国运动员夺冠时,91%的同学感到非常高兴,为自己是一位中国人而感到自豪(见表3.8)。看到国人在国外文物上“题名留念”,会有49%的同学感觉到羞愧并及时劝阻,27.8%的同学为其感到羞愧(见表3.9)。看到污损的国旗,49.8%的同学会感到心里很不舒服,有42.3%的同学感到心理不舒服的同时还会主动提醒悬挂单位更换新国旗(见表3.10)。假设出现卫国战争,36.4%的同学会主动申请上前线,52.7%的同学愿意听从调遣(见表3.11)。从调查数据可以看出,当代大学生有强烈的爱国情感和主人翁意识。但另一方面,在调查中也发现了大学生思想与行为冲突的一面,对于“假设出现卫国战争你怎么做?”这一问题,有4.8%的同学会选择出国,找一个安全的环境,6.31%的同学会国内转移,远离战场。可见有11.11%的同学在祖国危难之际会把个人利益放在首位。在对于“日货”的态度上,57.6%的同学认为只要性价比高还是会买的(见表3.12)。可以看出,很多同学在具体问题上的表现与之情感上的爱国主义表现不一致,思想上爱国,但一旦涉及具体利益,爱国情感则大打折扣。

表3.7 大学生观看《南京大屠杀》感受一览表

问题	选项	比例(%)
观看《南京大屠杀》纪录片之后,你有何感受?	A. 非常气愤	84.7
	B. 很生气	12.6
	C. 感觉还好	2.6
	D. 无所谓	0.37

表3.8 大学生看到中国运动员在奥运会上夺冠时的感受一览表

问题	选项	比例(%)
看到奥运会上中国运动员夺冠时,你有何感受?	A. 非常高兴,为自己是一位中国人而感到自豪	91
	B. 夺冠是运动员的事,和我无关	3.34
	C. 只要是我喜欢的运动员夺冠就开心,和国籍无关	4.08
	D. 没感觉,只是一场比赛而已	1.48

表 3.9　大学生看到国人在国外文物上“题名留念”后的表现一览表

问题	选项	比例(%)
看到国人在国外文物上“题名留念”。你会怎样?	A. 感到羞愧并及时劝阻	49
	B. 为同胞感到羞愧	27.8
	C. 这很正常,能理解	20.8
	D. 我也会这么做	1.85

表 3.10　大学生看到污损的国旗后的表现一览表

问题	选项	比例(%)
看到污损的国旗,你会怎么样?	A. 感到心里很不舒服	49.8
	B. 感到心里很不舒服,会主动提醒悬挂单位更换新国旗	42.3
	C. 没什么特殊的感觉	4.83

表 3.11　大学生面对卫国战争的表现一览表

问题	选项	比例(%)
假如出现卫国战争,你会怎么做?	A. 主动申请上前线	36.4
	B. 愿意听从调遣	52.7
	C. 出国,找一个安全的环境	4.08
	D. 国内转移,远离战场	6.31

表 3.12　大学生对“日货”的态度一览表

问题	选项	比例(%)
你对“日货”的是什么态度?	A. 坚决不抵制“日货”	13
	B. 只要性价比高还是会买的	57.6
	C. 砸烂、烧毁所有“日货”	26
	D. 抵制所有“日货”及中日合资货物	18.5

维护祖国统一和民族团结方面,从调查来看,大学生爱好和平,维护民族团结和祖国统一。对于西藏3.14和新疆7.5打砸抢烧事件,95.9%的同学主张严厉打击肇事者,坚决维护祖国统一和民族团结(见表3.13)。在“针对目前的钓鱼岛、黄岩岛等沿海问题,您支持以下哪些回击?(多选)”的问题中,67.2%的同学选择

通过外交手段和平解决，另有53.3%的同学选择抵制该国产品或商家，21.1%的同学主张发表具有攻击性言论，主张签名抗议的有19.3%（见表3.14）。在对待台湾"独立"这一涉及国家主权的问题上，选择用和平方式统一台湾的占68.4%，选择不惜使用武力统一台湾的占17.9%（见表3.15）。从调查可以看出同学们坚决维护民族团结和祖国统一的强烈愿望，对于维护国家主权和领土完整所采取的方法和手段等问题也基本上能保持理性的态度。

表3.13 大学生对西藏3.14和新疆7.5事件态度一览表

问题	选项	比例(%)
对于西藏3.14和新疆7.5打砸抢烧事件，你怎么看？	A. 严厉打击肇事者，坚决维护祖国统一和民族团结	95.9
	B. 允许其分裂出去	1.48
	C. 不太关心	1.86

表3.14 大学生对沿海问题回击方式选择情况一览表

问题	选项	比例(%)
针对目前的钓鱼岛、黄岩岛等沿海问题，您支持以下哪些回击方式？（多选）	A. 武力解决	41.6
	B. 抵制该国产品或商家	53.3
	C. 发表具有攻击性的言论	21.1
	D. 攻击该国大使馆或领事馆的网站	9.66
	E. 签名抗议	19.3
	F. 主要通过外交手段和平解决	67.2

表3.15 大学生对中华民族悠久历史和灿烂文化的态度一览表

问题	选项	比例(%)
如果台湾宣布独立，你认为该怎么做？	A. 不惜使用武力统一	17.9
	B. 要用和平的方式统一	68.4
	C. 先发展经济，以后再说	9.6
	D. 顺其自然	4.1

(二)大学生对民族文化的认知和认同情况

在调查中我们发现,大学生的民族文化认同感非常强烈的,绝大部分大学生对博大精深的民族历史和优秀的传统文化有强烈的兴趣,并引以为傲。例如有84.74%的大学生表示十分热爱中华民族的悠久历史和灿烂文化并引以为荣(见表3.16)。但另一方面我们也应该看到,大学生对民族历史和文化传统的了解和认知程度不够高,例如68.13%的大学生对中国历史"部分了解",30.2%的人只是"知道一点儿",1.67%的人"根本不了解"(见图表3.17)。可见,大学生对民族文化的认知与认同之间存在明显的不一致,认知的缺乏终将影响民族文化的传承和发扬。另外,在调查中还发现,大学生在热爱传统文化的同时,对外来文化具有很强的接纳性和包容性。例如:对待中外节日的态度上,66.1%的同学支持传统节日,认为这寄托着民族情感,也有28.2%的同学传统节日和"洋节"都过,认为过"洋节"和民族精神没关系(见表3.18)。说明当代大学生具有包容和开放的心态,喜欢接受新事物。

表3.16　大学生对中华民族悠久历史和灿烂文化的态度一览表

问题	选项	比例(%)
你如何看待中华民族悠久历史和灿烂文化?	A. 十分热爱并引以为荣	84.74
	B. 只做一般了解就行了	10.25
	C. 没什么值得自豪的	4.84
	D. 不关心	0.19

表3.17　大学生对中国历史了解程度一览表

问题	选项	比例(%)
你对中国的历史了解多少?	A. 部分了解	68.13
	B. 知道一点儿	30.2
	C. 根本不了解	1.67

表 3.18　大学生对外国节日的态度一览表

问题	选项	比例(%)
你对外国节日是什么态度?	A. 支持传统节日,这寄托着民族情感	66.1
	B. 喜欢过"洋节"如情人节、圣诞节等,这很时尚	4.08
	C. 传统节日与"洋节"都过,过"洋节"和民族精神没关系	28.2
	D. 不喜欢传统节日	1.48

(三)大学生在个人品格方面的民族精神状况

调查发现,大学生有较强的社会责任感和担当意识,崇尚自强自立、艰苦奋斗。例如,当国家出现类似汶川大地震之类的灾难时,53.2%的同学表示愿意捐款捐物,34.6%的同学愿意通过各种形式为灾区人民祈福,11.8%的同学希望能当志愿者,为灾区服务(见表3.19)。对于国家大事、经济社会发展的关注度,选择"密切关注"和"经常关注"的占86.4%。另据其他问题的调查结果发现,90.1%的大学生赞同中国传统文化的精髓是"自强不息、厚德载物",表示愿意继续秉承这一民族精神,74.6%的同学愿意继承和弘扬艰苦奋斗精神,84%的同学赞同"国家兴亡,匹夫有责"。可以看出,当代大学生绝大多数关心国家社会发展,有强烈的社会责任感和担当意识,愿意通过自强自立来实现个人的发展。

表 3.19　大学生对国家出现灾难后的表现一览表

问题	选项	比例(%)
当国家出现类似汶川大地震之类的灾难时,你会怎么做?	A. 愿意捐款捐物	53.2
	B. 愿意通过各种形式为灾区人民祈福	34.6
	C. 希望能当志愿者,为灾区服务	11.8
	D. 什么也不想做	0.37

表 3.20　大学生关心国家政治、经济发展情况一览表

问题	选项	比例(%)
你关心和关注国家大事和经济社会的发展吗?	A. 密切关注	21.2
	B. 经常关注	65.2
	C. 偶尔关注	12.12
	D. 不关注	1.48

表 3.21　大学生如何看待"国家兴亡,匹夫有责"一览表

问题	选项	比例(%)
你是如何看待。国家兴亡,匹夫有责。这句话的?	A. 非常正确,每个人都尽职尽责,国家才能存在和发展	84
	B. 不认可,国家有义务满足个人的生存发展	14.3
	C. 没什么想法	1.7

表 3.22　大学生勤劳勇敢精神品质调查一览表

问题	选项	比例(%)
你是否具备勤劳勇敢的精神品质?	A. 自己具备勤劳勇敢的精神品质	43.2
	B. 自己有时具备勤劳勇敢的精神品质	54.5
	C. 自己不具备勤劳勇敢的精神品质	2.3

三、大学生对本群体民族精神状况的自我评价

整个大学生群体的民族精神状况如何,社会不同阶层、不同群体的评价各不相同,大学生自身对本群体的民族精神状况也有自己的看法和评价。在"你认为现在大学生民族精神状况如何?"的调查中,28.9%的同学认为当代大学生民族精神高昂,51.6%的同学认为当代大学生民族精神淡化,民族自信心不强,16.3%的同学认为大学生的民族精神低下,需要重点培养,另外还有2.6%的同学认为当代大学生没有一点儿民族精神感(见表3.23)。从调查来看,大学生对本群体的民族精神状况评价不高。从另一调查中也看到,被访者中有32.8%认为当代大学生的艰苦奋斗精神较弱,18.1%认为大学生这一群体的理想信念较弱,24.6%认为其社会责任感较弱,38.5%认为奉献精神较弱(见表3.24)。这也反映出,当代大学生在社会责任意识、奉献精神和艰苦奋斗精神方面还存在不尽如人意的地方,

对这些同学还需要格外关注,这也从一个侧面反映了培育大学生民族精神的紧迫性。

表 3.23 大学生对本群体民族精神状况的自我评价一览表

问题	选项	比例(%)
你认为现在大学生民族精神状况如何?	A. 当代大学生民族精神高昂	28.9
	B. 当代大学生民族精神淡化,民族自信心不强	51.6
	C. 当代大学生民族精神低下,需要重点培养	16.3
	D. 当代大学生没一点儿民族精神感	2.6

表 3.24 对当代大学生弘扬民族精神状况差评情况一览表

问题	选项	比例(%)
你认为当代大学生下列民族精神的哪些方面表现比较差?	A. 艰苦奋斗精神	32.8
	B. 理想信念	18.1
	C. 社会责任感	24.6
	D. 奉献精神	38.5

四、大学生对培育民族精神有效途径的看法和建议

从调查数据来看,大学生认为培育民族精神最有效的途径依次是参加社会实践活动、课堂教学、社会主流媒体宣传、网络宣传,所占比例分别是 76.6%、10%、9.29%、4.08%(见表 3.25)。有 76.6% 的同学认为培育民族精神的最佳方式是社会实践。课堂教学位居第二位,其作用得到了大学生的认可,这也在另一问题的调查中得到了印证。在“你认为大学的思想政治理论课对自身的民族精神培养有作用吗?”问题的回答中,选择“有很大作用”“有点儿作用”的分别占到 64.6% 和 29%(见表 3.26)。但从数据来看,课堂教学所占比例相对社会实践来说要少得多,说明课堂教学还没有得到学生的广泛认可,应引起思想政治理论课教师的高度重视。对于“弘扬和培育民族精神月”活动,21.5% 的同学认为这对培育民族精神会起重要作用,26.7% 的同学认为对培育民族精神有一定促进,19.7% 的同学没听说过这一活动,27.5% 认为活动流于形式,效果不大(见表 3.27)。可见,同学们虽然愿意通过亲身实践来感悟民族文化、唤起民族情感、培育民族精神,但对

活动的形式和内容也提出了很高的要求，走过场、搞形式的活动一样不受欢迎，收不到预想的效果。开展活动就要认真组织，落到实处。这也为民族精神培育指明了思路，在进行课堂教学的同时要更加注重实践课程，社会实践活动要避免流于形式，组织者应该精心设计、安排，使学生在深度参与中受到感染和熏陶。

随着信息技术的发展，网络已成为大学生生活中的重要内容，大学生基本上全员上网，很多信息都是通过网络获取的，但网络具有内容丰富、传播速度快等优点的同时，也具有真伪混杂、泥沙俱下的不足，对大学生的影响也呈现两面性。调查显示，65.4%的同学认为网络文化能增强民族振兴的责任感和紧迫感，对培养民族精神具有积极意义，也有19.7%的同学认为网络文化会增强民族间的文化认同，淡化民族精神，10%的同学认为网络文化会使民族主义情绪高涨、行为过激，2.97%的同学认为网络文化会使民族自信心减弱（见表3.28）。可以看出，网络文化对培育大学生的民族精神具有积极作用的同时，负面影响也很大，必须引起有关部门的足够重视，净化网络空间，传播正面文化，同时培养大学生鉴别和接受信息的能力。

表3.25　大学生对于培育民族精神最佳方式的建议一览表

问题	选项	比例（%）
你认为进行民族精神教育的最佳方式是什么？	A. 课堂教学	10
	B. 参加社会实践活动	76.9
	C. 社会主流媒体宣传	9.29
	D. 网络宣传	4.08

表3.26　大学生对“思想政治理论课”在自身民族精神培育中的作用认知一览表

问题	选项	比例（%）
你认为大学的“思想政治理论课”对自身的民族精神培养有作用吗？	A. 有很大作用	64.6
	B. 有点儿作用	29
	C. 没有作用	1.48
	D. 不清楚	1.11

表 3.27　大学生对“弘扬和培育民族精神月”活动作用认知情况一览表

问题	选项	比例(%)
你如何看待国家确定的“弘扬和培育民族精神月”活动的作用?	A. 没听说过这一活动	19.7
	B. 流于形式,效果不大	27.5
	C. 对培育民族精神起重要作用	21.5
	D. 对培育民族精神有一定促进	26.7

表 3.28　大学生对网络文化在培育民族精神中的作用认知情况一览表

问题	选项	比例(%)
你认为网络文化对于培育民族精神起什么作用?	A. 网络文化能增强民族振兴的责任感和紧迫感	65.4
	B. 网络文化会增强民族间的文化认同,淡化民族精神	19.7
	C. 网络文化会使民族主义情绪高涨、行为过激	10
	D. 网络文化会使民族自信心减弱	2.97

五、大学生对本民族精神和中华民族精神关系的看法

中国是一个统一的多民族国家,有 56 个民族,在五千年的发展历程中,形成了多元一体、相互融合的民族关系格局。中华民族在形成统一的中华民族精神的同时,汉族和各少数民族也都保留了本民族的传统习俗和文化特色。在民族地区,少数民族的文化特点显得尤其突出。因此大学生如何认识和处理本民族精神与其他民族精神和中华民族精神的关系问题也是当前民族精神状况调查的重要内容。在处理本民族精神与其他民族精神的关系方面,我们设置了“你是如何看待其他民族的文化习俗的?”这一问题,63.1% 的同学选择“了解、尊重并积极维护”,29.3% 的同学选择“尊重但难以理解,不触犯即可。”总的来看,能够尊重其他民族文化习俗的占到调查人数的 92.4%。在“你如何看待少数民族和汉族在文化习俗和民族精神上的差异?”的调查中,90.4% 的大学生认为“不同民族具有不同的历史文化传承,会形成不同的民族精神,各民族文化和民族精神是共存共荣、并列发展的”。可见,不同民族的大学生基本能尊重其他民族的文化习俗,没有出现大汉族主义或其他大民族主义倾向。在如何处理弘扬本民族精神和中华民族精

神的关系方面,30%的大学生认为,“各民族在不同的历史发展中形成不同民族精神的同时,也形成了统一的中华民族精神,但首先会坚持和弘扬本民族精神。”61.7%的同学认为“二者是一致的,在弘扬中华民族精神的同时弘扬本民族精神”。从调查可以看出,大学生能够厘清本民族精神和中华民族精神的关系,知道二者是一致的,不存在矛盾和冲突,是各个民族的精神汇聚形成了丰富多彩、生机勃勃的中华民族精神。另外,从横向比较来看,不同民族的大学生对民族精神的认知、情感和行为等方面没有明显的差异,唯一的不同在于选择首先弘扬本民族精神的同学多为少数民族,说明少数民族的本民族精神相对于汉民族的民族精神来说更鲜明突出、更具有凝聚力,这也为我们的民族精神培育指明了思路,那就是更好地挖掘少数民族精神与中华民族精神的共同点,以此为着力点开展民族地区大学生民族精神培育工作,更能引起少数民族同学的情感共鸣,效果会更好。

六、高校民族精神培育现状分析

十六大以来,全社会掀起了培育和弘扬民族精神的新高潮,大学生民族精神培育也受到了高校教师的广泛关注和重视。总的来说,大学生民族精神的培育取得了突破性的进展,其中最重要的是大学生民族精神教育已列为大学生思想政治教育的重要内容。2004年中共中央、国务院发出的《关于进一步加强和改进大学生思想政治教育的意见》明确提出:加强和改进大学生思想政治教育的任务之一就是“以爱国主义教育为重点,深入进行弘扬和培育民族精神教育。”至此,将对大学生进行民族精神培育作为大学生思想政治教育的重要内容有了国家层面的明文规定,各个高校随后对这一党和国家的教育方针、政策展开深入学习并认真贯彻执行,将民族精神教育纳入到了大学教育的内容之中。

首先,大学生民族精神教育已纳入大学教育的课程体系。目前,大学教育开设的多门思想政治理论课作为大学教育的必修课,从不同侧面讲授民族精神教育的内容,充分发挥思想政治理论课在大学生思想政治教育中的主阵地的作用。例如:各高校开设“形势政策”课程,通过讲授国际、国内形势,增强大学生对国际国内形势政策的认知度,加强大学生的国家主权意识,培养大学生高度的社会责任感和民族认同感;开设“思想道德修养”课,针对大学生世界观、人生观、价值观不成熟、理想信念不坚定、道德人格不完善等现象，帮助大学生树立崇高的理想信念，坚定正确的政治立场，树立诚实信用、为人民服务的道德理想，引导和帮助大学生树立正确的世界观、人生观和价值观；开设“中国近现代史纲要”，以中华优秀的历史传统文化为背景，以历史脉络为主线，对大学生进行爱国主义教育和中国优秀传统文化的传授，帮助大学生清晰地了解民族发展史，从中吸收借鉴优秀的文化传统；开设“毛泽东思想概论和中国特色社会主义理论”，通过让学生了解毛泽东带领人民取得的革命和建设的伟大成就以及中国特色社会主义理论的科学性，培养学生的民族自豪感和民族自信心；开设“国防教育课”，通过讲解国防知识，培养大学生的国家安全意识，增强国防观念。

其次，各高校还开展了形式多样的民族精神培育活动。除了思想政治理论课堂教学以外，各高校的团委、学生会等部门还组织了丰富多彩的活动，例如组织大学生参加生产劳动、志愿服务、公益活动和军事训练等，在实践活动中注入鲜活的民族英雄的榜样教育和革命精神教育，激发大学生学习的热情，调动同学们的学习积极性，增强民族认同感，培养大学生的民族自尊心、自信心和自豪感，极大地提高了大学生民族精神的培育效果。

另一方面，在调查中也发现，各个学校虽然都开展了形式不同的民族精神培育工作，但从效果上看还有很大的提升空间。同学们在“目前大学教育在养成学生的民族精神方面做得怎么样?”问题上，选择“很好”、“还可以”、“不够好”选项的比例分别为14.6%、23.8%和61.6%。不理想的教育效果也是造成大学生民族精神弱化的影响因素之一，我们在后面将对学校民族精神教育的不合理性进行详细分析。

表3.29 大学教育在民族精神培育工作中的表现一览表

问题	选项	比例(%)
你认为目前大学教育在培育大学生民族精神方面做得怎么样?	A. 很好	14.6
	B. 还可以	23.8
	C. 不够好	61.6

第二节　民族地区大学生民族精神方面存在的问题

被调查的民族地区大学生的民族精神状况从总体上看是积极健康向上的，对中华民族精神的内涵有一般的认知，对其作用有较准确的理解，在具体行为上能够体现出强烈的爱国之情，维护祖国统一和民族团结，具有较强的民族自豪感、社会责任感和主人翁意识，主张坚持和弘扬自强自立、勤俭节约精神等，基本能做到对中华民族精神的继承和弘扬。另外，对于本民族精神与汉民族精神、中华民族精神的关系有较准确的认知，没有出现大民族主义倾向。但另一方面，调查中也发现民族地区大学生民族精神存在弱化现象，表现为纵向和横向两个方面。从纵向上看，大学生在民族精神形成的各个环节上不同程度地存在不足；从横向上看，在民族精神构成的各个方面存在问题。

一、大学生在民族精神形成的各环节存在不足

民族精神的形成包括认知、情感、意志几个要素，是各要素相互作用、有机结合的过程。从民族精神形成和培育的过程来看，大学生在民族精神形成的诸环节都不同程度地存在问题。

（一）部分大学生对民族精神认知不够准确

很多同学对中华民族精神内涵没有清晰而准确的认知。一是从理论上就不清楚中华民族精神到底包括哪些内容。部分大学生由于理论知识的欠缺，不知中华民族精神为何物，对于其中包含的丰富内容更是知之甚少，例如，一些学生不知道“爱好和平”是中华民族精神内容之一，一些学生不知道“团结统一”为中华民族精神的重要内容等等，这就缺少了弘扬民族精神的前提和基础。二是实践层面不知哪些行为真正体现中华民族精神。由于教育中存在的空泛化、形式化的不足，学生了解和接受的多是一般的空泛的理论，至于实践中要求做到哪些，没有清晰准确的认知，如，很多同学都知道爱国主义是中华民族精神的重要内容，对此也有深切的认同感，愿意弘扬爱国主义精神，但在实践中却向往和崇尚国外的生活，喜欢过“洋节”、买“洋货”、到国外定居等等。具体表现行为与理论认知上出现了不一致的情况。

（二）部分大学生对民族精神的个别内容不予认同

勤俭节约、自强不息、敬业奉献、先人后己等传统美德一直以来都作为中华民族精神的重要内容受到民众的广泛推崇和弘扬，但在本次对大学生民族精神的调查中却发现，很多内容不同程度地遭到部分大学生的质疑甚至否定。如曾被定位为民族精神内容之一的作为“无私奉献”代名词的“雷锋精神”近年来开始受到一些人的质疑，57.6%的学生认为“雷锋精神”是民族精神的一部分，不可缺少；42.4%的认为应重新定位。有一些学生认为在物质财富极大丰富的今天，节俭已经过时，认为“节俭”即寒酸，没有面子，炫耀、攀比思想严重。还有学生以依靠父母为荣，对“自强不息”不屑一顾，“等、靠、要”思想严重，毕业即失业，成了“啃老族”。如此等等，不同程度地反映出当代大学生对中华民族精神个别内容的质疑或否定，阻断了民族精神弘扬的可能性。

（三）部分大学生贯彻民族精神的意志力不坚定

调查发现，大学生有很强的爱国情感，对民族精神基本持认同态度，但在贯彻实施的过程中表现得不够积极主动，缺乏坚定性，在涉及自身具体利益时，功利思想过重。如当出现卫国战争时，仍有10.49%的同学选择出国或国内转移以远离战场；对于“日货”的态度上，有57.6%的学生表示只要性价比高就会买。强烈的爱国情感与具体行为选择过程中偏重个人利益的行为形成强烈的反差。调查中也发现，绝大多数大学生有“天下兴亡，匹夫有责”的意识，崇尚“以天下为己任”的精神，对传统美德倍加推崇，内心充满了热情，但实际行动起来却缺乏奉献精神。说明这些大学生在“奉献”与“索取”的关系上，表面承认人生的价值在于“奉献”，但在具体行为上却把自我价值放在社会价值之前，认为只有实现自我价值以后才能实现社会价值，他们坚持的并且认为当今社会也应该坚持的价值取向应是“先己后人”。这在入党的问题上也能体现出来，表现上强调入党神圣性和奉献精神，但实际上采取实用主义和利己主义的态度，有用、现实、实惠是他们价值判断的标准。调查显示，18.4%的同学是为了综合测评加分而参加党团组织及其活动，54.55%是为找工作增加筹码而参加，还有3.03%是出于面子或随大流而参加，仅有21.65%的同学是出于信仰。① 他们承认作为一个中国人应该爱国，但实

① 张希梅：《大学生价值取向功利化调查分析》，载《赤峰学院学报》，2012年第8期。

际生活中不能把自己的理想、前途与祖国的前途、民族的振兴联系在一起，也不能把个人的荣辱得失与祖国的兴衰强弱联系起来，缺乏为中华民族的伟大复兴献计出力、贡献青春的强烈意识，注重个人价值的实现，奉献精神和独立性不够。调查显示，3.9%的同学找工作的首选条件是留在大城市，21.28%的同学把待遇好作为首选条件，而不愿到急需人才但条件艰苦的基层小单位工作。在就业目的调查中，74.24%的同学是为让自己和家人生活得更好，仅有6.27%的同学是为社会发展出力，16.67%的同学是为实现自我。① 认同和肯定主旋律人物，但在现实生活中趋向务实选择。这一系列矛盾现象都是“知”“行”不一致的表现，由于缺乏顽强的意志，禁不住物质利益的诱惑和现实环境的干扰，致使知、情、意、行没有一以贯之，“情”“行”转化上出现了断裂，对民族精神的践行与主观认同之间存在很大差距。

二、大学生在民族精神构成内容方面存在问题

对于中华民族精神的内容，虽然十六大报告将其概括为“以爱国主义为核心的团结统一、爱好和平、勤劳勇敢、自强不息”五个方面，但这也只是其中的主要内容而已，其实中华民族精神的内容是很宽泛的，大致包含国家意识、文化认同和公民人格几个方面。从民族精神的构成内容来看，大学生在国家意识、文化认同、公民人格三个方面都不同程度地存在问题。

（一）部分大学生国家意识淡化

国家意识指一定历史时期生活在同一国家的居民在长期的共同生活、生产和斗争中形成的对整个国家的认知、认同等情感与心理的总和。国家意识是公民对国家的认知、认同意识，是社会个体基于对自己祖国的历史、文化、国情等的认识和理解，而逐渐积淀形成的一种国家主人翁责任感、自豪感和归属感。它是一种政治意识，同时也是一种文化意识，它能在很大程度上激发公民的责任心和义务感，有利于国家的昌盛和民族的强大，使祖国和民族在各国各民族的激烈竞争中立于不败之地。国家意识以爱国主义为核心，包括国家主权意识、国家安全意识、国家制度认同意识等方面。从总体上看，大学生热爱社会主义祖国，维护国家的

---

① 张希梅：《大学生价值取向功利化调查分析》，载《赤峰学院学报》，2012年第8期。

统一和民族团结，拥护党的基本路线，对社会主义现代化建设成就感到自豪，其国家意识是强烈的。但毋庸讳言，也有部分大学生主人翁意识不强，局限于个人的小天地中，只关注个人的发展和前途，对国家、社会的发展不太关心；或者对国家的发展状况存在片面认识，往往放大我国社会发展中的问题，出现了国家意识淡化的趋向，主要表现在以下几个方面：

1. 部分大学生国家主权观念淡化

目前多数大学生国家主权观念较强，他们思想健康，积极向上，有较强的民族自尊心、自信心和民族自豪感、使命感、危机感。但另一面，我们也清醒地看到，面对复杂动荡的国际形势和西方各种思潮的冲击，大学生的思想观念受到了前所未有的强烈冲撞，国家主权观念在相当一部分人的大脑里淡化了，不少人并未确立正确的国家主权观念与民族意识，造成大学生民族精神认同感的缺失。另外，经济全球化和文化多元化也淡化了大学生的国家主权观念和民族意识。经济全球化在促进各国经济文化交流、推进世界经济和社会发展的同时，也对传统的民族国家主权观、民族文化和精神产生了重大的冲击，弱化了人们的民族国家意识和爱国主义情感。多元的文化空间一方面使大学生能够吸收其积极的思想和文化观念，另一方面又对消极的东西缺乏辨别能力，一部分大学生对西方宣扬的政治经济一体化盲目认同，不加辨别地全盘接受。在和平的国际大环境下，看不到背后隐藏着的国家间的对立和冲突；在频繁的经济交往中，淡忘了国家间的经济利益差别。“你中有我、我中有你”的表面现象蒙蔽了一些大学生对国家界限的认识，国家主权观念淡化。调查发现，部分大学生对爱国主义的理解有误，有20.15%的大学生认为“科学没有国界，作为新时期的大学生再支持爱国主义就太狭隘了”，甚至有6.54%的大学生选择“经济全球化的大环境下，无须再坚持爱国主义”，还有1.47%的同学选择“爱不爱国对个人的成长没有影响，我不关心”。从调查可以看出，有超过1/5的同学对爱国主义的理解出现了偏差。

2. 部分大学生国家安全意识模糊

国家安全意识是指公民在履行维护国家安全、荣誉及利益的义务方面所应具备的理性认知、情感态度以及意志品质的总和，是公民世界观、道德观、政治观在国家安全方面的具体体现。国家安全意识不是抽象的，而是具体的、历史的，在当代中国，国家安全意识和社会主义在本质上是一致的，从我国的国家安全角度来看,我国的国家安全意识,是指公民对我国新国家安全观的认知、认同与践行意志的统一体。主要包括政治安全意识、军事安全意识、经济安全意识、科技安全意识、文化安全意识和生态安全意识等方面。大学生作为未来社会主义现代化建设的骨干力量,其国家安全意识关系到现代化建设的成败。虽然大多数大学生国家安全意识在不断提高,但仍有部分学生国家安全意识模糊,存在不少问题。

一是对国家安全的内容认知不准确。在一项关于国家安全的内容的调查中,有69.7%的学生认为国家安全包括了政治安全、军事安全、经济安全、文化安全、科技安全、环境安全、信息安全各个方面,同时,有30.3%的学生认为国家安全只包括政治安全、军事安全、环境安全等几个方面,这说明部分学生对国家安全的内容的认知还存在一定的片面性与局限性。随着世界经济和政治格局的变化,国家安全的内容也在发生变化。今天,国家安全的内容不仅仅是传统的军事安全和政治安全,也包括国家经济、文化安全以及危及整个人类生存的环境安全。而从以上的数据可以看出,部分大学生的国家安全意识是片面的,他们对国家安全还缺乏与时俱进的全面把握。

二是缺乏维护国家安全的意识。大学生普遍存在国家安全问题离我们现实生活很遥远的看法,绝大多数大学生都认为维护国家安全是国家安全局、公安部门、军队和其他政府部门的事。有90.6%的大学生盲目乐观地认为高校内外基本不存在国家安全问题,绝大部分同学对高校、科研机构信息、科技资料泄露、间谍活动现象、文化意识形态斗争情况没有听说过。另外,当外国朋友或同学问起党团的组织生活内容或自己能接触到的科研、经济等内部信息资料时,有29.1%的学生没有保密意识。大部分大学生在遇到危及国家安全的情况时,缺乏基本的应对能力。随着互联网技术的发展,国家安全又增添了新的内容,不少大学生网络安全意识淡薄,会在互联网上无意中泄露国家秘密。这一系列情况充分表明,部分大学生缺乏基本的维护国家安全的意识,需要引起高度重视。

3. 部分大学生对国家民族缺乏认同

绝大多数的青年大学生热爱祖国,对国家的政治、经济制度表示认同,有强烈的爱国主义情感,反对任何形式的分裂祖国的活动,反对一些西方国家对我们的侵犯和破坏。但是他们却常常对现行的制度政策产生疑虑,对我国生产力不发达状况感到困惑,继而对现行的制度与政策产生怀疑。大学生思想活跃,视野开阔,接受的信息量大,在我国与发达国家的横向比较中,更多地了解到我国与发达国家在经济发展和社会文明等方面的差距,再加上我们在社会主义建设中出现的这样那样的失误以及久治不除的腐败现象,很容易使他们对我国现行的政治制度产生怀疑,丧失民族自信心、自尊心、自豪感,造成对国家、民族认同感的弱化。西方的消费文化、功利主义文化也不同程度地影响着部分大学生的价值观念和道德行为,使得他们的政治意识、民族意识淡化,甚至对民族的前途命运失去信心。再加上一些大学生对西方资产阶级鼓吹的民主和自由缺乏正确认识,从而引发民族信任危机和民族虚无主义。从我们的调查中发现,有一小部分同学对国家的前途信心不足,缺乏应有的民族自豪感和民族自信心。调查显示,46.1 的大学生对中国社会的发展前途抱有希望,但并不乐观,11.8% 的大学生对此感到信心不足甚至忧虑。

4. 部分大学生对国家和个人的关系认识不科学

大学生应该"把个人的进步成长同中国特色社会主义伟大事业、同祖国的繁荣富强紧密联系在一起,为担负起建设祖国、振兴中华的光荣使命做好准备"。大学生只有把个人的发展同祖国的前途命运联系在一起,才能更好地实现自我价值。然而很大一部分大学生在国家和个人的关系问题上的认识是错误的,如在选择职业时考虑更多的是个人利益和自我实现,对报效社会、建设祖国的观点持消极态度,认为做好自己的事情就足够了,个人发展得好自然会有利于国家。思考问题不是从国家、集体利益出发,而是从个人利益出发,认为个人利益是第一位的,国家集体利益是第二位的。不少大学生在处理个人需要和社会需要关系问题上的认识也存在偏差,他们在实际行动中更侧重于满足个人需要,很少能根据社会需要来规划个人生活,如找工作时更倾向于工资待遇好、经济发达的地区,而不是更需要大学生的西部地区、偏远地区等经济落后地区,更有大学生坦承自己的"支援""下基层"行为带有功利目的,是为了更好的个人前程。

(二)部分大学生缺乏对民族文化的认同

所谓认同,在弗洛伊德看来,是指个人与他人、群体或模仿人物在感情上、心理上趋同的过程。文化认同即个体对群体文化的认知和接受。文化认同,尤其是对外来文化的认同,足以瓦解一个国家的政治制度、一个民族的凝聚力;反之,如果本国人民对本民族文化有强烈认同,既是该国自立于世界民族之林的伟大精神力量,又是民族在激烈的国际竞争中立于不败之地的内在因素。民族文化认同主要表现为公民对本民族长期历史发展中形成的优秀传统文化和当今社会主流文化的认可、坚守和维护,并为此付出强烈的情感甚至生命。"人们自己创造自己的历史,但是他们并不是随心所欲地创造,并不是在他们自己选定的条件下创造,而是在直接碰到的、既定的、从过去承继下来的条件下创造。"①国家要发展,民族要进步,作为国家未来、民族希望的大学生就必须对本民族文化有强烈的认同,必须认知、认同传统文化和主流文化,把握其精髓。值得忧虑的是,目前有不少大学生忽视传统文化的学习,对主流文化不予认可,民族文化认同感明显下降。

1. 对传统文化缺乏了解

中国五千年文化博大精深,在四大文明古国中,中华文化是唯一一个延续下来的有生命的文化,但当今的大学生却对传统文化不感兴趣,虽然进入新世纪后,在国内出现过"国学热",但大多是表面的认同和跟风,多数大学生没有读过传统文化经典,甚至不愿去读这些经典;很多大学生对中国历史的了解也仅限于近代,对古代历史及其文化缺少基本认知;对历史上著名人物对于民族进步所做的贡献及其所体现出的民族精神,很多大学生只是通过电视剧有所了解。在我们此次对大学生文化素养的调查中发现:对传统文化"了解"的大学生占60%,认为"学习传统文化对大学生的成长成才起重要作用"的大学生有19.3%,对传统文化感兴趣的大学生占31.6%。在对传统节日重视程度的调查中,66.1%的大学生认为传统节日寄托着民族情感,只支持传统节日。由此可见,当代大学生对传统文化的重视程度不够,对传统文化中蕴含的精华缺乏了解,其传统文化素养堪忧。

对传统文化缺乏热情的背后是对外国文化的推崇,这体现在大学生生活和学习的各个方面。在学习方面,大学生普遍注重外语学习,许多大学生课余时间大都用来学习外语,积极为通过各种国家级外语考试做准备,很少有大学生利用课外时间研读中国古典著作。调查中发现,认为"学习英语是绝对有用的"大学生占92.6%。在生活方面,很多大学生喜欢看韩剧、欧美剧和日语片、美国大片;情人节、圣诞节这些"洋节"也为大学生所青睐,在对传统节日重视程度的调查中,33.76%的大学生喜欢过情人节、圣诞节等"洋节";对外国产品崇拜有加,却不愿

① 《马克思恩格斯选集》第1卷,人民出版社1995年版。

身体力行购买国货来支持民族企业的发展等等。如此这些,都表明相当部分的大学生对民族传统文化的某种疏离。

2. 对主流文化认同不够

主流文化是一个社会、一个时代由官方倡导和推行的、在社会中占统治地位的、起着主要影响作用的文化和价值观念。当代中国的主流文化是中国特色社会主义文化,其核心是社会主义核心价值体系。大学生思想政治教育的重要任务,就是要向大学生传导社会主义核心价值体系,树立马克思主义指导思想、中国特色社会主义共同理想、以爱国主义为核心的民族精神和以改革创新为核心的时代精神、社会主义荣辱观,使其形成爱国主义、集体主义和社会主义思想,树立为人民服务的意识。从目前的总体情况来看,大学生基本对主流文化及其价值观持认同态度,但仍然存在不足。

在对马克思主义指导思想的认同方面,调查发现,大学生对"把马克思主义思想作为社会主义核心价值体系灵魂"持认同或基本认同态度的占82.72%,但仍有3.9%的同学认为"马克思主义已经过时了,对中国没有指导意义"。还有11.8%的大学生根本没考虑过这个问题。另外,对社会主义核心价值体系诸方面的认同程度依次为:改革创新的时代精神(37.43%)、爱国主义的民族精神(26.7%)、中国特色社会主义道路(16.2%)、社会主义荣辱观(13.3%)、马克思主义指导思想(6.84%)。从调查数据可以看出,大学生对马克思主义的认同度还有待提升。

在对社会主义的态度上,多数同学对社会主义充满信心或有一定信心,但仍有部分同学对社会主义制度不予认同或信心不足。对"社会主义终究可以战胜资本主义"问题的回答中,选择"充满信心"和"有一定信心"的占总人数的69.83%,另有23.4%的同学"没有认真考虑过",还有6.84%的同学对社会主义"没有任何信心"。对于"你坚信的并力主实施的社会形态是什么?"的问题,选择"根本不考虑这个问题,没有社会理想信仰"的占6.4%,选择"共产主义社会"的占17.21%,选择"社会主义"的占10.7%,选择"有中国特色社会主义"的占50.2%,选择"资本主义社会"的占2.43%,选择"民主社会主义"的占9.63%,选择"其他社会形态"的占1.54%。从中可以看出,没有把社会主义或共产主义作为社会理想的大学生占到总人数的20%。

在对道德核心原则的认同方面,多数大学生在观念层面认同"为人民服务",

但也有部分大学生认为当今社会“为人民服务”的提法已经过时，更认同履行责任和义务，完成本职工作，做好分内之事，赞同“集体利益高于个人利益”。但在实际行动中，部分大学生赞成以个人利益为基础，更倾向于个人自由、权利和个人的自我实现，特别是在个人利益与集体利益发生矛盾时更倾向于维护个人利益。

（三）部分大学生的人格素养有待提升

对于人格，不同的学科领域有不同的理解和诠释。在伦理学上，人格是指社会成员中的个体在一定的经济、政治、道德、文化关系中所显现出的道德品格特征和行为方式；在心理学上，人格是指人的性格、气质、兴趣、爱好、能力等特征的总和；在法学中，人格主要是指公民作为权利义务主体的资格。如果我们从社会人才培养的角度去看，则以上几种含义都兼而有之，可以说是人的社会属性的集中体现。在民族精神培育方面，大学生应具备的人格素养主要包括坚定崇高的理想信念、诚实信用理念、明确的权责观念、民主法治理念、强烈的民族使命感和社会责任感、艰苦奋斗、自强不息的生活态度。

1. 部分大学生理想信念淡化

在关于大学生理想的调查中，对于“你的理想是什么”的问题，选择“理想的爱情、美满的家庭、幸福的生活”的占41. 37%、选择“体面的工作、成功的事业”的占36. 52%；而选择“回报社会，为实现祖国繁荣昌盛而努力”和“维护世界和平，消灭剥削和压迫”的分别占4. 81%和1. 74%。在你认为“个人理想各方面中最重要的是什么”的调查中，选择“生活理想”“职业理想”“道德理想”“政治理想”的分别占42. 93%、23. 52%、17. 56%、14. 14%。从调查中发现，大学生更加注重个人理想中的生活理想和职业理想的实现，更加关注自己的生活幸福和职业发展前景，其理想信念更加趋向于感性和务实，而道德理想和政治理想相比较要弱化得多。道德理想方面，不少大学生认为主导道德所倡导的道德原则过于崇高，离自己很远，很难实现，因而不予考虑，同时受到社会上一些庸俗观念的影响，使得大学生的道德理想淡化，趋于平庸。在政治理想方面，当代大学生的政治坚定性不高，仍有部分大学生对于马列主义、毛泽东思想、邓小平理论、中国特色社会主义制度等没有给予充分的认同和坚信，也缺少把自己的命运与祖国的前途命运紧密联系起来的决心和勇气。在个人理想与社会理想的关系方面，当代大学生虽然承认社会理想的实现是个人理想实现的前提和保障，但是大多数大学生更加注重个人理想的实现,将社会理想的实现放在次要的位置,错误地认为个人理想的实现是社会理想实现的基础,甚至认为社会理想实现与否和个人的发展并无直接的联系。

2. 部分大学生缺乏民主法治、自由平等、公平正义、权利义务等现代理念

大学生民主法治、自由平等、公平正义、权利义务等现代理念的树立,关系到依法治国基本方略的实施,关系到社会主义法治国家建设的历史进程,关系到现代文明国家的建成。一个国家、一个民族要进入现代文明国家的行列,这个国家的民众尤其是青年大学生必须树立起民主法治观念、自由平等观念、公平正义观念、权利义务观念。这是因为:社会主义民主法治是社会主义的重要特征。邓小平指出,为了实现社会主义现代化,必须发扬社会主义民主和加强社会主义法制。江泽民指出,没有民主和法制就没有社会主义,就没有社会主义的现代化。胡锦涛指出,人民民主是社会主义的生命,人民当家做主是社会主义民主政治的本质和核心。保障公民的自由和平等是我国宪法和法律的基本价值取向,公平正义是我们社会主义国家的基本价值追求,权利义务观念是社会主义法治国家的公民应当具备的基本法治观念。另外,民主法治、自由平等、公平正义、权利义务等现代理念是现代公民人格的重要内容,一个现代文明国家的建立,只有先进的技术、发达的经济、完备的法律体系等硬件还远远不够,最最根本还要有具备民主法治、自由平等、公平正义、权利义务等现代理念的合格公民。

现实生活中,根据我们的调查发现,当代大学生的社会主义法治观念较以往有很大的提升,如:大学生的民主意识越来越强,在涉及自己切身利益的问题上有强烈的思想表达意愿;法治观念增强,遇到纠纷希望通过法律的途径解决问题,学习法律的主动性和积极性也都很高;追求自由平等,崇尚公平正义,权利意识觉醒,积极履行法定义务。但另一方面,我们也应该看到,大学生的社会主义法治意识方面还存在很多不足,现代法治观念还很淡薄,主要表现在以下几个方面:

部分大学生民主、权利意识不强。权利观包括三方面内容。首先,个人明确知道自己在各种社会情境下的权利,同时有足够的社会技巧与相关能力主张自己的权利;其次,个人明确知道他人在各种社会情境下的权利,同时有足够的社会技巧与相关能力接受他人主张其权利;最后,个人能够并愿意关心整体的政治、经济、文化等各方面的发展,明了自己在国家和社会中的地位和责任,积极参与其中

并以自己的行为促进整个社会逐步朝向正义的方向发展。① 大学生是未来国家建设的中坚力量,理应胸怀天下,关心国家的发展。然而今天不少大学生只是沉溺于个人的小天地中,他们对社会的政治、经济、文化、社会民生状况缺乏关注的热情和积极性。在我们的调查中发现,在法律赋予的选举、被选举、意见、建议、政治参与等权利方面,很多同学都采取漠视的态度,放弃了本应属于自己的权利,政治参与意识很弱。很多大学生在上网时,最关注、看得最多的是生活资讯和娱乐信息,而很少关注政治新闻和财经信息;在他们所阅读的刊物和著作中,现代文学作品和娱乐杂志占了大多数,主流报纸和刊物则很少进入他们的视野,专门研读人文社科专著的学生更是微乎其微,这与20 世纪 70—80 年代的大学生形成鲜明对照。

自由、平等观念有待提升。一些大学生身上仍然存在着官本位的等级观念,惧官、怕官,不敢理直气壮地表达自己的想法。胡适先生早在五四时期就发出至今仍然掷地有声的呼吁:“争你们个人的自由,便是为国家争自由! 争你们自己的人格,便是为国家争人格! 自由平等的国家不是一群奴才建造得起来的!”建设现代文明国家,要求公民尤其是青年大学生必须树立自由、民主、平等的理念,成为具有独立人格的现代公民。

法治观念不坚定。大学生是我们社会中对民主法治要求最强烈的群体,但实际上,却有部分大学生民主法治观念比较淡薄。首先,部分大学生对于民主法治缺乏正确认知,突出表现在两个方面:一是对于民主法治与社会主义的关系认识模糊。不少大学生倾向于认为民主法治精神是资本主义国家特有的现象,资本主义的民主法治才是真正的民主法治,而社会主义国家的民主法治模式缺乏现实支撑,或者认为社会主义只是理论上的存在,现实中与资本主义已无本质的差别。二是对我国民主法治实践缺乏理性认识。部分大学生对于我国民主法治现状强烈不满,忽视我国民主法治建设取得的成就,片面认为资本主义民主法治模式更科学、更完美,忽视民主法治建设是一个长期的过程。其次,部分大学生缺乏对于民主法治理念的信仰。认知方面的偏差致使部分大学生难以形成对民主法治理念的信仰,大多数大学生承认自己并没有从深层次情感上对民主法治产生敬畏、

① 郑州大学公民教育研究中心等编:《21 世纪中国公民教育的机遇与挑战》,郑州大学出版社 2007 年版。

信服、崇敬和依从，只有少数大学生认为自己在实践中认真执行学校的规章制度，遵守国家的法律、法规和有关政策，严格地依法办事。“权大于法”“钱大于法”的观念仍然在部分大学生的头脑中存在。调查发现，遇到纠纷，有9%的大学生想到的是托关系，找找人；26%的大学生希望按法律途径解决问题；61%希望在法律允许的情况下尽可能和解；1%被动地接受结果；9%选择其他方法。

3. 缺乏科学理性精神

科学理性是实事求是的新发展，是在实践的基础上注重和通过理性知识和思维的指导，来实现对真理的认识，是文明社会的公民应该具备的一种现代理念。大学生在高校学习科学文化知识，受到科学理性的熏染，本应具有较强的科学理性精神。然而遗憾的是，在现实生活中我们发现，不少大学生在对待自己的学习、生活以及分析对待社会现象等方面，缺乏务实态度和理性精神。在学习、生活方面，大部分学生获取知识仅仅简单依靠课堂和书本，很少将其与社会生活和自己的经验联系起来。如写论文，很少有大学生就自己的论题进行实证调查或者深入的个人访谈，大部分论文多是建立在材料的堆砌上。在对待社会问题的态度上，大学生存在严重的“从众”心理和不理性行为。如为了抗议日本对中国权益的侵犯，很多高校大学生自发组织游行示威活动，但是在有些地方的游行示威活动中却出现打砸日货现象，这种扰乱社会秩序和破坏他人合法财物的行为很明显是一种缺乏理性的行为。许多大学生对我国社会发展中出现的问题如物价上涨、社会分配不公、腐败等现象，往往采取一种情绪化的态度，而缺乏客观理性的分析。

4. 缺乏忧国忧民的社会责任感

忧国忧民、关注社会发展、以天下为己任一直是中华民族的优良传统，在这方面，中国历史上无数仁人志士给我们树立了光辉榜样：上下求索的爱国诗人屈原、以天下为先的范仲淹、“为中华之崛起而读书”的周恩来以及千千万万为挽救民族危亡而前仆后继的先烈。这些人无不从小就有崇高的理想，远大的抱负和强烈的使命感，并为实现自己的目标奋斗终生。他们是民族的脊梁！正是他们，使得中华文明能够长盛不衰，中华民族能傲立于世界民族之林。然而，一些大学生面对社会政治经济生活的深刻变化，在接受很多新鲜事物同时淡薄了传统的中华美德，追求享受和索取，漠视奉献，缺乏民族使命感，没有把民族的使命与自己联系在一起，较少考虑个人对祖国对民族的历史责任，往往是“愿奉献于天下之大业，而不愿扫一室之尘土”。应当指出，在“人不为己，天诛地灭”腐朽思想影响下，一些大学生只注重个人得失而不顾国家利益，将“忧国忧民”视为“杞人忧天”，不少大学生只要有机会就愿意把自己的生活空间移到国外，祖国对他们而言更多的是一种感情寄托，而不是赖以生息的土地。

5. 缺乏艰苦奋斗、自强不息的生活态度

艰苦朴素、艰苦奋斗、自强不息是中华民族的传统美德。在历史长河中，中华民族曾以经济发达、科技昌明而长期走在世界的前列，这些成就的取得，无不是中国人民艰苦奋斗、自力更生的结果。中华民族在近代突破政治、经济、科技等各种封锁，取得一次次飞跃和进步，也无不和艰苦奋斗、自力更生的生活态度紧密相连。我们的井冈山精神、长征精神、延安精神、大庆精神、两弹一星精神等曾在历史上对国民的激励产生过重大的历史作用。然而当前由于受社会上各种享乐和奢靡之风的影响，大学生中确实出现了一些过度追求物质享受、勤俭节约风气弱化、安于现状、不思进取、依赖“啃老”等现象。在我们的调查中发现，被访者中有32.8%认为当代大学生的艰苦奋斗精神较弱，54.5%的大学生表示自己有时具备勤劳勇敢的精神品质，2.3%的同学认为自己不具备勤劳勇敢的精神品质。大学生缺少勤俭作风主要表现在两个方面，一方面是片面追求物质享受，对一些仍具有使用价值的物品，因缺少了时尚、流行等价值符号而不假思索地将其淘汰，造成大量的浪费现象。在生活消费方面，讲究品牌、档次，如手机、MP3等，一些学生不管条件具备与否都想方设法去买最好的，很多学生的手机都比家长的好。有的学生通过正当的途径无法获得，就通过非法的途径去得到，据统计，大学生犯罪中财产型犯罪居首位。另一方面是大学生节约意识淡薄，大学生对粮食、水、电等资源浪费现象严重。部分大学生缺乏自强不息的精神，生活中“等靠要”思想严重，对家长的依赖心理过重，一些大学生毕业后不积极就业，甚至出现了“啃老”现象。

6. 部分大学生诚实信用理念淡化

诚实守信是中华民族的优良道德传统。当今时代，大学生的诚实信用品质不仅关系良好社会风气的形成，关系社会主义和谐社会的构建，在一定意义上更会关系中华民族的未来。但通过调查发现，目前大学生诚实守信状态令人担忧。一是对诚信道德认识肤浅。不少大学生对诚信的认识肤浅模糊，仅限于不缺斤短两、不说谎话、不食言等规范性认识，对其在社会发展和个人成长中的重要意义没有清晰的认知及足够的重视，很少有将诚实信用提升到法律、国家发展、企业信誉、个人人格的高度来认识和对待，这导致大学生对于诚信的重要性认识不到位。二是对待诚信知行不一。大多数大学生肯定诚信是一个人重要的品质，但在实际生活中，有许多学生不能坚守诚信，逃课、考试作弊、作业抄袭、就业中证书造假、拖欠学费或银行助学贷款等现象较为突出，更可怕的是这些学生对此不以为耻，反而视为正常行为坦然地从事着。三是诚信标准多重化。在运用诚信标准衡量个人行为时，对待他人和自己的标准不一，很多大学生存在严于律人、宽以待己的现象。在纠正和抵制不诚信行为时也表现出标准不一致，如果行为主体是和自己关系很好的同学或朋友，大部分大学生不会谴责或举报，而对于和自己关系不好的同学、熟人或陌生人则一般会予以谴责。诚信是现代社会公民必备的重要品质之一，部分大学生诚信淡薄甚至缺失，从一个方面表明他们的公民人格不健全。

第三节　影响民族地区大学生民族精神形成的因素分析

大学生的民族精神方面出现以上诸多问题，原因是多方面的，涉及经济、政治、文化、社会、教育以及大学生自身的原因等各种因素。

一、社会转型引发的经济、政治、文化的变动与多元

我国正经历着前所未有的重大的社会转型，即从传统社会向现代社会转变。在某种意义上讲，这一转变是传统性消解和现代性生成的过程，它表现在社会的各个方面。从经济形态看，是从自然经济社会向以市场为导向的商品经济社会转变；从政治形态看，是从以权威控制为特征的集权制社会向建立在个人自由平等基础上的民主法治型社会转变；从社会关系看，是从各种以身份为特征的依赖性关系向以个人独立自由为基础的契约性社会关系转变。① 社会转型导致经济、政治、文化的变动与多元，必然引发一系列的问题与矛盾，这对大学生民族精神的形成和发展造成诸多负面影响。

---

① 杨雄等主编：《社会转型与青年发展》，上海社会科学院出版社 2004 年版。

（一）市场经济的弱点对大学生民族精神的消极影响

1978年经济体制改革以来，市场经济逐渐代替原来的计划经济成为我国的主要经济运行方式。市场经济使我国社会发生了巨大变化，在促进经济社会飞速发展的同时也带来了一系列的负面影响。其中最突出的就是市场经济自身的趋利性特点在社会生活领域的无限扩散给社会政治、道德运行造成的不良影响，大学生的民族精神的传承和发扬也在此影响之列。在市场经济条件下，所有进入市场的主体都要受到市场经济规则的制约，市场主体的动机和最终目的都是为了追求利润的最大化，同时尽可能地规避社会风险。在我国市场经济发展过程中，由于社会竞争激烈、社会信用机制缺失、法律机制不健全，投机以牟取暴利的现象较为普遍，由此衍生的唯利是图、损人利己、见利忘义的思想对部分大学生产生了较大的影响，造成他们价值判断的迷茫和严重的功利化倾向。致使不少大学生对事物的判断标准单一化，仅限于“效用维度”，即客体对于主体的有用性、实用性程度，而忽略了对于“价值维度”的关注，也就是说忽略了事物或行为对主体人格、道德等精神层面的意义。他们对物质利益的追求远远高于精神上的满足，导致民族精神在他们的头脑中被边缘化或束之高阁甚至被遗忘。

（二）社会转型阶段各种严重社会问题对大学生民族精神的消极影响

社会转型是“人类社会由一种存在类型向另一种存在类型的转变，意味着社会系统结构的内在变迁、意味着人们的生活方式、生产方式、心理结构、价值观念等各方面全面而深刻的革命性变革”。① 转型时期社会的经济成分、利益关系、社会运行规则和价值标准正在发生着巨大的变化，这些变化影响了人们的生活方式、道德水准、思维方式和价值观念，使之产生了巨大的变化。新中国成立之后，我们国家逐步建立了有中国特色的社会主义制度，这些制度从根本上说是适合中国国情，有着巨大的优势的，但由于我国仍处于社会主义初级阶段，很多制度还处于完善的过程中，所以难免存在法律制度建设不完善、法律法规不健全、机构设置不合理等一系列问题。这些建设中的问题如果长期得不到解决，就会导致许多社会问题的出现，如腐败问题、社会不公正现象和政治参与困难等，也会让公众对社会主义制度本身的优越性产生怀疑，导致一些大学生对国家的制度、体制、道德乃

① 徐斐：《社会转型时期的行政改革与发展观》，载《甘肃行政学院学报》，2000年第2期。

至文化失去信心，转而向往国外的政治体制和文化理念，民族自信心受到冲击，对大学生的民族精神造成消极影响。

第一，腐败问题严重影响大学生的民族精神。腐败问题是权力扩张的表现和结果，它是诱发公众不满情绪、社会秩序失调、政府丧失公信力的重要因素。由于我国在改革的过程中政治体制改革滞后于经济体制改革，政治制度不健全，权力监督不到位，致使腐败现象不断滋生和蔓延，最突出的表现就是党和政府的官员腐败和司法腐败。官员腐败主要体现为买官卖官、权钱交易、以权谋私、权“黑”交易、警匪一家、滥用职权、吃拿卡要、权力寻租等，这些严重影响党和政府在大学生心目中的形象，动摇共产党作为执政党在大学生心目中的地位，致使部分大学生对党和政府产生信任危机，进而对主导价值观和主流意识形态产生怀疑。近年来官员腐败现象层出不穷，通过网络快速传播，这对大学生造成极坏的影响，使得部分大学生对于国家和政府的信心减弱。司法腐败同样严重影响大学生的民族精神。司法腐败主要包括金钱面前的贪赃枉法、人情面前的徇私枉法、权力面前的畏权枉法、势力面前的惧势枉法等等，导致案件的判决出现畸轻畸重等司法不公正现象，这使部分大学生对司法公正的认识陷入前所未有的迷茫，对社会现状感到痛心和失望。英国哲学家培根曾说：“应当懂得，一次不公的裁判，其恶果甚至超过十次犯罪。因为犯罪虽是冒犯法律——好比污染了水流，而不公正的审判则毁坏法律——好比污染了水源。”①司法公正是社会公正的保障，司法腐败会使社会公正丧失最后一道保护，这将严重影响党和政府在大学生心目中的形象，使部分大学生对党的执政能力产生怀疑，大大减弱了大学生对党和政府的信任、对社会主义的信仰、对建设中国特色社会主义的信心。这一系列的腐败现象也使大学生错误地认为“关系”比个人实力更重要，因而热衷于“拉关系”“走后门”，而不愿通过个人努力实现自身的价值，这不仅破坏了社会运行规则，更是自力更生、艰苦奋斗等优秀民族精神的遗失。青年大学生非常关注腐败问题，关心社会的发展，但腐败现象久治不愈，严重影响了大学生对国家和民族的情感，导致大学生民族精神弱化。

第二，社会不公正现象也严重影响大学生的民族情感。恩格斯说：“一切人，

---

① [英]弗兰西斯·培根：《论人生》，刘慧、周英等译，湖南人民出版社1987年版。

或至少是一个国家的一切公民，或一个社会的一切成员，都应当有平等的政治地位和社会地位。”①与这一要求相反，当今我国社会的不平等、不公正现象还比较突出。我国社会不公正现象突出表现为：总体上城乡间、行业间、区域间、部分群体间的收入差距过大；区域、城乡、不同群体间的享有基本公共服务的差距悬殊，如教育不公平、公共医疗资源不均等、社会保障差距大、享受公共基础设施方面存在差异等；腐败引发的社会不公，尤其是人才选拔时的腐败导致的机会不均等，直接挫伤了人们的工作积极性以及对国家人事制度的怀疑，进而对整个社会的政治制度缺乏信任。不公正现象不仅破坏社会正常运行，而且损害了社会成员对党和社会主义的信心，部分大学生因此而消极地看待社会，丧失对我国社会发展的信心，对大学生民族精神造成严重的负面影响。

第三，政治参与困难影响大学生的爱国热情。大学生的爱国热情主要体现在大学生以国家主人的身份关心国家大事、关注社会发展、参与国家政治生活，为社会主义现代化建设贡献力量。从现实情况来看，部分大学生的政治参与意识不强，导致这种结果的主要原因是政治参与困难，具体表现为两点：一是政治参与途径不畅通。我国的政治参与制度包括人民代表大会制度、社情民意反映制度、专家咨询制度、重大事项社会公示制度、社会听证制度、基层民主管理制度、信访举报制度、人大代表联系群众制度、舆论监督制度等，这些制度在我国政治生活中正发挥着重要作用，并处于不断完善之中。但大学生通过这些制度参与政治生活的渠道却不畅通。如，大多数在校大学生已年满 18 岁，享有选举人民代表和被选举为人民代表的基本政治权利，但是多数大学生都未曾参加过选举。一些大学生有很强的政治参与意识，但不知道通过何种正当、简便、有效的渠道表达自己的政治主张，对自己关心、关注的问题提出意见建议。网络技术的发展为大学生的这种愿望提供了现实的渠道，许多大学生通过博客、聊天室、论坛等形式，发表自己对各种社会问题和社会现象的看法，对相关社会问题提出意见建议，期望能对社会的进步做贡献。但最终的结果往往是，很多博客和帖子都被“技术中止”，这种作用并未得到很好的发挥，挫伤了大学生的参政积极性，甚至导致一些大学生的不满因而在网上散发抱怨、不满、牢骚等负面言论。二是大学生的政治效能感偏低，

① 《马克思恩格斯选集》第 3 卷，人民出版社 1995 年第 2 版。

即认为国家对大学生的政治参与不够重视,获得回应的可能性小,难以产生什么实际效果。如,大学生在参加选举活动中,对候选人大多不了解,更多的时候是按照学校的要求投票,这就使部分大学生认为,选举人民代表只是走过场,他们的政治参与的积极性因此而受到伤害。再比如,很多大学生希望通过网络这种便捷的渠道表达自己对各种社会时政问题的意见,参与政治生活,但他们的意见根本没有得到相关部门的关注或重视。很多大学生通过网络了解外部世界,但很多时候他们密切关注的事件要么最终不了了之,要么事件的处理与大多数大学生的期望有距离,使大学生感到失望,这也在某种程度上挫伤了大学生的政治参与热情和积极性。

第四,诚信问题影响大学生对政府的信任和信心。诚信是中华民族千百年来亘古不变的古训,也是现代市场经济运行的黄金定律以及和谐社会发展的基本道德诉求。然而近年来,我国社会的失信问题却越来越严重,表现在政府、经济体和个人三个层次,其中政府失信是社会失信的主要组成部分,也是造成整个社会失信的一个重要原因。政府诚信状况将直接引导和影响公众的诚信状况,决定整个社会的诚信水平。目前我国政府的诚信状况总体是好的并且呈现出进一步好转之势,但在社会转型和体制转轨的大背景下,由于政治体制改革相对滞后、政府职能转变不到位、政府公职人员依法行政理念欠缺、监督机制不健全等原因,政府出现了一系列的有失诚信现象,其中最突出的、对百姓伤害最大的莫过于政策缺乏连续性和稳定性,朝令夕改,政府对自己的决策出尔反尔,履约率低,时常出现“一任地方官一套政策”“新官不理旧官事”的现象,使百姓无所适从,对政府的政策不敢轻易相信,严重损害了政府的威信和形象。另外,个别地方政府的行政命令违背国家的法律法规和国家政策,强行摊派集资,巧立名目收费,有的地方或部门甚至搞愚民政策,封闭上级或中央的声音,为所欲为,有的官员欺上瞒下,搞政绩造假,出现了“官造数字,数字出官”的现象,严重影响了政府的公信力以及在百姓心目中的形象。经济运行领域的失信主要有合同履约率低、制假造假、恶意欺诈等,这些行为严重损害了人民群众的生命安全,扰乱了市场经济秩序,而且由于奖惩机制不完善,使一些违法者不能得到应有的处罚,出现“违法者获利”的现象,也让民众对遵纪守法产生怀疑,对政府的执政能力产生怀疑。个人层面的诚信问题主要表现为见利忘义、尔虞我诈等道德失范现象。这些社会失信问题不仅存在于社会,也渐渐蔓延至校园,对大学生产生了不良的影响,大学生中考试作弊、毕业论文抄袭、文凭造假等现象层出不穷。由于监管难度大,学校中难免会出现平时不学习,通过作弊得高分的现象,这不仅引起刻苦学习的同学的不满,也严重挫伤了那部分学生学习的积极性,同时使其对学校的教育管理乃至国家的教育体制产生怀疑,很多大学生转而向往和崇尚国外的教育和管理制度,对本国政府的信任感因为制度的不完善而受到冲击和影响。

(三)社会转型期文化多元对大学生民族精神的消极影响

按照马克思主义理论,社会存在决定社会意识,经济基础决定上层建筑。十一届三中全会以来,我们进行了一系列经济体制改革,计划经济逐渐被社会主义市场经济所取代,在社会主义市场经济建设的过程中,经济利益趋向多元化,必然带来人们的思想观念、道德意识,特别是人生观、世界观和价值观的大变化。市场经济本身的趋利性延伸到了价值观领域,市场经济基础上产生的世俗价值观念取代了原来具有整合作用的意识形态。“在毛泽东以后的时期中国处于一个快速变化的过程之中,随着共产主义作为一个总体的合法的意识形态信仰正在被淡忘,中国正处于信仰危机与强烈的价值变迁的阵痛之中。”①在这一变革时期,国外的一些社会思潮趁机涌入,资本主义、民主社会主义等思潮冲击着人们对社会主义的认识,主流价值观受到诸如极端个人主义、享乐主义、拜金主义等错误思想的冲击,集体主义、社会主义、爱国主义等民族精神被削弱。

二、经济全球化的负面影响

人们的思想意识会随着社会存在的改变而改变,大学生民族精神的形成和发展同样与社会存在密切相关。对于生活在现代社会的人来讲,全球化浪潮就是最现实的社会存在,每个人的生活和思想无不受其影响。正如齐格蒙·鲍曼在《全球化——人类的后果》中所说:“对每个人来说,全球化是世界不可逃脱的命运,是无法逆转的过程。它也是以同样程度和同样方式影响我们所有人的一个过程。”②全球化对大学生既具有积极影响,也具有消极影响,其消极影响的一个重

① 张敏杰:《中国的第二次革命——西方学者看中国》,商务印书馆2001年版。

② [英]齐格蒙·鲍曼:《全球化——人类的后果》,郭国良、徐建华译,商务印书馆2001年版。

要方面,就是对大学生的民族精神产生严重的冲击。

(一)全球化致使大学生国家意识弱化

国家意识特别是爱国主义和国家安全意识是民族精神的核心。在全球化的冲击下,大学生的国家意识特别是国家安全意识出现弱化的趋向。全球化的发展使世界各国有了更密切的联系,政治、经济和文化相互渗透、相互影响。马克思和恩格斯早就指出这一点:“由于开拓了世界市场,使一切国家的生产和消费都成为世界性的了。……过去那种地方的和民族的自给自足和闭关自守状态,被各民族的各个方面的相互交往和各方面的相互依赖所代替。”①全球化是一个自然历史过程,在某种意义上讲也是一个进步的历史进程。然而,在这一进程中,它也会产生一些消极影响,其中之一就是致使大学生国家意识弱化。

首先,“全球意识”“普世伦理”在某种程度上致使大学生的爱国主义精神弱化。在全球化时代,全球面临的共同问题,如人口问题、粮食问题、核威胁、能源危机、环境污染等都需要各个国家协商解决,各国在处理这些问题时相互依赖性越来越强,在必要时甚至要根据国际规则做出一定的主权“让渡”,这就给大学生造成了国家主权和国家利益服从于全球利益的假象,这也正是所谓“全球意识”“普世伦理”存在的原因。其次,全球合作的增多致使大学生国家安全意识弱化。随着经济全球化的发展,资源在全球范围内配置,商品在全球范围内销售,人员在全球范围内流动。全球化带来更多的合作,发展中国家对于发达国家在先进技术和管理经验方面的借鉴也越来越普遍,这也“麻痹”了很多大学生,使他们看不到在这种合作中仍然存在国家安全问题。再次,跨国公司的发展直接影响大学生的国家意识。在全球化进程中,跨国公司得到迅速发展,西方发达国家在中国境内设立大量外资、合资公司,一个毕业生可能到国外工作,也可能到国内的外资企业或合资企业工作,同事或老板有中国人也有外国人,工作的内容可能涉及多个国家,生产的产品也会销往世界各地,员工在注重企业利益和接受企业文化熏陶下,会渐渐淡化国家的界限,导致人们的国家概念模糊,国家意识淡化。

(二)全球化致使大学生的民族文化认同感淡化

首先,大学生会在全球化过程中主动接受外来文化。人们在经济全球化过程

---

① 《马克思恩格斯选集》第1卷,人民出版社1995年版。

中会有更多机会接触、接受外来文化。不少大学生毕业后会出国留学或到外资企业实习、工作,在这样的环境中除了学习专业知识和提升工作技能外,自然而然地、潜移默化地会受到外国的价值理念和文化思想的熏陶。大学生在快节奏、高效率、高回报的工作环境下,深切感受和体会到这一氛围中所蕴含的活力,在这样的氛围下更容易信服、崇尚和接受西方价值观。尤其对于一些世界观处于形成期的青年,会不加辨别地全盘接受那些外来文化和价值理念,这将会冲击本国文化在大学生思想意识中的重要地位。

其次,西方发达国家会在全球化过程中主动向发展中国家输出西方文化。在某种意义上讲,全球化过程是以西方发达国家为主导的,它以经济全球化为先导,同时伴随着对发展中国家政治和文化的渗透。近几百年来,发达国家在经济全球化过程中,借助其经济优势和强大的科技实力,在同各国进行经济交往的同时,极力输出他们的政治理念、价值观念和文化思想,鼓吹政治文化的一体化,推行政治霸权,蒙蔽我们的青年。西方发达国家的文化一直在世界上处于"主导"地位,是世界文化的"主流",世界上每一个角落都有西方文化的踪影。以美国为首的西方国家更是注重对中国意识形态的干扰,他们依靠经济、政治上的优势,借助先进的科学技术特别是网络信息技术加强对中国的渗透。从大学生世界观、人生观、价值观的变化,我们可以看到全球化对大学生民族文化认同的消极影响,如许多大学生对于美国大片的了解多于对于民族文化和民族英雄的了解,对于西方节日的热衷胜于民族传统节日,对于英语的重视程度远远高于对于普通话的重视;更有少数大学生觉得西方的政治、经济和文化模式更适合中国。这些影响在我们的调查中也能得到印证,对于"经济全球化是否会最终导致民族文化的消失,致使以爱国主义为核心的民族精神教育也随之失去意义?"这一问题,有63.7%的同学认为经济全球化不会导致民族精神的消失,但也有35.1%的同学认为经济全球化将最终导致民族精神的消失。可见,经济全球化本身及其所带来的外来文化对大学生的民族精神的形成会产生强烈的冲击。这些无疑都是全球化带来的负面影响。正如戴维·赫尔德等人所说:"在全球化的诸种体现形式中,几乎没有什么像国际品牌、大众文化偶像和工业品以及卫星向各大洲成千上万的人现场直播重大事件那样如此直观,覆盖面广并且渗透力强。全球化最大众化的象征包括可口可乐、麦当劳和 CNN 新闻。无论这些现象有着怎么的因果重要性和实际意义,也很少有人怀疑,最直接感受到和经历的全球化形式是文化全球化。"①也就是说,这种文化渗透已贯穿在大学生的日常生活之中,成为大学生直接的经验感知,而且这种渗透在程度上和速度上还呈现出迅速增长之势。

(三)全球化给大学生的人格塑造带来消极影响

全球化过程中,一些西方社会思潮和哲学思想纷纷涌入,对大学生道德人格的塑造产生了重大影响。

首先,全球化带来西方自由主义和极端个人主义思想,致使部分大学生自我意识膨胀,集体主义思想淡化、服务奉献精神弱化。自由主义作为西方的一种意识形态和哲学,以自由作为主要政治价值标准,追求个人发展和自由,拥护个人的权利,主张放宽或免除政权对个人的控制。个人主义在反对封建专治统治方面具有积极意义。但在新的历史时期,自由主义核心思想是鼓吹个人自由和无政府主义,导致一些大学生自我意识膨胀、以自我为中心、法律意识观念淡薄。个人主义作为一种道德的、政治的、社会的哲学,认为个人利益应是决定行为的最主要因素,一切从个人出发,把个人利益放在集体利益之上,强调个人的自由和个人的重要性,主张个人本身就是目的,具有最高价值,社会和他人只是达到个人目的的手段。反抗权威以及所有试图控制个人的力量——尤其是那些由国家或社会施加的强迫力量。自由主义在反封建专制统治过程中曾具有积极意义,但20世纪以来,西方思想家对个人主义的批判就不绝于耳,指出其销蚀社会的一面。个人主义直接反抗将个人地位置于社会或共同体之下的集体主义。极端个人主义作为个人主义的一种表现形式,突出强调以个人为中心,否定社会和他人的价值,甚至不惜采用损人利己的方式来追求自己的人生目标,在个人与他人、个人与社会的关系上表现为极端利己主义和狭隘功利主义。个人主义和自由主义本质上是一致的,都是注重个人的自由和发展,忽视他人、集体的利益和社会的约束。随着自由主义和极端个人主义的涌入及在社会的不断蔓延,很多大学生深受影响,严重冲击了我们一直以来信奉和宣扬的互帮互助和服务奉献精神,造成部分大学生漠视集体和国家利益,集体主义观念淡薄,奉献精神弱化。

其次,全球化带来西方消费主义文化,使部分大学生艰苦奋斗观念淡薄。艰

① [英]戴维·赫尔德等:《全球化大变革》,杨冬雪等译,社会科学文献出版社2001年版。

苦奋斗精神是指人们在生活实践中，提倡勤俭节约、珍惜劳动创造财富的意识，为达到目标而不畏艰难、锐意进取的意志品质和思想品格，是坚忍不拔、顽强拼搏、开拓向上的精神风貌。这种精神状态和行为品质实质上是一种积极有为的人生观、价值观、世界观。中华民族也一直是以艰苦奋斗、勤俭自强的品质而著称于世的。然而随着全球化的发展，西方消费文化的侵入，部分大学生的艰苦奋斗观念受到了冲击。消费文化是伴随西方逐渐进入现代化社会而兴起的一种社会文化现象，早期仅出现在宫廷和贵族阶层，19 世纪后半叶，消费主义开始进入中产阶级社会，20 世纪三四十年代，资本主义经济危机和第二次世界大战之后，为摆脱危机，以美国为代表的西方国家采用了英国经济学家凯恩斯提出的鼓励消费的经济政策，加之传播媒介的迅速传播，助推了消费主义文化在市民阶层迅速发展，五六十年代由美国扩散到西欧、日本等地。我们国家目前虽然没有进入消费社会，但改革开放后，随着产品的极大丰富和西方消费文化的不断渗透以及传播媒介的大肆宣传，一些人的价值观念也深受影响，不同程度上带有消费主义文化的色彩。消费文化，顾名思义，即指消费社会的文化。主张追求消费的奢侈性、炫耀性和时尚性，追求无节制的物质享受与消遣，以此实现个人生存和发展所必需的物质需要之外的奢侈需要的满足，并将它作为生活的目的和人生价值的终极追求。在这一思想的强烈冲击下，部分大学生以讲排场、用名牌为荣，以节俭、朴素为耻，铺张浪费、攀比成风，习惯于依靠父母的力量过时尚、舒适的生活，其勤俭自强的精神明显淡化，艰苦奋斗的思想观念淡薄。

再次，全球化带来西方功利主义思想，使部分大学生急功近利，忽视长远利益和精神追求，理想信念淡薄。随着全球化的发展，西方文化以利益为核心的功利主义价值观念慢慢渗透到高校的学生群体中，使得有些大学生把功利看成唯一的价值，认为一切不能折合成功利的东西都是没有价值的，更加注重直接利益和行为的直接效果。在功利主义的氛围中，一些大学生沉醉于对金钱和利益的信奉和追逐，过分强调物质利益，凡事讲报酬，讲得失，而忽视了精神追求和意义价值；关注当下，注重自我，急功近利，而忽视了长远目标和集体利益，致使中华民族一直信奉和推崇的“以民族为己任”“天下兴亡、匹夫有责”等为国为民的远大理想受到强烈冲击。

三、西方敌对势力的西化、分化活动

意识形态领域的争夺从来都没有停止过，西方发达国家为了达到其政治经济目的，不断在对中国推行“文化殖民”政策，对我们的国民尤其是青年进行思想文化上的渗透，美国基辛格同仁公司总裁曾经在美国《外交期刊》上宣称：“美国应确保，如果世界向统一语言方向发展，那么这种语言就应该是英语；如果世界逐渐被电视、广播和音乐联系在一起，那么这些节目的编排就应该是美国的；如果世界正在形成共同的价值观，那么这些价值观就应该是符合美国人意愿的价值观。”在这一思想的支配下，以美国为首的西方国家借助其经济上的、语言上、技术上的优势地位强行输出政治文化理念，宣传美化西方的社会制度和文化思想，大肆攻击中国的政治、经济制度、文化理念，利用一切手段大力宣扬西方资产阶级的世界观、人生观、价值观，进行文化输出和文化渗透。致使一些学生深受迷惑，相信外国的月亮比中国圆，民族自信心和自豪感被冲击，民族精神淡化。

随着互联网信息技术的飞速发展，信息的传播方式发生了革命性的变化，网络传播以其传播速度快、内容丰富、隐蔽性强、可以跨国界传播等特点越来越成为文化渗透的主要途径。西方反华势力除了继续利用政府文告进行意识形态攻击，以及通过广播、电视、电影、报纸、杂志等文化产品的输出，或公开或隐蔽地推销其社会制度和价值观念外，还充分利用网络优势，突破国家疆界，潜移默化地改变着发展中国家的传统文化。美国政府每年拿出60亿美元给“美国之音”，在全世界范围内兜售美国的“民主、自由、平等、人权”等价值观。西方敌对势力非法搜集境内电子信箱地址，强行投进反动刊物，进行网络意识形态渗透。雇用大批网络写手，在互联网上大量散布反动信息。互联网信息海量，真伪混杂，监管难度大，导致这些负面信息在网上广泛传播，而大学生多通过网络了解外面的世界，再加上个别大学生不能理智而清醒地分析问题，很容易受到一些极具蛊惑力的言辞的熏染，导致正面教育被消解。阿尔温·托夫勒在《权力的转移》中说：“世界已离开了暴力和金钱控制的时代，而未来世界的魔方将控制在拥有信息强权的人手里，他们会使用手中掌握的网络控制权、信息发布权，利用英语这种强大的文化语言优势，达到暴力金钱无法征服的目的。”目前英语文化，尤其是美国文化，已借助新型传播技术在全球范围内形成了新的文化霸权，这一霸权将会对中国的民族文化形成威胁。

四、大众文化的负面影响

大众文化是"指以全球化的现代传媒为介质大批量生产的文化形态,它是现代化、城市化和市场经济发展的伴生物,是消费社会的、采取商业化运作的文化消费形态,旨在使大众获得感性娱乐的日常文化形态,如流行音乐、电影、电视肥皂剧、通俗小说、漫画、报纸杂志、网络文化等。"①大众文化由于其功能上的悖论存在,对大学生的影响既有积极的一面,也有消极的一面。积极作用主要表现为:大众文化造就了平等的文化氛围,促使生活与艺术相融合,满足了青年大学生精神愉悦的需求;大众文化具有消解权威、解放思想、倡导个性的作用,有利于促进大学生追求个性解放;大众文化自身多元化的价值取向,使大学生的文化选择多样化、文化视角多元化等等。但是,由于大众文化是在全球化和市场经济背景下发展起来的,具有明显的消费文化的特色,正如有学者指出:"闲暇消费、艺术作品与一般意义上的文化,为文化工业所过滤;随着文化的高雅目标与价值屈从于生产过程与市场的逻辑,交换价值开始主宰人们对文化的接受。"②大众文化的商业化倾向以及追求世俗性、娱乐性等特性,消解着传统和权威,对主导的意识形态起着直接的解构作用,与社会主导文化之间存在一定的矛盾。因而大众文化对大学生的价值观也产生了一定的消极影响,其中对大学生民族精神的消极影响主要表现在以下几方面。

(一)大众文化影响大学生理想信念的确立

在当代中国,对社会主义祖国的热爱、对马克思主义的信仰以及对中国特色社会主义的坚定信念,既是大学生应该树立的科学的理想信念,也是当代中华民族精神的重要内容。大学生要树立科学的理想信念,就必须处理好三对矛盾:自主性与依赖性的矛盾,利益导向与价值导向的矛盾,感性认知与理性认同的矛盾。③ 然而大众文化在大学生中的传播和蔓延却使得这三对本该动态平衡的矛盾出现了失衡的倾向,使大学生树立理想信念的动力不足,影响了大学生理想信

---

① 宋希仁:《伦理学大词典》,吉林人民出版 1989 年版。

② [英]迈克·费瑟斯通:《消费文化与后现代主义》,刘精明译,译林出版社 2000 年版。

③ 罗佳、李辉:《当代大学生理想信念形成的主要矛盾及成因分析》,载《思想教育研究》,2010 年第 11 期。

念的确立。

第一,大众文化使得自主性与依赖性的矛盾失衡,从而使部分大学生自主性受限,依赖性增强,导致从众迷茫,放松了对远大理想的追求。随着年龄的增长、知识的积累和社会阅历的不断增加,大学生在家庭、学校和社会教育的引导下、在自身的认真思考和积极探索下,逐渐对外界事物和现象有了自己的看法和观点,价值观日渐形成和完善,其自主性日益增强;但另一方面,大学生的依赖性依然存在,表现为对父母、对教师、对社会的某种程度的依赖。这本来是正常的,只要两者处于平衡状态,并不会影响大学生理想信念的确立。但是大众文化的过度传播打破了大学生这一对矛盾的平衡状态,这种失衡突出表现在大学生面对铺天盖地的广告宣传和海量的商业信息,独立思考和判断能力受限,对强势的商业宣传盲目接受,缺乏自身的思考。大众文化传播的社会是一个符号社会,广告是这个符号帝国的“国王”,其影响无处不在,正如有人所说:“我们呼吸的空气是由氧气、氮气和广告组成。”①在这样的文化氛围中,不少大学生盲目跟风,社会流行什么就追求什么,被商业社会打造的所谓时尚所左右,在从众行为中丧失自主性和独立判断能力,没有明确的理想目标。

第二,大众文化使得利益导向与价值导向的矛盾失衡,从而使部分大学生过度追逐利益而忽视了价值追求,从而迷失在物欲中,淡忘了理想信念。要使大学生追求远大理想,坚定崇高信念,必须引导他们从只关注眼前利益发展到兼顾眼前利益与长远利益,从只关注生活和职业理想发展为兼顾生活、职业、道德和社会理想,处理好利益导向和价值导向的矛盾,使二者处于平衡状态之中。在这个过程中,利益导向和价值导向都具有必要性和必然性。但大众文化是一种消费文化,其突出的特点就是物质主义,更注重对利益的追求,强调利益导向。受其影响,部分大学生偏向于利益导向,往往认同通过消费行为来体现个人的价值,表征自己在社会中的角色和地位。也就是说,所使用的商品的质量和品牌成了个人身份的标签。对于部分大学生来说,消费品不仅具有物质意义上的使用价值,也成为他们自我表达的主要形式和身份认同的主要标志,他们通过消费不同的商品来构建自我的社会群体认同。这种过度注重物质消费的心理和行为有可能让部分

---

① 黄会林:《当代中国大众文化研究》,北京师范大学出版社 1998 年版。

大学生迷失在物欲的世界,离理想信念越来越远。

第三,大众文化使得感性认知与理性认同的矛盾失衡,从而使部分大学生陷于纷繁复杂的感性认知之中,难以上升到高层次的理性认同阶段,形成明确的理想信念。在大学生理想信念形成的过程中,他们最初可能是通过代表生活理想的榜样人物和反映社会理想的社会生活现象来认识理想信念的,然后在系统的思想政治教育理论的学习和引导下,逐步对理想信念有了科学系统的认知,也就是由感性认识上升到理性认识,以后才有可能形成科学的理想信念。但大众文化的广泛传播使社会信息更加多变和多样,包含的内容也良莠不齐,这就加剧了大学生对感性材料认识和整理的难度,同时大量的信息也使一些大学生疲于浏览而无暇思考,使部分大学生的认知陷入混乱状态,导致其感性认识难以深化,有的甚至放弃对自身和社会的理性审视,理想信念难以形成。

(二)大众文化消解了部分大学生对主流文化和优秀传统文化的认同

大众文化去主流化和去传统化倾向突出。在传统社会中,精英文化和主流文化占主导地位甚至一统天下;而现代社会,伴随工业化和现代化而生的大众文化与主流文化对于大学生几乎具有同等重要的影响力,甚至更胜一筹。大众文化在很大程度上是突破传统或与优秀传统文化相悖的。中华民族优秀传统文化强调的是艰苦朴素、勤俭节约、自强不息等精神,它要求大学生克勤克俭,树立乐观进取、积极向上的人生态度,更多地注重精神价值的追求和提升。而大众文化的主要特征是它的商业性和娱乐性,它直接迎合了大学生物质享受和精神愉悦的需求,使人的惰性的本能的一面被激发和无限放大。正如有学者所描述的“大众文化在文化策略上做出迎合的态度,对正统意识形态进行消解,对正统的历史进行戏说,对人生进行游戏,将人生图解成为一种随遇而安的状况”。① 大众文化的广泛传播消解了部分大学生对优秀传统文化的认同。不仅如此,大众文化还在日益侵蚀和冲击着主流文化的权威。主流文化是一个社会、一个时代起主要影响的、受到广泛倡导的、代表文化建设发展方向的文化,它以群体整合、秩序安定、伦理和睦为核心,具有引导和导向功能。它引导和培

① 叶志良:《大众文化》,上海文艺出版社 2003 年版。

养社会成员尤其是青年奉行一个社会占主导地位的价值观,奉行一个社会的主导意识形态和主导文化。不同时代有不同的主流文化,当今社会我们的主流文化是建设中国特色社会主义文化,其内核是社会主义核心价值体系。在传统社会中,主流文化占据绝对统治地位,完全控制着意识形态的发展方向,而在现代社会,随着大众文化的日益发展和广泛传播,主流文化一统天下的绝对统治地位受到挑战。大众文化虽然不能成为社会的主导文化,但已然成为一种强大的文化传播途径,其影响却越来越大,对主流文化的核心因素如价值观、理想信念、生活方式等产生了重要影响,消解着主流文化的权威,损害其在人们心目中的重要地位。

五、民族精神培育工作不够科学化、系统化

大学生的民族精神不是自发形成的,而是与大学生思想政治教育特别是其中的民族精神培育紧密相关的。大学生在民族精神方面出现种种问题,其重要原因之一,就是对民族精神教育的重要性认识不足,大学生民族精神教育不够科学化、系统化,学校教育中的相关内容较少,学校、家庭、社会教育没有形成系统化的体系,致使中国优秀传统文化教育失落,最终导致一些学生对民族精神认知不清、践行民族精神的意志品质不够坚定。在民族培育过程中,应充分发挥学校教育、家庭教育、社会教育等各方面的优势。

(一)学校民族精神教育缺乏科学性

2004 年 10 月 15 日《中共中央国务院关于进一步加强和改进大学生思想政治教育的意见》(中发〔2004〕16 号文)指出:要"充分发挥课堂教学在大学生思想政治教育中的主导作用",明确了课堂教学在思想政治教育中的重要地位,同时明确了高校的相关课程在思想政治教育中的相关职责:"高等学校思想政治理论课是大学生思想政治教育的主渠道;形势政策教育是思想政治教育的重要内容和途径;高等学校哲学社会科学课程负有思想政治教育的重要职责;高等学校各门课程都具有育人功能,所有教师都负有育人职责。"然而担当如此重任的高校思想政治理论课实际上却没有完全得到学生的认可,发挥其应有的功能。据《贵州民族地区师范院校大学生政治思想状况研究》的调查,影响大学生"三观"形成的因素依次是:社会现实、家庭教育、学校思想政治教育、某一本书或某一个人,分别占到

调查人数的48.7%、31.2%、15.3%和4.8%。① 在笔者所做的"你认为进行民族精神教育的最佳途径是什么"的调查中，仅有10%的学生选择思想政治理论课教学。可见，我们的课堂教学确实存在很严重的问题。从调查数据可以看出，社会和家庭教育已经成为影响大学生思想政治状况的主要因素，而我们一直强调的思想政治理论课却没有得到学生的充分认可，必须对其存在的问题进行认真的反思、梳理和调整。分析发现，高校的思想政治教育尤其是在民族精神培育方面存在以下的不足。

1. 对民族精神教育缺乏应有的重视

近些年来，高校在加强人文素质教育方面取得了较大的进步。各学校陆续制订了人文素质教育的工作计划和落实措施，由学校带头，宣传部、团委、学生处以及各二级学院相互配合，采取多种措施共同努力来提高大学生的人文素质，取得了一定的成效。但另一方面，我们也应该看到，高校的人文素质培育一直处于"口头上、理论上重视，实践中轻视"的现状，高校在总体的教育思想上存在着功利化的倾向。这也是和中国的大环境密切相关的，自20世纪八九十年代以来，中国社会进入经济快速发展的历史时期，在这一经济高速发展的过程中，对高素质人才的需求尤其是科技人才的需求越来越迫切，教育在经济发展中的意义越来越突出地显现出来，人们越来越清醒地认识到，充分利用文化教育的手段培养经济发展所需要的各种人才，已经成为世界各国经济飞跃和教育发展的重要历史经验。但对经济发展的过度关注，使得一些人忽视了教育在促进人的全面发展尤其是人的个性、心理健康、民族精神的培育等多方面价值上的作用，教育中的技能至上思想，使得文化教育目标出现功利化倾向，在学校教育中表现为强调"学技能"忽视"学做人"的问题，强调学校专业知识的传播功能而忽视其人文教化功能，在一定意义上将学校变成了"教育工厂"。民族精神教育作为人文素质教育的重要内容，自然也处于受忽视之列，没有得到足够的重视。这违背了教育的规律，不利于青年大学生的健康成长。

2. 传统文化教育不够系统化

要培育和弘扬民族精神，必须对民族精神有准确的认知和深切的认同，这不

---

① 杨欢欢：《贵州民族地区师范院校大学生政治思想状况研究》，载《兴义民族师范学院学报》，2012年第6期。

单单是知道民族精神包含哪些内容那么简单，而是需要以熟悉和掌握大量丰富的民族文化为前提和基础的，所以对青年大学生的历史传统和民族文化的传授就显得不仅必要而且重要。江泽民指出："中华民族的精神不仅体现在中国人民的奋斗历程和奋斗业绩中，体现在中国人民的精神生活和精神世界里，也反映在几千年来我们民族产生的一切优秀文艺作品中，反映在一切杰出文学家、艺术家、思想家的精神创造活动中。"①清华大学教授钱逊也指出："我们现在要提倡民族精神，最基础的工作是要学习古代的文化，要了解中国的历史。"然而自 1840 年鸦片战争以来，外国的坚船利炮摧毁了清王朝闭关锁国的大门，西方文明从此被广泛地传入中国，五四运动和文化大革命更是掀起了一轮又一轮反传统文化的高潮。至此，传统文化的失落已成为无可争议的事实。近些年有识之士已经意识到这一问题的严重危害性，一批批学者提出恢复国学正是基于对这种情况的担忧。虽然部分学校通过开设国学班、传统文化讲座、诵读经典等形式表现出对传统文化的重视，但实际工作还做得远远不够，对传统文化的教育不够系统和深入。在中学，由于应试教育的原因，理科生基本没有或没有认真地接受历史教育；在大学，除了特定的专业会有系统的历史、文学知识的学习，其他理工科大学生对此知之甚少。由于大学民族精神教育中民族传统文化的缺失，导致部分大学生不能对一些重要的社会运行规则和价值理念做出合理及有效的解释。在西方文化的冲击下，要么失去了文化的鉴别力，导致民族虚无主义；要么抱残守缺，不能做到与时俱进，形成狭隘的民族主义。这种没有民族文化作为根基的民族精神教育，缺少了最基本的理论认知这一前提和基础，民族精神的培育就成了空中楼阁，很难。

文化经典教育缺失。在有限的传统文化教育中，又存在文化经典教育缺失的现象。经典是民族文化的浓缩，是民族精神的最有效载体。在教育和弘扬民族精神的过程中，民族文化经典教育的严重缺失，必然导致民族文化理解上的表层化和民族精神根基的动摇。中华民族精神之所以能够生生不息、薪火相传、作为四大文明中唯一活的文明至今仍屹立于世界民族之林，就在于她在民族文化传承和民族精神弘扬方面有其独特之处，其中重要一方面是各个时代对文化经典的学习和传承。民族文化经典承载着民族文化的精髓，是我们安身立命的重要基石。然

① 江泽民：《在中国文联第十次全国代表大会中国作协全国代表大会上的讲话》，载《人民日报》，2001 年 12 月 19 日。

而,我们的大学课堂如大学语文课、文化课、历史课和哲学课等很少是从典籍讲起的。大量的"概论"性质的课程充斥于课堂,经典的原义常常被曲解或断章取义,使得大学生在接受文化经典的熏陶方面不够系统和完整,造成许多大学生对中华民族优秀的传统文化不理解,不利于中华文化的传承和发扬,不利于大学生中华民族精神的涵养和培育。

3. 课程定位、定性不够准确

民族精神教育既属于思想政治教育工作内容,也隶属于文化建设范畴,具有政治属性,同时也具有文化属性。但是,目前高校大学生民族精神教育工作还没有很好地将两种属性统一起来,而是更多地从思想政治教育工作的角度来实施、考量民族精神教育,很少或基本没有从文化建设的角度实施民族精神教育。这种用政治性来代替文化性的做法,致使民族精神教育存在文化性缺失现象①。

与大学生思想政治教育目的的确定一样,大学生民族精神教育的目的的确定也既要考虑社会发展的要求,也要考虑大学生自身的特点和需要,应将这两者有机统一起来。进一步说,大学生民族精神教育的目的既要适应社会的需要,符合社会的价值尺度,也要满足大学生发展的内在需要,只有这样,民族精神教育才能有效地作用于大学生,产生更好的效果。但现实情况却是,不少高校在对大学生进行民族精神教育时,比较注意符合社会发展的要求,而有意无意地忽视大学生自身的特点和思想实际。在具体工作中,往往比较注意按照上级指示开展民族精神教育,活动可能也会搞得轰轰烈烈,但对这些活动如何满足大学生精神世界发展的需要、如何解决大学生在民族精神方面存在的问题等大学生自身的需要方面却考虑不多,因而这种只注重社会需要而忽视个体需要的教育活动往往因教育目的定位不准而缺乏针对性,难以对大学生产生足够的吸引力,对解决大学生民族精神方面的问题、形成良好的民族精神素质助益不大,导致教育效果不理想。

4. 课程内容安排不够合理

首先,民族精神教育课程安排的体系性不强。虽说相关文件已经明确大学生民族精神教育的内容,也指出高校民族精神教育的主体,但对于各主体间如何相互配合、密切合作却没有形成一套切实可行的科学体系。如:认为思想政治理论

---

① 《关于进一步加强和改进大学生思想政治教育的意见》,载《人民日报》,2004 年 10 月 14 日。

课是承担民族精神教育的主要课程，但是如何在各门课程（思想道德修养与法律基础、毛泽东思想和中国特色社会主义理论体系概论、中国近现代史纲要、马克思主义基本原理和形势与政策）中穿插、渗透民族精神教育内容，使之保持连贯性、递进性、整体性方面还缺乏系统、科学的整体构思和体系构建。除思想政治理论课程外，其他哲学社会科学课程、党团活动、社会实践等也都承担民族精神教育的责任，但实际却承担很少或很少主动承担。而且思想政治理论课与其他课程之间在民族精神教育内容上如何互相配合，共同促进，则更是不知如何操作。

其次，民族精神教育内容的针对性不够强。这是由民族精神教育目的定位不准导致的直接后果，主要是指民族精神教育的内容与大学生的学习生活和思想实际不相契合或联系不够紧密。这一问题具体表现在以下三个方面：首先，大学生民族精神教育的内容与大学生的个体需求和日常生活缺乏相关性和吻合性。默瑞的需求理论和成就动机理论指出，需要是人个性的核心概念，是个体行为的动力源泉，它能促使人追求更高的目标。① 大学生的民族精神教育的内容只有与大学生的生活直接相关，与大学生的利益和需求紧密相连，才能引起大学生的学习兴趣，真正对大学生发挥作用。但实际的教育状况却是，许多高校往往不注意民族精神教育内容与大学生的需要和日常生活之间的联系，因而很难收到明显的教育效果。其次，大学生民族精神教育的内容与大学生自身的特点和认识规律缺乏契合性。大学生民族精神的培养是一个不断发展的过程，不同的大学生在不同阶段都具有各自的特点和不同的认识水平，因而对不同的大学生或不同阶段的大学生进行民族精神教育的内容应有所不同，以适应他们不同的特点和认知水平，从而使教育活动能达到预期的目的，发挥其应有的作用。然而在实际工作中，这一要求为许多教育者所忽视，他们往往例行公事似的、“一视同仁”地开展教育活动，因而教育内容缺乏针对性，难以对大学生产生切实的影响。再次，大学生民族精神教育的内容与时代要求缺乏契合性。随着时代的变迁和社会的发展，民族精神的内容也随之发生变化。从中国几千年的历史沿革和当前的社会现状分析来看，在中华民族精神的构成之中，中华民族缺少的不是爱国主义，而缺少的正是理性精神和法治精神。② 而现实的情况却是，大学生民族精神教育还一直以传统民族

---

① 全国重点师范大学联合编写：《心理学基础》，教育科学出版社 2008 年版。

② 陈士福：《法治视野下的中华民族精神培育》，载《改革与发展》，2009 年第 4 期。

精神(如爱国主义和自强不息、艰苦奋斗等精神)的培育为重点,时代所要求的新内容并没有及时被纳入大学生民族精神教育的内容体系之中,部分大学生缺乏科学理性和民主法治的现代理念。

5. 大学生民族精神教育的方式方法缺乏创新

方法正确、得当与否直接影响着思想政治教育的效果,民族精神教育也不例外。大学生民族精神方面之所以出现诸多问题,重要原因之一就是民族精神教育方法创新不够或运用不当。这主要表现在以下几方面:

首先,课堂教学方法比较单一。

照本宣科、理论说教、硬性灌输是高校大学生思想政治理论课教学的主要形式,在大学生民族精神教育方面也是如此。这种强迫式的、灌输式的教学方法错误地将教学过程中的教师和学生双主体地位理解为“教师为主、学生为辅,教师主动传授,学生被动接受”的主客体关系,使师生之间处于不平等状态,没有充分发挥教学过程中双主体之一的学生一方的主动性和积极性。这种靠单方面居高临下的权威化的硬性灌输的教育方式,与具有较强自主性和判断力、不断追求自由和平等的大学生的客观现实不相契合,无法满足学生的实际需要,难以被学生所接受,所传授的思想当然难以内化为大学生的内心体验和行动指南,无法达到民族精神教育的目的。

其次,对传统的民族精神教育方法的创造性运用不够。

理论讲授、榜样示范、社会实践等方式方法一直是高校对大学生进行民族精神教育的最主要、最常见的教学手法,实践中也取得了不错的成效。这些传统的方式方法在今天仍然不过时,仍是对大学生进行民族精神教育的基本方式方法。但毕竟时代不同了,社会环境以及大学生思想状况都发生了很大变化,因而也需要对这些传统的方式方法进行不断的创新和变革,使其适应环境的新变化和大学生的新需要。然而遗憾的是,我们对这些传统教学方法的创新性运用明显不够,大多简单地沿袭传统的做法,致使大学生民族精神教育的效果下降。例如,对榜样示范的运用在今天就存在许多问题。一是所树立的道德楷模过于理想化、完美化。这种“高、大、上”的形象所代表的道德高度不是普通大学生所能达到的,所推行的道德模范难以维系道德标准和现实要求的统一性。这就使得这些榜样因与大学生的思想水平距离太远而难以为大多数大学生所认可和仿效,因而其影响力明显下降。二是高校所宣传的道德型榜样和成就型榜样之间存在矛盾。道德型榜样的衡量标准是道德，而成就型榜样的衡量标准是成就、事业，这种以单一标准树立的榜样在大学生中有时难以起到示范作用。有德之人未必成才，成才之人未必是道德楷模，这种矛盾导致大学生在学习榜样时往往难以选择，出现困惑，这也是榜样示范效应下降的重要原因。三是高校在树立本校学生榜样时缺乏民主。高校今天对于学生榜样如优秀大学生、优秀学生干部、感动人物的评选，往往由"组织"选定，而缺少大学生的普遍参与，很多评选活动流于形式，致使大学生对其中一些"榜样"不认可，这自然使大学生榜样教育的效果大打折扣。这些情况说明，在社会发生巨大变化的条件下，在大学生的思想特点和心理特点与此前的大学生有重要差别的情况下，我们对榜样教育的方法却缺乏创造性的运用，因而使其示范作用下降。

再次，对民族精神教育新的方式方法的运用不够。

新的历史条件下，随着新技术的丰富和发展，新的信息传播手段不断推陈出新，对大学生进行民族精神的培育，除运用传统方法进行教学以外，还应及时将新技术运用到教学中。目前，大学生几乎全民上网，大学生了解外部世界的主要渠道就是通过互联网，网络对大学生的影响在某种程度上已经超过了传统大众传媒如广播、电视、报刊的影响。在这种情况下，运用网络对大学生进行民族精神教育不仅是可行的也是必要的。但现实中，各高校在这方面虽然进行了一些初步的尝试，但实际运用还远远不到位，对网络等新的教育形式的运用不够充分。自20世纪90年代以来，各高校逐渐开始注重通过网络对大学生进行思想政治教育，纷纷建立了各具特色的教育网站，在当时产生了一定的社会影响，但事实上，这些网站的存在，其形式意义大于实质效果，点击率较低，对大学生的影响还很有限。另外，通过聊天室、论坛、QQ、微信、手机短信等形式与大学生进行即时互动交流，及时解答大学生民族精神方面的疑问和困惑，对大学生进行民族精神的教育和引导，做得更是不到位。在大学生普遍通过网络获得信息的情况下，如果不能有效地运用网络这一信息传播方式对大学生进行民族精神教育，无疑是一个重大损失。一种信息传播渠道如果没有正能量信息流入，其他无能量或负能量的信息就会大量涌入，对于青年大学生的思想产生侵蚀和影响，所以，目前高校对信息传播渠道的掌控和运用不得力也是民族精神教育影响力下降、大学生民族精神出现种种问题的重要原因之一。

6. 部分高校思想政治教育工作者的素质有待提升

高校教师是大学生健康成长的指导者和引路人,必须具备过硬的业务素质和思想道德素质。然而现实中,由于思想政治教育工作包括民族精神培育工作一直处于形式上重视、实际被边缘化的尴尬境地,再加上思想政治教育工作总给人专业性不强的印象,使得很多高素质人才不愿意从事这一工作,导致思想政治教育工作队伍出现或业务不强,或思想道德素质不过关的现象,这在一定程度上影响了大学生民族精神教育工作的实效性。

部分教师业务水平不高,文化的传承力度不够。培育和弘扬民族精神需要很多资源,目前我们的高校民族精神培育工作面临的是师资力量薄弱、能真正融会贯通传统文化经典的专家学者稀少的问题。面对西方文化和现实社会的冲击,如何从传统文化中寻找到相应的策略是当前文化发展的重要任务,然而文化应对、阐释、转化能力的不足是当前我国培育和弘扬民族精神急需解决的难题。回顾中国现代化的历程,尽管一些学者对传统文化作了很好的现代阐释和转化,但我们在外来文化的挑战面前依然显得缺乏说服力和竞争力。因此,当前我们的民族精神培育工作急需大批专业素质过硬的专家学者的加入,来正本清源地传授中华民族的优秀传统文化,用具有足够说服力的理论来教育和引导广大学生。

部分高校思想政治教育工作者的示范作用不够。大学生民族精神的形成是多种因素相互作用的结果,其中高校教师的示范作用是不可或缺的重要因素。毕竟身教胜于言传。道理很简单,讲民族精神的人自身都缺乏民族精神,所讲道理怎么能够为大学生所接受呢?正如马克思所说:“如果你想感化别人,那你就必须是一个实际上能鼓舞和推动别人前进的人。”①现实的情况是,高校大部分思想政治教育工作者自身的思想道德素质是较高的,他们在对大学生进行教育的过程中,大多能够做到言传身教、率先垂范,起到模范和引领的作用,以良好的思想、道德、品质和人格给大学生以潜移默化的影响。但毋庸讳言,今天也有相当数量的思想政治教育者言行不一,未能率先垂范、以身作则,缺乏应有的职业精神和职业道德,思想道德素质欠佳,对大学生产生了很坏的影响。例如,不少思想政治理论

---

① 《马克思恩格斯选集》第3卷,人民出版社1995年版。

课教师或辅导员对于向大学生讲授的民族精神，自己在内心却不真正认同。理论要想感染人，首先必须说服自己，讲授一套自己都不认可的理论，自然缺乏说服力和影响力。有些教育者工作不负责任，敷衍塞责；有些对自己要求不严格，品行不端；甚至有少数教育者出现腐败问题，等等。这些问题的存在，使得教育者不仅难以起到示范表率的作用，还会对大学生产生严重的负面影响，导致大学生民族精神出现种种问题。

7. 对地方文化及本民族文化资源的挖掘利用不够

地方文化一般指市、县范围内极具地方特色的文化传统、风土人情、民风民俗、名人事迹、生产生活经验等。作为中华民族文化的一部分，这些资源可有选择性地进入到民族精神教育的实施过程中。由于其明显的地域性特点，学生有深切体验和亲身经历，对相关理念和文化精神感受深切，以此为载体进行民族精神教育会使大学生感受更深切，实效性会更强。但在实际的教学过程中，各高校由于统一使用统编教材和教参，教学过程中更多运用全国有影响的事例或具有共性特点的文化传统进行讲解，而对地方文化利用较少，挖掘不深，无形中丧失了能给学生带来深切感受的教育资源，影响了教学的实效性。

民族文化有广义和狭义两种理解。广义的民族文化指中华民族文化，狭义的民族文化是各民族在其历史发展过程中创造和发展起来的具有本民族特点的文化，包括饮食、衣着、住宅、生产工具等物质文化和语言、文字、文学、科学、艺术、哲学、宗教、风俗、节日和传统等精神文化两部分。由于各民族同学（狭义民族）对本民族文化不仅熟悉了解，而且因为有深厚的情感能够从内心真正认同，所以找出本民族文化与中华民族文化的内在联系和一致性，并以此为载体进行民族精神的培育不仅是可能的而且是有效的。但现实情况是，我们在民族精神教育过程中较多利用广义的民族文化，对狭义的民族文化即本民族文化的整理、利用较少，没有充分突出民族地区的特点，对各少数民族精神与中华民族精神的内在联系挖掘不够，没有充分利用少数民族同学尊崇本民族精神的特点有针对性地进行教学。如何更好地利用少数民族精神文化优质资源在民族地区进行民族精神教育方面，急需理论上的突破。

（二）社会民族精神教育存在不足

所谓社会教育，有广义和狭义之分，广义的社会教育，“是指有意识地培养人，并使人身心和谐发展的各种社会活动”，包括社会生活中一切具有教育意义的活动，如学校教育、家庭教育、社区教育等。狭义的社会教育，是指“由政府、公共团体或私人所设立的社会文化教育机构对社会全体成员所进行的有目的、有系统、有组织、独立的教育活动”。① 社会教育作为教育的三种形态之一，在大学生民族精神培育过程中居于重要地位。社会对大学生的民族精神教育是以社会的各类教育机构为教育主体，以在校大学生为教育对象，以中华民族精神为主要教育内容，在各种社会场合通过多样化的社会活动方式，旨在引导和培育大学生中华民族精神为教育目的而开展的具有渗透性和潜移默化特征的思想政治教育活动。社会教育具有主体多样、形式灵活、影响广泛等特点，因而能够有效弥补学校教育的不足，对学校教育能起到重要的补充作用，所以在民族精神培育过程中必须充分发挥社会教育的影响力。但现实的情况却是，社会教育的作用没有得到充分的发挥。

首先，社会教育相关机构对民族精神教育重视不够。社会在对大学生进行民族精神教育方面缺少相应的政策制度，相关社会文化传播机构如博物馆、电视台、地方志编辑委员会等在工作过程中，对民族精神教育重视不够，传播中华民族精神的主动性、积极性不强。有学者指出：“各地在总结首届修志经验教训、肯定工作成绩的同时，对志书中存在的问题也有了比较清醒的认识。大家认为，新志普遍缺少对社会意识和思想道德建设内容的记述，特别是对弘扬民族精神没有引起高度重视。不少志书对中华民族反抗外来侵略，诸如义和团运动、抗日战争、抗美援朝等重大历史事件记述不足，或者过于简单化。”②其他的文化传播机构也存在类似的情况。由于对民族精神教育重视不够，出现或将其忽略或以思想政治教育代替民族精神教育，导致大量教育资源被无形中浪费，弱化了民族精神教育的效果。

其次，各种传媒中缺乏弘扬民族精神方面的文化产品。大众传播媒介如报纸、杂志、广播、电视等以其传播信息速度快、范围广、影响大等特点而成为社会信息传播的主要媒介，也是社会教育的主要载体，负有政策法规宣传、文化新闻传播、社会舆论监督等职责。近年来，随着文化建设的不断发展，大众传媒的社会影

① 侯怀银，张宏波：《社会教育解读》，载《教育学报》，2007 年第 4 期。

② 李德辉：《新方志弘扬民族精神问题初探》，载《龙江史志》，2003 年第 3 期。

响力越来越大,在推进社会主义文化建设方面发挥的作用越来越突出。但同时我们也应该看到,充斥各个书店、音像市场的琳琅满目的文学书籍、唱片影碟很少有涉及民族精神的,充斥各大电视台花样翻新的电视节目,除中央台黄金时间段外,少有关于民族精神的。新兴传媒——网络上专门论述民族文化和民族精神的内容也缺乏系统性和影响力,如此等等,减少了大学生对传统文化和民族精神耳濡目染、密切接触的机会。

(三)家庭民族精神教育存在误区

家庭是大学生成长过程中与社会接触的最早切入点,也是对大学生思想观念的发展起主要影响的重要环境之一。家庭教育、家庭的人文环境和文化氛围对大学生的民族精神的形成有着深远的影响,是学校教育和社会教育的有益补充。父母的言传身教,家庭氛围的感染熏陶不仅影响青少年的个性发展,而且对其世界观、人生观和价值观的确也产生着潜移默化的影响。目前家庭在民族精神教育方面,总的来看比较注重爱国、勤劳、团结、自强、修德等方面的教育,但同时我们应该看到,由于种种原因,家庭教育也存在误区。如:现在很多大学生都是独生子女,父母爱子心切,导致在对子女的教育方面出现自私或过度保护的倾向,总是教育孩子“少管闲事”“不要冒险”,这使得大学生在学校所受到的助人为乐、服务奉献、勇敢开拓等方面的教育被消解;如,很多家长由于受世俗观念的影响,认为子女出国学习或定居国外很有面子,于是经常教育子女“外国的月亮比中国圆”,让子女有机会就出国。这也会使学生在学校所受的爱国主义教育以及所培育的民族自豪感受到冲击;再比如:很多家长对子女过度娇惯和纵容,宁愿苦自己也要让子女过上舒适的生活,导致部分大学生过度消费,勤俭节约、艰苦朴素的传统被淡忘;很多家长所有的事情都大包大揽、包办到底,导致一些学生独立自主能力不强、依赖思想过重,自强不息的理念受到消解。如此等等,由于家庭教育的误区,使得学校教育的成果被消解,导致大学生民族精神培育工作难度加大,成果不显著。

六、大学生自身的原因

经济转型、全球化、大众文化等社会环境以及国外的渗透、国内的教育等都是影响大学生民族精神形成的重要因素,但这些只是外因,大学生的认知特点、文化底蕴、社会阅历以及加强民族精神修养的主动性、积极性等自身因素才是影响民族精神最终形成的主要原因,是内因。大学生正处于价值观形成期,极易受外界不良信息的影响,同时大学生尚未步入社会,涉世不深,阅历有限,缺少深厚的文化底蕴、政治经验和社会生活经验,这些大学生自身的弱点是导致部分大学生民族精神存在问题的内在原因。

特定的成长时期使大学生极易受到外界不良信息的影响。大学阶段正是青年大学生的学习成长期,是正确的世界观、人生观、价值观形成的关键时期,可塑性很强,各种观念文化,无论好坏,正面还是负面,只要通过一定的载体对青年进行不断的传播和灌输,都会产生相应的影响。互联网时代,信息飞速传播、良莠不齐更加大了受到不良信息侵蚀的危险,无形中弱化和消解了正面教育的效果。

缺乏深厚的文化底蕴,使部分大学生缺少理性的思考和判断力。以升学为目标的中小学教育和以实用为目标的高等教育导致当代大学生普遍缺少对中国传统文化和历史的了解,对西方文化和历史也更是一知半解,知识面较窄,文化底蕴薄弱,导致大学生的辨别和判断能力较差,面对多种思想观念的冲突与碰撞时,往往缺乏理性的思考和判断。但是他们又处在信息传播能力高度发达的互联网时代,容易受到错误思想的诱导,给民族虚无主义和否定中华民族精神的思想制造了温床。

缺乏政治经验,使大学生民族精神教育中政治性较强的内容不易为大学生接受。由于缺乏政治经验,大学生不善于把旧中国和新中国加以比较,不善于将改革开放前后的中国进行比较,不容易了解社会主义制度的优越性,不容易体会中国特色社会主义社会建设取得的伟大成就,不容易理解建设一个美好的社会主义社会要经过长时间的艰苦奋斗。由于缺乏政治经验,大学生的政治鉴别力不强,容易受到不良政治思潮的影响。虽然关注国内重大政治问题,但往往缺乏理性思考,有时不能做出较深刻的理性分析,经常人云亦云,对社会政治现象的批判存在着偏执、独断、走极端的倾向,影响大学生对国家制度、党的领导、方针政策等的正确认知,从而影响民族自豪感和民族自信心的确立。

缺少社会生活经验,使部分大学生缺乏情感体验,致使民族精神教育只能停留在认知层面,不易内化为大学生的内在精神品质,更难以转化为实际行动,使大学生民族精神教育的实际效果大打折扣。如:由于缺乏艰苦环境的摔打和社会生活的磨炼,因而大学生的顽强意志品质和艰苦奋斗精神不能得到很好的磨炼和塑造;缺乏人际交往经验,因而大学生在关心、尊重、理解、宽容、合作方面表现较差,协作精神和奉献精神匮乏。

此外,部分大学生缺少加强民族精神修养的主动性和积极性。由于受各种错误思想的影响,当代大学生的价值取向呈现功利化的特点,追求过分注重物质性、实用性,对于意义、价值方面则看得很轻甚至反感,导致品德修养、人格完善、境界提升等受到排斥,民族精神的养成当然也在受排斥之列。很多大学生都错误地认为这些思想方面的修养不需要用太多时间和精神去主动完成,随着学习的深入和阅历的增加会自发地形成,因而缺乏主动培育的积极性。另外,很多大学生对民族精神对于一个国家的重要性和必要性认识不足,对民族精神在个人的全面发展中的重要地位认识不清,对民族精神在自身成长成才中的重要作用认识不够,如此种种都弱化了大学生进行民族精神修养的主动性和积极性,消解了民族精神教育的效果。

第四章

构筑民族地区大学生精神支柱,激发爱国热情

当今,时代进步、国家发展需要构筑民族地区大学生的精神支柱,来激发大学生的无穷潜力和爱国热情,其主要内容包括立足于中华民族传统文化,从少数民族的精神文化着手,以社会主义核心价值观为主导,同时牢固树立马克思主义民族观,发扬艰苦奋斗的优良传统。它的构筑要通过学校、家庭和社会教育协调一致相互配合的途径来实现,用加强整体教育有效性的方法,达到大学生教育整体构架的平衡,最终促使精神力量的作用得以有效发挥。

第一节　精神支柱是社会发展至关重要的推动力

精神支柱是一个民族、一个国家的灵魂。没有自己精神支柱的民族、国家,就等于没有灵魂,就会失去凝聚力和生命力。精神支柱是民族凝聚力的核心,是综合国力的重要组成部分,它可以凝聚社会各方面的力量,为国家、民族的生存、发展和繁荣提供强大的精神动力,进而为人类社会不断发展进步提供至关重要的推动力。

一、精神力量可以转化为物质力量

马克思主义认为,人类社会的发展、进步,离不开物质力量和精神力量,是两大力量交互作用的结果。任何一个社会,既不可能有离开物质力量的精神力量,也不可能有离开精神力量的物质力量,两者总是形影相随存在的。其中物质条件

是基础,一切精神力量都有着深层的物质动因。然而在很多时候,当物质极其匮乏之时,却能依靠自身不朽的精神支柱,创造出超凡的人间奇迹。例如新中国成立后,在物质匮乏形势严峻的条件下,为了打破两个超级大国的核讹诈、核垄断,中国开始研制“两弹一星”。自 1950 年至 1957 年,约有 3000 名留学生冲破重重障碍和阻力回国,爱国主义是他们创造、开拓的不竭动力,也是他们克服一切困难、险阻的精神支柱。当年,他们在茫茫无际的戈壁荒滩、人烟稀少的崇山峻岭建立基地,经受住了生命极限的考验,用有限的科研和试验手段,突破了接踵而至的技术难关,仅用两年零八个月的时间,就实现了从原子弹到氢弹的跨越,以其惊人的智慧和高昂的爱国主义精神为中华民族在世界科技领域获取了一席之地,构成我国民族自卫整体力量的重要盾牌,在维护世界和平和防止核战争方面发挥了重要作用。这就是热爱祖国、勇于攀登的“两弹一星”精神所创造的奇迹。这样的事例在我国不胜枚举,它用事实证明:由物质派生的精神在一定条件下,可以转变为物质,精神力量也可以转化为改造客观世界和主观世界的物质力量。强大的、进步的精神力量(最高表现形式是精神支柱的力量)不仅可以促使物质力量的发展,而且可以使物质力量发挥更好更大的作用,成为历史发展的动力。

那么,什么是精神力量呢?精神力量为什么能转化为物质力量呢?我们得从精神本身谈起。精神是客观物质世界在人们头脑中的反映。精神支柱作为这种物质反映的最高产物,是精神的最高表现形式,是人们在政治、社会生活中体现出来的一种稳定的、带有强烈示范和导向作用的行为倾向,并与社会形态、民族精神和进步程度息息相关。精神决定于物质,属于意识范畴,不具备主体性,本身并不能发挥任何作用,只有通过人才能发挥其作用。精神一旦被人所接受和内化,就会产生一种能量,通常我们将它称之为精神力量或精神动力。人能把精神转化为一种能量,是人的意识具有主观能动性的结果。凡是陈旧、落后、错误和反动的主观能动性,都是阻碍、破坏历史发展的主观能动性,但它终将为生产力和社会进步势力所冲破;凡是正确、进步、革命的主观能动性,必将冲破重重阻碍,推动社会生产力和整个社会生活进一步发展。所以,正确认识和积极有效地发挥人的主观能动性,特别是支持亿万群众的自觉的能动性,就能使精神产生一种推动社会生活和加快社会、历史发展的力量。精神变物质,物质变精神,在人的精神境界得到提高和升华的同时,可以转化为改造社会、改造自然的巨大物质力量。

马克思主义经典作家关于精神力量有过许多精辟的论述。马克思早在1844年《〈黑格尔法哲学批判〉导言》中已明确指出“批判的武器当然不能代替武器的批判,物质的力量只能用物质的力量去摧毁;但是理论一经掌握群众,也会变成物质力量”。① 之后,马克思主义经典作家还有过许多关于精神力量或精神动力的研究和阐述,但都不够准确和客观。直接提出精神动力范畴并深入阐述精神动力内涵的是恩格斯。恩格斯指出“就单个人来说,他的行动的一切动力,都一定要通过他的头脑,一定要转变为他的意志的动机,才能使他们行动起来”。② 恩格斯认为,人的行动的一切动力都要通过头脑,成为头脑中反映和意识到的动力,才能使人行动起来,最终成为改变社会的精神力量。在此基础上,列宁对社会主义条件下的精神力量进行了深入的探索。他认为,千百万创造者的智慧会创造出一种比最伟大的天才预见还要高明得多的东西,充分地肯定了精神力量在社会变革和发展中的作用。从哲学的角度出发,依据对马克思主义精神力量概念的历史考察,我们对精神力量范畴可以做出界定:精神力量就是思想、理论、理想、信念、道德、情感、意志等精神因素对人从事的一切活动及社会发展产生的精神推动力量。精神力量的发挥受制于客观规律,但客观规律又通过精神力量的发挥而得以实现,二者相互依存。

中国共产党以马克思主义理论为指导,在艰苦卓绝的革命斗争中,在艰难探索的社会主义建设和改革开放实践中,把马克思主义同中国具体实际相结合,在继承并弘扬中华民族优秀文化遗产的基础上,继承并弘扬了中华民族的伟大精神,给民族精神不断注入新的强大活力,增添新的时代内容,创造出足以征服民心的精神力量,为实现中华民族的伟大复兴矗立了一座永远的精神丰碑。这种强大的精神力量,反映和代表了广大人民群众的意志、愿望、利益,激励和鼓舞着广大人民群众,成为团结和凝聚全国各族人民的精神支柱,指引中国共产党领导各族人民战胜了各种艰难险阻,取得了新民主主义和社会主义革命的胜利,进行了改革开放和社会主义现代化建设,从根本上改变了中国人民的前途命运,决定了中国历史的发展方向,在世界上产生了深刻而广泛的影响。从过去抵御外侮、抗击强敌到现在从事大规模的经济建设为主的国家建设,无一不是民族精神的大凝

① 《马克思恩格斯选集》第1卷,人民出版社1995年版。

② 《马克思恩格斯选集》第4卷,人民出版社1995年版。

聚,精神支柱的大锻造,精神境界的大提高,有力地促进了社会生产力的发展和国家经济实力的增强。历史和现实反复证明,精神支柱不能丢,精神支柱不能垮,有了强大的精神支柱作支撑,中华民族就能战胜强敌,攻克难关,在中国共产党领导下从胜利走向新的胜利。

二、精神支柱是中华民族凝聚力的核心

对一个民族来说,历史发展的精神动力首推民族精神,它可以激发民族成员的归属意识、进取意识和奋斗意识,凝聚社会各方面的力量,从而形成推动社会前进的强大动力,也就是民族凝聚力。民族凝聚力对于一个国家、一个民族的生存和发展至关重要,没有民族精神、没有民族凝聚力的国家和民族是没有生命力的,是不会有发展的,反而还会倒退。世界民族发展史表明,任何一个民族只有物质和精神都富有,才能成为一个有强大生命力和凝聚力的民族。我们这样的大党、大国和人口众多的民族,在新的世纪,面对世界范围内各种思想文化的相互激荡、复杂多变的世界形势,要在建设中国特色社会主义的道路上实现继续推进现代化建设,完成国家富强、人民富裕的历史任务,实现中华民族的伟大复兴的中国梦,必须培育和弘扬我们的民族精神,形成比以往更强大的民族凝聚力。

强大民族凝聚力的形成,要依赖于社会主义先进文化建设的推行。因为搞好社会主义先进文化建设,有助于在全社会形成共同的精神支柱,能更好地体现和发挥社会主义制度的优越性,保证中国特色社会主义事业获得更加丰厚和宝贵的精神资源。具体地说,搞好社会主义先进文化建设的作用主要体现在四个方面:

第一,建设以精神文明为标志的社会主义先进文化是凝聚和激励全国各族人民的重要力量。中国社会主义先进文化渊源于中华五千年文明、植根于当代中国社会主义伟大实践、吸收世界优秀文明成果的中国特色社会主义文化,是中华民族身份的象征,是最广泛团结全国人民的旗帜,是激励各族人民建设伟大祖国、实现民族复兴的强大精神支柱。

第二,以中国化的马克思主义理论为指导的社会主义先进文化建设,可以在全社会形成统一思想、凝聚人心、保持高度团结的精神支柱。一个政党、国家、民族,特别是像我们这样的大党,如果没有正确的理论为指导,如果没有以正确的理论为基础的强大的精神支柱,就谈不上战斗力、凝聚力、创造力,就会成为一盘散

沙,就不会有真正的发展和进步,就不会实现民族伟大复兴的中国梦。在当代中国,有马克思列宁主义、毛泽东思想和中国特色社会主义理论体系作为理论基础和精神支柱,就能振奋起人们为国家富强、人民幸福而开拓进取的创造精神,把各族人民团结和凝聚起来,把全国各族人民的热情和力量引导、聚集到建设中国特色社会主义的伟大事业上来,形成不信邪、不怕压、维护国家主权、冲破西方制裁的民族自立、自强精神,使我国社会主义现代化建设具有强大的精神力量,具有持续发展的强大后劲。

第三,进行社会主义先进文化建设,可以在全国各族人民中形成建设中国特色社会主义的共同理想和坚定信念,从而产生强大的凝聚力和战斗力。理想是一种强大的精神力量。一个国家、一个民族,有了共同的理想,就能动员和团结起来,齐心协力,励精图治。要把全国各族人民团结起来,凝聚起一股巨大的精神力量,必须在全体人民中形成共同的理想。这个共同理想就是建设中国特色社会主义,把我国建设成为富强、民主、文明、和谐的社会主义现代化国家。它集中代表了我国工人、农民、知识分子和广大劳动者、爱国者的利益和愿望,是保证全体人民在政治上、道义上和精神上团结一致克服各种困难,争取胜利的精神支柱。有了这个共同理想,就可以把共产党员和非共产党员、马克思主义者和非马克思主义者、无神论者和宗教信仰者、国内同胞和海外侨胞都紧密地团结起来、凝聚起来、积极行动起来,形成一种巨大的民族精神力量,为实现中华民族的伟大复兴而奋斗。

第四,进行社会主义先进文化建设,能在全体人民中继承和弘扬爱国主义精神。在当代中国,爱国主义同社会主义、集体主义是统一的,它们统一于建设中国特色社会主义的伟大实践。我国是一个有 56 个民族的多民族国家,有 13 亿多人口,有数千万港澳台同胞和海外侨胞,要实现民族团结,保证国家统一,需要有一个共同的思想基础。爱国主义就是绝大多数人可以接受的共同思想基础。爱国主义具有强大的凝聚力和向心力,是全体人民共同的精神支柱和共同高举的旗帜,是凝聚中华民族、推动中国发展的伟大精神动力。在爱国主义的旗帜下,不同政治信仰、不同宗教信仰、不同生活习俗、不同民族的人们都能团结起来,以自己的聪明才智共同为中华民族的振兴、国家的繁荣富强努力奋斗。在当代中国,推行社会主义先进文化建设,归根结底就是要全社会把以爱国主义为核心的民族精神作为精神支柱，以此来焕发中华民族强大的生机和活力，形成强大的民族凝聚力，使中华民族继续创造出无愧于历史和时代的伟业。

三、精神支柱是综合国力的重要组成部分

随着世界多极化和经济全球化的曲折发展，科技进步的日新月异，各国间综合国力的竞争愈益激烈。综合国力，是一个国家所拥有的赖以生存和发展的全部实力的总和，主要指经济实力、科技实力、军事实力，这些物质力量是基础，但也离不开民族精神、民族凝聚力、向心力等精神力量。因此精神力量也是综合国力的重要组成部分。正如江泽民所概括的那样："有没有高昂的民族精神，是衡量一个国家综合国力强弱的重要尺度。"①"当今各国特别是大国之间的竞争包括经济实力、科技实力、国防实力、民族凝聚力的较量与竞争。这种全球政治和经济发展将持续很长一段时间。"②与民族凝聚力在综合国力竞争中的重要作用日益凸显相一致，近些年来，"民族性""国民士气""国民意志力""软实力"，日益成为国际上林林总总的理论中的重要概念和重要指标，世界上越来越多的国家把培育民族精神、增强民族凝聚力作为提升综合国力的基础工程予以重视。坚定的精神支柱是衡量一个国家综合实力强弱的试金石。面对国际竞争的这种新态势，我们要在日益激烈的综合国力竞争中立于不败之地，必须高度重视弘扬与培育伟大的中华民族精神，构筑并夯实民族的精神支柱，不断增强中华民族的凝聚力。

中华民族在数千年发展中形成了独具魅力的民族精神。中华民族精神，是民族之灵、民族之魂，是中华民族生存、延续和发展的精神支柱，是中华民族五千年来生生不息、发展壮大的强大精神动力，也是中国人民在未来的岁月里薪火相传、继往开来的强大精神动力。在经济全球化条件下，继承并弘扬民族精神，是提高综合国力不可或缺的重要组成部分，要把以爱国主义为核心的民族精神，贯彻到各行各业，化为每个公民报效祖国的精神支柱，使之成为建设现代化强国的巨大动力。这对我们国家壮大综合国力、增强活力、提高竞争力、扩展影响力，具有特别重要的意义。因此，精神支柱也是综合国力的重要组成部分。

精神支柱在综合国力竞争中的重要作用主要通过两个功能体现出来：

---

① 《江泽民文选》第2卷，人民出版社2006年版。

② 江泽民：《论党的建设》，中央文献出版社2001年版。

第一，中华民族的精神支柱具有强大的社会凝聚和社会整合功能，是民族、国家发展和稳定的精神基础。物质生活越丰富，就越要求有符合时代经济基础的健康的精神生活，精神支柱作为一种推动力量，起着指导、规范和灵魂的作用。具有高度自觉和浓烈理性色彩的中华民族精神支柱能够使中华民族的全体社会成员形成一种共识：国家富强、民族振兴，是每个中华儿女的崇高愿望，也是每个炎黄子孙的人生价值和根本利益所在。只有坚持弘扬与培养高尚的民族精神，才能把全国人民的精神振奋起来，才能把社会各方面的力量集聚起来，为中华民族伟大复兴的共同理想而奋斗。特别是像中国这样幅员辽阔、人口众多的多民族国家，如果缺乏民族凝聚力，国家稳定就难有保障，更谈不上国家的发展和综合国力的增强了。所以，中华民族的精神支柱作为民族凝聚力的核心，是把中华民族全体成员凝聚在一起的黏合剂。

第二，中华民族的精神支柱作为人们在改造客观世界实践活动中形成的一种精神成果，在一定条件下可以转化为强大的物质力量。精神力量是社会实践的反映，对实践活动有着巨大的反作用。人们的实践活动，都受一定的精神指导和支配。精神支柱它包含着对社会发展规律和人们道德价值规范的论证。这种论证被人民普遍接受以后，就会转化为人们的自觉的理想、信念和追求，决定他们对生活道路的选择和对人们利益的关注；当它转化为人们的道德、意志、情感和习惯等规范时，它就会变成人们为祖国、为民族贡献自己力量的自觉行动。同时，精神支柱它还是社会进步的驱动力。社会进步以物质文明、制度文明和精神文明的发展为标志。物质文明、制度文明和精神文明相互影响、相互促进，共同推动社会的进步。精神支柱作为精神文明的重要内容，就是通过促进物质文明和制度文明的进步来推动社会发展的。

以经济实力、科技实力、军事实力为物质基础的综合实力，离不开民族精神、民族凝聚力为代表的精神支柱的支撑，这既是一个国家、民族生存的必需条件，也是国家、民族力量的体现和象征。

第二节　构筑民族地区大学生精神支柱的必要性

大学生是国家、民族的希望和未来，肩负着承前启后的历史重任和实现中华民族伟大复兴中国梦的神圣使命。尤其是民族地区的大学生更是责任重大，因为他们还承载着加快民族地区发展的光荣使命。在我国,当今时代发展的社会大环境、民族地区的发展都需要构筑民族地区大学生的精神支柱,用以激发大学生的无穷潜力和爱国热情,使之成为不辱使命的、用马克思主义中国化最新成果武装头脑的未来社会精英,以确保中国特色社会主义事业兴旺发达、后继有人。

一、中国当代大学生的历史使命

青年是国家最宝贵的人力资源,祖国未来的社会主义建设者、各条战线的生力军,是推动社会和历史前进的一支重要力量。青年兴则国家兴,青年强则国家强,青年有希望,国家的发展就有希望。毛泽东同志曾经说过:世界是你们的,也是我们的,但归根结底是你们的,你们青年人朝气蓬勃,正在兴旺时期,好像早晨八九点钟的太阳,希望寄托在你们身上;胡锦涛同志也指出:一个有远见的民族,总是把关注的目光投向青年;一个有远见的政党,总是把青年看作推动历史发展和社会前进的重要力量。在过去 20 世纪的百年中,中华民族和我们党波澜壮阔的历史,也是与一批又一批、一代又一代有志青年的不断探索、英勇奋斗紧密相连的,他们为了民族独立、人民解放和国家富强所做出的奋斗与努力,不仅无愧于历史赋予的使命,而且也为自己的青春谱写了一曲壮丽的诗篇,在中华民族的发展历史中,留下了浓墨重彩的一笔。

时代造就青年,时代呼唤青年。不同时代的青年面对不同的历史课题,承担着不同的历史使命。大学生是青年中知识层次较高,最具潜力,最有创造性的群体,更应该明确自己的使命。目前,人类社会已经跨入 21 世纪,这个世纪将成为我们中华民族实现伟大复兴的世纪,既为当代大学生施展才华提供了广阔的舞台,更赋予了当代大学生崇高的历史使命。大学生作为我国社会主义现代化建设和开创 21 世纪大业的生力军,肩负着承前启后的历史重任和实现中华民族伟大复兴的神圣使命。当代大学生要担当起建设中国特色社会主义的重任,实现一百多年来中国人民梦寐以求的国家富强、人民幸福的爱国理想。

2012 年党的十八大报告根据我国经济社会发展实际和新的阶段性特征,在党的十六大、十七大确立的全面建设小康社会目标的基础上,提出了一些更具明确政策导向、更加针对发展难题、更好顺应人民意愿的新要求,用以确保到 2020 年全面建成的小康社会,是发展改革成果真正惠及十几亿人口的小康社会,是经济、政治、文化、社会、生态文明全面发展的小康社会,是为实现社会主义现代化建设宏伟目标和中华民族伟大复兴奠定了坚实基础的小康社会。作为生长在这个时期的大学生,应该为身在这个伟大的时期而感到骄傲和自豪,同时更要深刻认识到肩负的光荣使命和历史重任。作为当代大学生,要对中国的国情有一个清晰的认识和清楚的了解,能够认识到我们的国家目前正处于社会主义初级阶段,并将长期处于这个阶段,做任何事情都不能超越这个阶段,都应该在这个大的背景下去进行;作为当代大学生,要充分认识国家发展面临的历史机遇和严峻挑战,发达国家在经济和科技上占优势的压力将长期存在,世界经济发展不平衡的状况加剧,敌对势力对我国实行"西化""分化"的战略图谋没有改变,当代大学生应具备高度的历史责任感,保持清醒冷静的头脑,应该具有敏锐的时代意识,把握时代的脉搏,紧跟发展的潮流,迎接变革的挑战,为时代的发展和人类的进步做出伟大贡献。

(一)做坚定的共产主义信仰者

理想是指路灯。没有理想,就没有坚定的方向。坚定共产主义远大理想,始终是青年大学生树立正确的世界观、人生观和价值观的根本所在。大学生应该重视和加强理论学习,把对共产主义的信仰建立在科学分析的理性基础之上,充分认识社会发展的基本规律,不断改造自己的客观世界和主观世界。在繁重而艰巨的任务面前,在复杂而多变的环境中,青年大学生要始终保持清醒的头脑,明辨前进的方向,在共产主义信仰上要做到不犹豫、不含糊、不动摇,要经得起各种考验。要能为实现共产主义远大理想而刻苦学习、认真实践、努力奋斗,充分发挥自己的聪明才智,最大限度地履行自己的责任和义务,把自己的青春年华奉献给祖国、奉献给社会、奉献给人民。

(二)做忠贞不渝的爱国主义者

爱国既是一种崇高的精神,又是一种具体的行动。这种精神的实质和行动的支点就是全力以赴做好本职工作,在本职岗位上做贡献。对于青年学生来说,就是要刻苦学习,牢固树立祖国尊严、人民利益是至高无上和神圣不可侵犯的坚定信念,要爱祖国,拥护中国共产党的领导,把个人理想和事业融入祖国的社会主义现代化建设的伟大事业中。同时,反对、抵制西方落后思想以及各种拜金主义、享乐主义、极端利己主义等腐朽思想,提高分辨是非的能力,要始终把为祖国进步和繁荣昌盛而奋斗，作为自己的崇高的使命和应尽的义务，勇敢地走在弘扬爱国主义精神的前列，把爱国热情转化为实际行动，满怀激情、全身心地投入到社会主义现代化建设中去。

（三）做科技创新的引领者

面对国际大舞台，我们必须看到随着新科学技术革命的迅捷发展，世界各个国家和地区都面临着艰巨而严峻的挑战，高新技术已成为经济发展的龙头，并成为国际经济、技术竞争的焦点和决定综合国力大小的关键，为此，许多国家和地区都注重占领科学技术的制高点。历史和现实告诉我们，一个不能在国际舞台上以科学技术实力赢得优势的国家和民族，就只能处在被动和挨打的地位，我们要正视日益严峻的新技术革命的挑战和科技实力及综合国力的竞争。当代大学生是我国人口中较少的有机会接受现代科学技术教育的一部分人，是未来我国迎接科技挑战的中坚力量，肩负着振兴我国科技，迎接新技术革命挑战的历史责任，因此国家需要也希望大学生面向现代化，面向未来，努力学习和掌握世界先进科学技术，发扬、继承先辈们不惧压力和困难，勇于攻坚的顽强拼搏精神，做科技发展、创新的引领者，推动中国走向世界。

（四）做中国特色社会主义的建设者

把我国全面建成小康社会、实现中华民族伟大复兴是异常艰巨而长期的事业，需要一代接一代的中华儿女为之不懈奋斗，作为新时期国家培养的大学生更是负有义不容辞的责任。

当代大学生应该认识到当今世界，和平、发展、合作是时代的潮流，国际局势正在发生新的深刻变化，世界多极化和经济全球化的趋势继续在曲折中发展，影响和平与发展的不稳定、不确定因素增多。但有一点可以肯定：21 世纪世界各国的竞争是科技和人才的竞争。竞争中的中国已经进入了快速发展的新时代。新时代有新时代的要求，新时代有新时代的特征，新时代有新时代的发展方向。作为新时代的青年大学生应该具有强烈的忧患意识和宽广的世界眼光，培养大无畏的胆略和气概，正视竞争给自己带来的挑战，坚定中国特色社会主义信念，做一个有理想、有抱负的人。要紧跟时代的步伐，紧随时代的要求，以新时代的新要求来衡量自己，做中国特色社会主义的合格建设者。

当代大学生应清醒地看到，我们现在达到的小康还是低水平、不全面、发展很不平衡的小康,人民日益增长的物质文化需要同落后的社会生产力之间的矛盾仍是我国社会的主要矛盾。我国生产力和科教水平还比较落后,实现工业化和现代化还有很长的路要走,巩固和提高目前达到的小康水平,还需要进行长时期的艰苦奋斗。社会主义在世界范围内出现了一些曲折,而西方敌对势力对我国"西化""分化"和妄图"和平演变"的图谋始终没有改变。所以,当代大学生应从人类社会发展的规律来认识中国走社会主义道路的历史必然性,坚定正确的政治信念,做中国特色社会主义事业的接班人。

二、民族地区大学生的双重使命

(一)加快民族地区发展的战略意义

我国民族地区是指针对少数民族聚居特点,实行民族区域自治的地区。它包括5个自治区、30个自治州、120个自治旗(县),分布区域广阔,主要涵盖内蒙古、新疆、西藏、广西、宁夏的全部和黑龙江、吉林、辽宁、甘肃、青海、四川、云南、贵州、广东、湖北、湖南、河北、福建、台湾等省区的部分地区。在我国,少数民族人口虽占少数,但实现民族区域自治地方的面积却占我国国土总面积的64%以上。在长期的历史发展过程中,少数民族离不开汉族,汉族离不开少数民族,各少数民族之间也相互离不开,彼此之间密切交往、互通有无、休戚与共,已经结合成一个互为依存的、统一而不可分割的整体——中华民族,形成了中华民族多元一体的历史格局,共同推动了国家和社会的进步。因此,加快民族地区的发展,具有重大而深远的战略意义。

第一,加快民族地区的发展,是社会主义的本质要求。

加快少数民族地区的发展,是我国社会主义的本质要求在民族工作上的体现,也是党的民族政策的基本出发点和归宿。中国共产党领导各族人民走社会主义道路,根本任务就是发展生产力,使人民生活得到改善。贫穷不是社会主义,发展太慢也不是社会主义。要使各民族坚定地跟着党走社会主义道路,就必须通过社会主义本身的优越性,证明和形成吸引力。建设社会主义,就是要摆脱贫穷,遵循社会发展的客观规律,找到一条适合我国国情的比较快的发展道路,加快民族地区的经济发展,不断提高各族人民群众的生活水平。只有这样,才能使各族人民群众体验到社会主义制度的优越性,充分调动各族人民群众的积极性、创造性,共同致力于中国特色社会主义现代化事业。

第二,加快民族地区的发展,是加快国家现代化和全面实现小康社会的战略任务。

少数民族聚居的民族地区大多属于山地、高原、草原和森林地区,物产众多、资源丰富,是我国进行社会主义现代化建设的重要物质条件。没有民族地区的现代化,就没有祖国的现代化。江泽民同志明确指出:"民族地区的现代化同全国其他地区的现代化,少数民族的振兴同整个国家的振兴,是密不可分、相互促进的。""没有民族地区的小康就没有全国的小康,没有民族地区的现代化就不能说实现了全国的现代化。"①民族地区的发展是整个国民经济发展的重要基础。因此,进一步搞好民族地区的经济调整,加快民族地区市场经济体制的完善,因地制宜,创造条件,充分发挥民族地区的特有优势,是实现区域间协调发展的重要环节,是我国国民经济健康、持续、快速发展的重要保证。

第三,加快民族地区的发展,是解决民族问题、增强民族团结的根本途径。

我国是个多民族的国家,民族地区经济文化发展相对落后。根据统计数据显示,目前东西部发展的差距仍然十分明显。差距的存在和发展的滞后,有历史上深层次的原因,也有自然、社会等方面的原因,短时间内难以消除。但是,对这种差距缺乏足够的认识必然使差距继续拉大,长期下去会带来一系列的突出问题,解决不好就会演化成为整个国家的全局性问题。如果民族地区长时间发展不起来,势必引起少数民族民众的不满情绪,影响民族团结,产生更多的民族问题。实践证明,贫穷落后和民族间差距过大是引发民族问题的最主要原因,也是其他一些影响民族关系的因素得以发生作用的重要原因。因此,要增强民族团结,从根本上解决民族问题就要加快民族地区的进步,实现地区之间、民族之间的协调发展,进而达到各民族共同富裕、共同繁荣,从而实现中华民族伟大复兴的目的。

第四,加快民族地区的发展,是维护祖国统一,巩固国防的物质基础。

民族地区多数位于边疆和国防战略要地,我国 2.2 万公里陆地边境线,几乎都居住着少数民族。另外,我国还有约 30 多个少数民族跨境而居,与境外各国有着千丝万缕的联系。新中国成立 65 年来的实践一再证明,只有把发展作为民族

---

① 《中国共产党关于民族问题的基本观点和政策》(干部读本),民族出版社 2002 年版。

工作的中心,一切以能否壮大民族地区的经济基础,能否增强民族地区自我发展能力,能否不断提高少数民族人民群众的生活水平,能否增强中华民族凝聚力为根本标准,才能使民族地区的人民群众安居乐业,才能进一步增强少数民族群众的爱国热情,增强中华民族的凝聚力和向心力,维护国家国防的安全和稳定。边疆地区经济文化的发展,人民生活水平的改善,也有利于提高我国的国际威望,充分显示社会主义制度的优越性,更好地维护祖国统一。

(二)民族地区大学生的双重使命

从加快民族地区的发展重大而深远的战略意义可以看出:民族地区的发展直接关系到国家的安危、社会的稳定、建设的成败和民族的兴衰。这就意味着民族地区的大学生要身负双重使命,既要肩负起当代大学生共同的历史使命,又要勇敢地承载起加快民族地区发展的历史重任。

民族地区大学生的双重使命相互联系又有所区别。加快民族地区发展的历史重任是当代大学生共同历史使命的一个重要组成部分。这种相互联系不难理解,我国是各族人民共同缔造的统一的多民族国家,中国特色社会主义建设、中华民族伟大复兴需要各族人民共同努力,缺一不可。因此,民族地区大学生应该把民族地区的发展放在从属于国家整体发展的角度去认识,明确民族地区发展服从、服务于国家整体的发展。这样,民族地区大学生在完成时代赋予的历史使命时就能自己明确目标,使自己的行动更具方向性和实效性。但另一方面,民族地区的发展同国内较发达的其他地区相比,面临的困难和挑战更多更复杂,这就导致民族地区大学生的历史使命具有了不同于当代大学生共同历史使命的特殊性。从国内来看,由于各民族间的联系与交往的日渐频繁,在交往过程中难免出现一些负面因素,比如地区经济利益引发的摩擦,文化差异产生的矛盾,风俗习惯不同引发的风波,宗教信仰差异导致的误会等,这都是长期难以消除的。再加之目前民族地区仍面临解决贫困人口温饱问题和全面建设小康社会的双重任务,面临加快经济发展与保护生态环境的突出矛盾,实现民族地区同国内其他地区的协调发展,特别是缩小同发达地区发展差距的任务仍然繁重艰巨。从国际上来看,随着冷战结束后国际整体格局的变化,民族因素和宗教因素在国际政治中的影响明显上升,各种民族主义思潮和活动趋于活跃,引发了一些国家和地区的冲突和内乱。民族分裂势力、宗教极端势力、暴力恐怖势力在我国周边一些地区相当活跃,它们通过各种手段对我国进行渗透,挑拨民族关系,破坏民族团结。在如此错综复杂的形势下,民族地区的大学生必须审时度势,趋利避害,用辩证唯物主义来了解分析民族关系发展的新趋势,从加快民族地区发展的角度出发,把握正确处理好民族地区改革、发展、稳定之间关系的方法;在充分估计到社会主义民族关系主流的同时,还要清醒地认识到民族地区发展自身存在的问题以及民族关系上的不安定、不团结因素,认识到国外敌对势力的干涉、破坏的影响,尽快成长为加快民族地区现代化进程的生力军。民族地区大学生要完成自己的双重使命,任重而道远。

民族地区大学生只有正确认识共同使命和民族地区发展双重使命的关系,把双重使命结合起来,寻找适宜的着力点,明确自己的社会责任和努力方向,才能在未来的社会实践中真正发挥作用。从我国发展现状和民族地区发展的现实看,民族地区大学生主要的着力点有以下五个方面:

第一,国家统一是各族人民的最高利益,坚定地维护国家统一。

民族利益与国家利益具有本质上的一致性。我国56个民族结成了不可分割的中华民族大家庭,国家利益代表着各民族的根本利益。维护祖国的统一,保持社会的安定,对于我们伟大祖国的进一步发展繁荣,对于各族人民的富裕和安居乐业,具有特别重要的现实意义和深远的历史意义。统一多民族国家的发展历史证明了一个真理:国家利益是各民族利益的根本所在,国家统一是各族人民的最高利益。

国家统一是各族人民共同生存的前提基础。伴随统一多民族国家的历史过程,各民族经过不断的交往联系,形成了你中有我、我中有你,国家一体、民族多元的格局,各民族血肉相连、休戚相关,谁也离不开谁。

国家统一是各民族共同发展的可靠保障。社会主义时期是各民族共同发展繁荣的时期,民族地区的加快发展,少数民族优秀文化的传承、保护、交流、发展与创新,少数民族干部培养和民族地区人才资源开发等等,都需要国家大力支持和帮助。民族地区更好的发展机会和条件,需要国家进一步在统筹中提供。

中华民族是一个荣辱与共的民族共同体。中华民族的尊严是56个民族的共同尊严。尊严,对于人是至关重要的,对于民族更是至关重要的。维护中华民族的共同尊严,是我国各族人民乃至世界各地中华儿女的共同需要。维护中华民族的共同尊严需要有一个强大的祖国,而祖国强大的前提首先是国家统一。历史和现实的发展都表明:国家统一、民族团结,则政通人和、百业兴旺;国家分裂、民族纷争,则丧权辱国、人民遭殃。我们必须进一步巩固全国各族人民的大团结,坚定地维护国家统一,增强中华民族的凝聚力,为全面建设小康社会、实现国家长治久安提供强有力的保证。党的十八大报告中就明确指出,必须巩固全国各族人民的大团结,因为团结就是大局,团结就是力量,而中国特色社会主义事业需要全体中华儿女万众一心、团结奋斗,只有高举中国特色社会主义的伟大旗帜,为全面建成小康社会而奋斗,中国特色社会主义事业才能不断取得胜利,并开创人民和民族更加幸福美好的未来。

第二,继承爱国主义传统,在新的历史起点上弘扬爱国主义精神。

爱国主义是各族人民在社会历史进程中形成、发展、巩固起来的一种对祖国极其忠诚和热爱的深厚情感,是各族人民共同维护祖国统一的情感纽带和精神长城。居住于我国辽阔疆域的各族人民,通过爱国主义精神世世代代凝聚在一起,共同为祖国统一与发展进行了不懈的努力与抗争。五千多年的中华文明之所以历经磨砺能够延续下来而且愈发充满生机和活力,原因就在于有能够把全民族凝聚在一起的以爱国主义为核心的民族精神。

各族人民的爱国主义传统培育了伟大的中华民族精神。爱国主义具有不衰不竭的凝聚力、亲和力、感召力,是维护中华民族各民族之间的团结、友好与合作,维护祖国的统一、安全和稳定,实现国家繁荣昌盛的最重要的精神动力。爱国主义是中华民族精神的核心,是贯穿中华民族精神从古至今的一条极其鲜明而清晰的主线,所有中华民族精神的内涵都是紧紧围绕着这一主线而发展和丰富的,各种民族精神现象都建立在爱国情结这一共同点上。爱国主义从总体上规定着中华民族精神的根本性质和特色。以爱国主义为核心的团结统一、爱好和平、勤劳勇敢、自强不息的伟大的民族精神,是中华民族生生不息的精神支柱,是中华民族巨大的精神财富和精神支柱。在新世纪新阶段新的历史起点上,我们要继承和发扬爱国主义光荣传统,高扬爱国主义的旗帜,弘扬爱国主义精神。

第三,自觉维护国家的安全、荣誉和利益。

我国宪法第 54 条规定“中华人民共和国公民有维护祖国的安全、荣誉和利益的义务,不得有危害祖国的安全、荣誉和利益的行为。”这是我国每一位公民必须履行的基本义务,民族地区大学生作为国家培养的后备人才,更应当在实践中身体力行。

国家安全是一个主权国家生存和发展最基本的要求和保证。对我国而言,国家安全是社会主义现代化建设能够顺利进行的前提条件。随着经济全球化和科学技术的进步,我们需要有新的国家安全观,因为对国家安全构成威胁的既有传统因素,也有许多新的因素。国家的安全不仅包括领土安全、国防安全,还包括经济安全、文化安全、科技安全等许多方面,并且敌对势力的破坏活动方式更加多样化,更具隐蔽性和危害性。因此,大学生要牢固树立“国家安全、人人有责”的观念,同各种危害国家安全的行为做坚决的斗争,民族地区的大学生更应该重视这一点,为维护国家安全、社会稳定贡献自己的力量。

祖国的荣誉代表着国家的尊严和形象,与一个国家的切身利益和国际地位息息相关,也是各族人民的自信心、自尊心和自豪感的根本之巅和崇高标志。在国际场合,公民的言行代表着祖国,应当自觉维护人格、国格,在激烈的国际竞争面前,各民族公民应该努力弘扬民族精神,树立民族自信心,增强民族自尊心和民族自豪感。在国内,各民族公民要牢固树立国民意识,树立共和国公民和国家主人的观念,自觉地为国家的昌盛和构建社会主义和谐社会努力奋斗,从而内强中华民族素质,外树中华民族形象。

国家利益是满足国家全体人民的物质与精神需要的基础,是一个丰富的多层次的系统。对外,中国独立自主的和平外交政策就是以实现中国最大的国家利益为最终目标的。中国坚持独立自主的和平外交政策,就是为了给各族人民进行社会主义现代化建设创造一个和平的、有利的国际环境。对内,国家利益本质上与各层面的人民利益不可分割。但当局部利益与国家利益发生冲突的时候,局部利益都必须服从国家的整体利益,而不能把个人或者本民族的利益置于国家利益之上。因此,民族地区大学生必须正确认识和处理国家利益和民族利益的关系,以国家利益为重,坚定地维护祖国的荣誉和利益。

第四,树立马克思主义民族观,学习和掌握中国民族理论。

民族观是人们对民族和民族问题的总认识,它一方面表现为人们对民族和民族问题的基本看法,另一方面反映在人们对待和处理民族问题的态度和方法上。由于人们所处的社会历史条件和地位的不同,决定了人们观察和处理民族问题的立场、观点和方法的不一致性。只要有不同的社会和社会阶层存在,就有不同的民族观存在。中华大地民族众多,每一个公民都要面对如何认识民族现象、处理民族关系的问题。因此,对于民族地区大学生来说,树立马克思主义民族观,提高马克思主义理论水平,是非常必要的。

民族地区大学生要树立马克思主义民族观,就必须认真学习中国民族理论。中国民族理论,即中国共产党关于民族问题的理论,是根据马克思主义关于民族和民族问题的基本原理以及解决民族问题的基本原则,结合我国民族的实际,在长期的实践中创立和发展起来的、具有中国特色的民族理论。是毛泽东思想、邓小平理论和"三个代表"重要思想的重要组成部分,是对马克思主义理论的丰富和发展,是马克思主义民族理论的中国化。认真学习中国民族理论,对于民族地区大学生确立科学的世界观、民族观,掌握解决民族问题的立场、观点和方法,提高理论思维水平,正确认识和处理中国民族问题,进而指导新世纪新阶段我国的民族工作,促进各民族的共同团结奋斗、共同繁荣发展,都具有十分重要的现实意义。

第五,认真学习党的民族政策,自觉做党民族政策的贯彻者和执行者。

党的民族政策是指中国共产党和中国政府有关中国少数民族的各项政策,是中国共产党依据马克思主义关于民族问题的基本理论,结合中国民族关系的特点和民族问题长期存在的客观实际,为调控民族关系、处理民族问题,坚持民族平等,促进各少数民族和民族地区经济社会发展进步,实现各民族共同繁荣而制定和采取的指导原则、行动准则、具体措施、特殊规定的总和,是马克思主义理论中国化的具体体现,具有鲜明的中国特色。我国现行的民族政策是多层次、内容丰富的科学体系。从纵向看,有总政策、基本政策和具体政策;从横向看,大体可分为政治平等政策、经济社会政策、文化教育政策等。党成立以来民族方面取得的成果已经证明:党的民族政策具有先进性、体系性、实践性、发展性,它保证了我国平等、团结、互助、和谐的社会主义民族关系的形成和巩固,保证了我们多民族国家的国家统一、经济发展和社会稳定。

民族地区大学生要想履行自己的使命,必须认真学习党的民族政策,立足于本民族地区实际,善于观察事物、分析形势,从大环境中把握本民族地区的发展定位,为发挥地方优势出谋划策。民族地区大学生只有学好党的民族政策,才能学有所用,在民族地区的发展实践中,自觉地做党民族政策的贯彻者、执行者,让民族地区民众在了解党的民族政策的基础上,真正体会到社会主义制度、党的民族政策给他们带来的福祉,用共同利益和目标把各族群众的思想统一起来,把人心凝聚起来,把积极性、创造性调动起来,形成团结一致、一心一意谋发展的良好势头,达到我们的预期目的。

三、用精神力量激发大学生的爱国热情

构筑民族地区大学生的精神支柱是当今时代发展背景下,民族地区大学生完成双重使命的必然需求。"九层之台,起于累土"。实现社会主义现代化、全面建设小康社会和民族伟大复兴的伟大目标,没有捷径可走,也不可能一蹴而就。在这条征途上,我们已经取得了足以让每一个中国人感到骄傲和自豪的伟大成就,但要把伟大梦想和宏伟蓝图变为美好现实,仍然面临诸多可以预料和难以预知的困难和风险,还有很长的路要走,需要我们每一个人继续付出辛勤劳动和艰苦努力。我国民族地区同其他较发达地区相比,要面对的困难和风险会更多、更大,任务会更艰巨更繁重。民族地区大学生在民族地区民众中是受文化教育程度比较高的一部分,理应率先树立强大的精神支柱。大学生一旦形成了牢固的精神支柱,就能表现出中华民族最高知识层次的思想觉悟、精神风貌和道德风范,就会对整个民族形成强大的精神支柱产生重要的积极影响。所以,应该让民族地区大学生明确自己的社会责任和使命,使他们有紧迫感、危机感,积极、自觉、主动地承担起时代和发展赋予的神圣职责。机遇不等人,时间不等人。当今时代发展的社会大环境、实现中华民族伟大复兴、建设中国特色社会主义、民族地区的发展都需要构筑民族地区大学生的精神支柱,用精神的正能量引领大学生成长,以精神力量激发出大学生的无穷潜力和爱国热情,不断提高大学生的思想道德素质和科学文化素质,培养他们成为创造与创新兼备的建设人才,成为不辱使命的用马克思主义中国化最新成果武装头脑的未来社会精英,确保中国特色社会主义事业兴旺发达、后继有人,这是利在千秋的大事。

构筑民族地区大学生的精神支柱,能把中华民族传统精神等进步的精神因素内化为大学生持久的精神动力。精神支柱总是一定的社会人的精神支柱。一定社会的精神支柱只有被一定社会的人所内化后,成为一定的人的内在的精神素

质,才能变为推动他行动起来的精神力量。精神支柱体现了人内在的精神追求、内在的精神因素,是人的内在动力。精神支柱产生的动力是主体内部形成的精神力量,这种精神力量缺乏直观的形式,难以直接观察和衡量,但它又确实存在并能对人的行动产生重要的推动作用,外化为巨大的物质力量,而且一旦形成往往会伴随人的一生,对人一生的实践活动产生持久的、终身的推动作用。甚至在个体的生命结束以后,一定个体形成的精神动力也不一定会随着个体生命的消失而消失,它还可能变成他人的精神力量,在他人身上和群体中间延续下去,对他人的实践活动继续产生影响,发挥作用。如雷锋的共产主义精神,不仅激励着雷锋终身为共产主义奋斗,而且雷锋精神在我国社会的先进分子和中华民族中间不断发扬光大,成为持续推动我国社会的先进分子乃至整个中华民族不断前进的重要精神动力。人的精神动力一旦形成以后,就会具有相当的独立性和发展的可持续性,对人们的实践活动产生长期的影响和持续的推动作用。在我国这样的社会主义国家,通过构筑民族地区大学生的精神支柱,能把中华民族传统精神等进步的精神因素,内化为民族地区大学生的持久精神动力,培养他们的危机感和使命感,使大学生对生活的意义,人生的价值保持乐观、积极、向上的态度,成为充满生机和活力的社会主义建设者。

构筑民族地区大学生的精神支柱,能让大学生确立爱国为民的人生目标,使大学生能身心健康地发展。精神支柱作为精神因素,能够成为推动人们行动起来的精神动力,是因为精神、意识能够反映人们活动的规律性。无论是物质生活的规律性还是精神生活的规律性,都能被人的意识所反映,并且人们能够以这种规律性的认识为指导,提出人们一定时期、一定活动的目标,推动人们的实践活动和认识活动向着一定的目标和方向前进。因此,精神支柱产生的精神动力不是盲目的,而是自觉的,始终是人的精神的自觉的能动的作用,具有明确的方向性和目的性。正如马克思所说,在人类的认识过程中,“他不仅使自然物发生形式的变化,同时他还在自然物中实现自己的目的,这个目的是他知道的,是作为规律决定着他的活动的方式和方法的,它必须使他的意志服从这个目的。”①精神支柱产生的精神动力总是体现和实现一定目的的精神动力。这种精神动力形成的力量与人

---

① 《马克思恩格斯全集》第 23 卷,人民出版社 1972 年版。

的活动的目的越一致,产生的动力作用越大,反之,产生的动力作用就越小,甚至是副作用。因此,在社会主义的中国,就是要通过构筑民族地区大学生的精神支柱,为大学生学习、生活和未来走向社会指明人生的航向,使他们能善于追随人类社会进步和时代发展的步伐,变压力为动力,调节自己的身心,明确自己的认识航向,能够在社会主义现代化建设的氛围中身心健康地发展。

构筑民族地区大学生的精神支柱,有利于建立起一个良性循环的、平等、公正、充满关爱、正直、有责任心的社会群体。精神支柱产生的动力对人的活动的推动,既包括对个体活动的推动,又包括对群体活动、社会活动的推动。也就是说,每个人都有自己的精神动力,无数个体的精神动力相互作用,相互渗透,相互协调,相互融合,可以形成一定群体或集团的精神动力;无数群体或集团的精神动力相互作用、渗透和融合,又会凝结和上升成为一定民族和国家的精神动力,即上升为全社会的精神动力。这就表明,精神动力往往表现为一定的精神合力,这种精神合力具有集成性、集合性和非加和性。由无数个体精神动力融合而成的群体精神动力和社会精神动力,不是原来无数个体精神动力的简单相加,也不是无数相互排斥的精神动力的机械拼凑,而是对于无数相异甚至相斥的精神动力加以充分的整合与协调,化斥力为合力,化阻力为动力,形成的一种大于个体精神动力之和的、新的整体的精神动力或精神力量。这种新的整体的精神动力或精神力量,一经产生,就会对社会的实践活动产生巨大的推动作用。因此,构筑民族地区大学生的精神支柱,帮助大学生树立正确的世界观、人生观、价值观,能使大学生比较普遍地具有昂扬向上、充满朝气、充满自信的精神面貌,有利于先在高校建立一个良性循环的、平等、公正、正直、充满关爱、责任心的社会群体,进而成为引领整个社会道德风尚的核心,对国家的强盛兴旺、民族的崛起具有不可估量的作用。

第三节 构筑民族地区大学生精神支柱的主要内容

民族地区大学生的精神支柱不是单一的,而是多重的,是一个有机联系的整体。一切有利于国家统一、民族发展和团结、社会进步的精神,一切有利于解放和发展社会生产力的精神,一切有利于履行公民权利与义务,用诚实劳动争取美好生活的精神，一切有利于追求真善美，抵制假恶丑，弘扬正气的精神，说到底就是一切有利于引导大学生积极向上、努力向善、憧憬美好的献身精神、奋斗精神，都可以成为民族地区大学生精神支柱的有机组成部分。这就要求我们在构筑民族地区大学生精神支柱时，既要有理想的内涵又不能脱离现实；既要有利于民族地区大学生个体自身的健康发展，又要有利于民族地区大学生群体的健康发展；既能体现出中国文化的传统因素，又能与时俱进地吸收先进的因素；既具有崇高的民族精神，又具有鲜明的个性特色。概括地说，我们构筑的精神支柱，代表着正确的世界观、人生观、价值观，凝结着远大理想和坚定的政治信仰，是我们党的优良传统和中华民族源远流长的伟大爱国主义精神的瑰宝，是凝聚人心的法宝，国家综合实力的重要组成部分。

一、立足于中华优秀传统文化

（一）中华优秀传统文化的作用与精髓

中华优秀传统文化是中华文明历经几千载演化汇集成的一种反映民族特质和风貌的民族文化，是中华民族在长期的历史发展过程中，为了生存和发展的需要根据历史所提供的条件，创建、改造、传承下来的优秀物质成果和优秀精神成果的总和，可以说是中华民族几千年文明发展的结晶。中华民族优秀传统文化源远流长，积淀着中华民族最深层的精神追求，有着中华民族独特的精神标识，为中华民族生生不息、发展壮大提供了丰厚滋养。在民族地区大学生中构筑精神支柱，形成健康向上、崇德向善的精神力量，必须从中华民族优秀的传统文化中汲取营养，充分发挥优秀传统文化怡情养志、涵育文明的重要作用。

中华文明已经延续了几千年。期间虽然经历了多次大规模的外族入侵、战乱和剧烈的王朝转换，中华文明的主干却从未断裂，在思想文化方面显得尤为坚韧。从春秋战国时代开始，中国逐渐形成了以儒学为主体、兼收并蓄多种思想的传统文化体系。这个传统文化体系具有开放包容的特点，经受住了来自中国内部和西方世界的一次次猛烈冲击，通过不断地自我调适，至今仍具有着强大的生命力。中国人民自强不息、勤奋创业的伟大精神塑造了千秋万代民族之魂，构成了中华民族传统文化的主流精神。中华民族优秀传统文化所蕴含的精神是极为丰富的，究其思想精华和道德精髓来说，对当前构筑民族地区大学生精神支柱有着重要影

响和作用的主要有:

(1)爱国主义精神。爱国主义精神千百年来一直是中华民族优秀传统文化的核心。爱国主义是人们热爱、忠诚、报效祖国的一种集思想、情感、意识、行为于一体的社会意识形态,是中华民族在漫长的历史发展中形成、发展、巩固起来的一种凝聚力,是推动历史进步的强大精神力量。爱国主义的传统首先体现为以国家统一和整体利益为重的价值理念。儒家文化开创了以国家利益为重的优良传统,主张建构"为国以礼、为政以德"的理想社会。在孔子的"大道之行也,天下为公"的理念下,国家作为民族利益的共同体,成为社会利益的最高代表者。孟子主张的"定于一"、荀子主张"一天下"等,又奠定了国家"大一统"的理论基础。而坚持民族统一,反对民族分裂,也成为中华民族的优秀文化传统的重要组成部分。自古以来,中国各民族之间就存在着一种强烈的民族认同感和国家认同感,都有反对民族分裂、维护国家统一的民族责任感。国家利益为重的理念所衍生的爱国主义,在历史上对促进祖国统一、民族共处是有积极意义的。同时儒家所倡导的"杀身成仁""舍生取义"的精神也是来自对国家的忠诚和维护,这种爱国主义精神也激励着中国各民族人民万众一心,为国家的救亡图存而奋斗,谱写了一曲曲爱国主义的赞歌。从贾谊的"国而忘家,公而忘私",到范仲淹的"先天下之忧而忧,后天下之乐而乐";从戚继光抗击倭寇、郑成功驱逐荷兰殖民者光复台湾,到林则徐虎门销烟;从义和团抗击八国联军到辛亥革命终结腐朽王朝统治等,都是这种报国、忧国、殉国的爱国主义传统的传承。爱国主义精神激励着一代又一代中华儿女,对爱国志士无比崇敬,追求进步、酷爱自由、维护民族尊严和国家主权,对卖国求荣的民族败类无比鄙视,对外来侵略者无比痛恨,这就是爱国主义的主要内容。中华各族儿女前仆后继,不畏强暴,誓死捍卫祖国主权和领土完整,使中华民族昂然屹立于世界民族之林。

(2)自强不息的进取精神。自强不息是中华民族传统文化思想的主旋律,也是中华民族历经磨难而依然屹立不倒,中华文明历经浩劫而依然延续传承的重要因素。中国古代文化经典《周易》上说:"天行健,君子以自强不息。"就是提倡人应效法日月星辰刚健运行那样奋斗不息、积极进取,坚持独立意志、人格尊严和做人原则。这种精神铸就了中国人民百折不挠、愈挫愈奋的民族品格。孔子是极力提倡有为并身体力行的思想家。他一生奔波,"明知其不可为而为之",结果是"发愤忘食，乐以忘忧，不知老之将至。”孟子曰：“故天将降大任于斯人也，必先苦其心志，劳其筋骨，饿其体肤，空乏其身，行拂乱其所为，所以动心忍性，曾益其所不能。”孟子认为无论在乱世还是在太平盛世，都需要自强不息。自强不息是一种自我超越、不断进取的品质，它体现的是一种不屈不挠、顽强奋斗的意志力，是流淌在中华文明血液中生生不息的源泉，是中国人民代代相传的传世之宝。

(3)讲仁爱，推崇和谐。仁是儒家传统的道德精华，重“仁”的人道主义精神是中华民族的优秀文化传统。追求美好幸福生活，使社会变得更加和谐，一直是人们孜孜以求的理想目标。孔子所称的“仁者爱人”，孟子“老吾老以及人之老，幼吾幼以及人之幼”，以及墨家的“兼相爱”“交相利”的思想，都在一定程度上反映了中华民族的博爱情怀和人道主义精神。中国传统文化中的人道思想、孔子的“仁爱”思想为提高个人修养，处理人际关系、人与自然关系提供了丰富的和谐思想，从而达到由个人、人人到天人关系的和谐。儒家重“仁”的道德观，是中国传统道德文化的核心精神，成为影响中国社会的重要道德力量。特别是在个人的道德修养问题上，传统伦理文化所表现出的积极的人生理想境界和强烈的社会责任感，对现代社会条件下追求道德理想人格的确立，仍有不少有益的启示。

(4)民为邦本、民贵君轻的民本思想。中国是一个传统农业国家，自古以来就重视以民为本。早在殷商时期，就提出了“民为邦本，本固邦宁”的思想。从此以后，重民思想就一直没有中断过。黄宗羲的民本思想达到了中国传统民本思想的最高峰，它已经超越了儒家重民、爱民、为民请命的局限，触及到了民主、民治、民主监督等新层面，给传统民本思想拓展了新的视野。今天，我们提出的“以人为本”，是对“民本”思想的继承和发扬。以人为本，就是通过改革开放，解放和发展生产力，满足人们日益增长的物质文化需求；就是要在平等、自由的条件下实现人的全面发展。

(5)坚守诚信、崇尚正义。诚信是一种美德，是修身治国之本。孔子言“人而无信，不知其可也”，王充认为“精诚所至，金石为开”，朱熹主张“信犹五行之土，无定位，无成名，而水金木无不待是以生者”。人们立身处世，必须要“诚”，对天、地、人均须诚心诚意，待人诚实，处世真实，说老实话，办老实事，反对弄虚作假，不可欺瞒使诈，表里不一，注重“诚”字的修养，诚是做人的基本准则。而诚信往往与正义相得益彰，汉代贾谊的论述最具代表性“道者，道之本也；仁者，德之出也；义者,德之理也;忠者,德之厚也;信者,德之固也”。古代思想家赋予正义以多种含义:正义是公道、公平、天理、良心,是自由、安全、法治或共同幸福等。实施正义行为,不做非正义的事,是做人的基本要求。在社会进程中,凡是促进人类社会进步与发展、维护公共利益和他人正当权益的行为,都是正义的行为。

(二)中华优秀传统文化的发展与应用

中华优秀传统文化的内容随着时代的进步不断增添新的元素。尤其是在五四运动前后,马克思主义在中国广泛传播,不仅给没落保守的封建文化以严厉批判,而且为中华民族的思想运动指明了革命方向。中国具有初步共产主义思想的知识分子,把它与中国革命的实际相结合,与最具革命性的工人阶级相结合,诞生了中国共产党。从此,为了中国人民的解放事业,推翻中外反动势力的统治,中华民族在中国共产党的领导下,开始了长期的革命和建设伟大实践,以前所未有的巨大魅力,有力地推动了中华民族前进的步伐,革新并发展了中华民族优秀传统文化,重新塑造了中华民族崇高而伟大的民族精神,成为中华民族跻身于世界民族之林文明、进步、富强的显著优势。

毛泽东指出“今天的中国是历史的中国的一个发展;我们是马克思主义的历史主义者,我们不应当割断历史。从孔夫子到孙中山,我们应当给以总结,承继这一份珍贵的遗产。这对于指导当前的伟大的运动,是有重要的帮助的。”①我们党始终强调要正确对待传统,弘扬优秀传统文化。改革开放以来,党对传统文化的认识更加深刻,对优秀传统文化的弘扬也更加自觉。党的十六大提出“要发扬民族文化的优良传统”,党的十七大报告中指出:“中华文化是中华民族生生不息、团结奋进的不竭动力。要全面认识祖国传统文化,取其精华,去其糟粕,使之与当代社会相适应,与现代文明相协调,保持民族性,体现现代性。加强中华优秀文化传统教育,运用现代科技手段开发利用民族文化丰富资源。”党的十八大报告中强调“建设优秀传统文化传承体系,弘扬中华优秀传统文化”。习近平总书记进一步指出:“博大精深的中华优秀传统文化是我们在世界文化激荡中站稳脚跟的根基。中华传统美德是中华文化精髓,蕴含着丰富的思想道德资源。不忘本来才能开辟

---

① 《毛泽东选集》第2卷,人民出版社1991年版。

未来，善于继承才能更好创新。"①这就为我们构筑民族地区大学生精神支柱指明了方向，也就是说构筑民族地区大学生精神一定要立足于中华优秀传统文化，要坚持古为今用、推陈出新，有鉴别地加以对待，有扬弃地予以继承，否则就成了无源之水，无本之木。

当然，构筑民族地区大学生精神支柱，一定要兼收并蓄，才能真正符合时代的需要。也就是说，我们除了要继承和弘扬中华民族的优秀传统文化外，也应该大胆吸收和借鉴世界各国一切先进的文明成果，努力用人类文化的最优秀成果来充实和完善大学生的视野，在璀璨多姿、纷繁复杂的人类文化宝库中攫取有益的养料，培养出社会主义建设所需要的有用人才。

二、从少数民族的精神文化着手

文化是人类创造的结果。作为全人类历史活动的产物，文化所体现的普遍的精神实质是相同的，即有质的共同性，但由于形态各有不同、种类繁多，文化也存在着一定的差异性。也就是说中华民族传统文化共性是一致的，但民族地区是少数民族聚居区，聚居区内往往生活着多个少数民族，因此，从差异性上说，每个少数民族的文化都带有自己本民族鲜明的色彩，都有着各自独特的自然地理环境、社会生产状态、文化特征差异，标记着各民族的烙印，从而构成了精神文化的民族特色。少数民族精神文化展现了民族地区的独特魅力，作为各民族内在的深层的文化，是该民族人们认识和改造主客观世界的精神成果，表现为该民族对科学、文化知识及教育的认知程度和这个民族的人们思想观念、政治素养、道德水平的提高。少数民族的全面发展则是各民族物质文化、政治文化和精神文化的外化表现形式。从这个角度来说，少数民族精神文化的发展程度是实现伟大复兴中国梦的标尺。实现伟大复兴中国梦的结果如何，要看民族精神文化的发展程度和水平，这是我们构筑民族地区大学生精神支柱要以民族精神文化为切入点的重要意义所在。

在少数民族精神文化中，其最高形态是信仰，最核心、最潜在的部分则是道德价值观念。不同民族的传统道德价值观念，是各民族经过世世代代繁衍和继承下

---

① 新华社：《把培育和弘扬社会主义核心价值观作为凝神聚气强基固本的基础工程》，载《光明日报》，2014 年 2 月 26 日。

来的,具有每个民族自身的特点:为这个民族所接受的,在本民族内部获得广泛认同的社会性;适用于本民族,与其他民族有相应区别的民族性;在该民族长期的历史发展过程中逐步形成的民族精神文化,通常轻易不会改变的稳定性;随着人类自身的发展和社会进步,民族的传统道德价值观念会发生相应变化的发展性。这就要求我们在构筑民族地区大学生精神支柱时,要用辩证的理念和发展的眼光对待少数民族精神文化。各民族创造文化,并不是主观的随意性表现,而是这个民族对于自然秩序或规律的认识。这些认识在各民族的演进中有着极为重要的作用,不但有利于增强少数民族内、外部的联结与联系,强化民族自主、自强、自尊、自信的民族意识,而且有利于促进少数民族的全面发展。这些民族道德意识,构成了少数民族传统精神文化中的优秀遗产。如果我们从人类对客观世界的认识的规律来看,真理具有绝对性,人类认识世界的必然原则是各个民族对客观世界的认识,可以通过不同的途径和方式,甚至存在着千差万别的认识,但归根到底必然走向最终真理。少数民族精神文化将由从属性归依于中华民族精神文化的一元性,并作为独具特色的个体组成部分存在于整体之中。

构筑民族地区大学生精神支柱时,我们还要以马克思主义民族理论为指导,重视不同民族精神文化之间存在着差异性和特殊性,从边疆少数民族地区发展实际出发,认识到中国各少数民族都有着灿烂的文化遗产,无不凝聚着少数民族世世代代集体智慧的结晶,为中华民族文明做出了伟大的贡献,是中华民族传统文化的重要组成部分;认识到各民族传统精神文化都具有很强的承继性,是不可取代的,各个不同的少数民族之间往往通过相互学习,取长补短,进行不同民族精神文化上的交流,形成自己本民族独具魅力的精神文化;认识到各民族文化的发展有赖于吐故纳新,有效地融合和宣传。民族文化,只有敢于接纳外来的有生命力的文化,剔除自身文化中的糟粕,勇敢地宣传本民族文化,才能在良性循环中耸立起惊人的丰碑,汇入世界文化的海洋。因此,充分地发掘整理优秀的少数民族精神文化,并赋予这些精神文化新的时代意义,给其注入新的时代内容,加以继承和发扬,利用它们寻求能被民族地区普遍接受,又适合于本民族地区大学生特点的途径和方法,以此作为切入点,才能构筑既符合民族地区大学生总体要求又具有本民族地区特点的精神支柱。

三、以社会主义核心价值观为主导

(一)构筑民族地区大学生精神支柱要以社会主义核心价值观为主导的缘由

构筑民族地区大学生精神支柱的核心和关键是形成正确的价值观和建立科学的信仰体系。在每个民族的精神文明体系中,价值观是最根本的因素,决定了一个民族的价值选择和理想取向。价值观是人类自觉的标志,深植人心的准则,是人类对事物性质和价值功能的总的评价体系,它表现为价值取向与行为定式的统一。价值观的形成,构成了人类世界观的核心部分,人们的思想与行为以此为依归,是个体人格发展的原动力。因此,确立怎样的价值观是构筑民族地区大学生精神支柱的根本。信仰属于价值观体系,但信仰是价值观体系中最稳定、专一的部分。信仰是一个人实现个体人生梦想的精神支柱,是一个群体、一个民族乃至一个国家的凝聚力、生命力和发展动力的支撑和基础。信仰作为人类意识的产物,是人类的精神需求,存在于人的心灵深处却能外化为人的世界观、人生观、价值观。信仰的本质是人类的一种自我超越的精神活动,是人们关于生命和宇宙最高价值的坚定信念和执着追求,它为人生树立了价值目标。但信仰作为主观意识,容易被现实生活和现实社会物质化的因素所影响,特别是大学生作为总人口中最具活力也最具敏感性的青年群体,易于被表象所迷惑。因此,把对大学生进行价值观教育和建立科学的信仰体系科学地融为一体,形成核心价值信仰体系,更容易实现其自然认同、心理认同,进而成为实现个人理想和中华民族共同理想的强大动力。

在大学生的精神世界中,信仰处于个体倾向性的最高位置,支配和调节着他们的世界观、价值观,决定着大学生的人生观。所以,大学生群体价值信仰体系的建立与其他价值信仰体系的构建相比,有其自身的特殊性。它要通过学校教育和大众传媒等多种力量共同努力,帮助其矫正价值取向上的认识偏差,树立一种健康的、积极向上的、最主要是要符合现代社会发展要求的人生观、价值观和生活取向。再通过各种社会实践历经不断地对比、取舍,逐步形成与现代社会特质相适应的价值信仰体系。这种现代价值信仰体系必须是开放的,它对大学生的思想和行为仅仅起着带有原则性的驾驭作用,对不同大学生个体的价值信仰采取尊重、认可和包容的态度,而不是直接地统摄和左右其思想和行为。在我国能帮助大学生形成正确价值信仰体系的只能是中国特色社会主义核心价值观体系。用中国特色社会主义核心价值观理论体系武装头脑,引导当代大学生群体树立正确的世界观、人生观、价值观,构筑实现个人理想和振兴中华民族梦想的精神支柱,对于大学生个体的健康成长、发展将起着积极的支撑、推进作用,是大学生直面现实、克服困难、奋发向上的精神动力。

(二)构筑民族地区大学生精神支柱以社会主义核心价值观为主导的内容

党的十八大报告明确提出"社会主义核心价值体系是兴国之魂,决定着中国特色社会主义的发展方向"。社会主义核心价值体系是中国共产党领导广大人民在中国革命、建设和改革开放历程中,逐步形成与发展起来的,为各族人民提供理想指向和信仰追求,得到各族人民普遍认同,并对中国社会进步和持续发展起着巨大推动作用的价值目标和价值观念。它的基本内容有四个方面:马克思主义指导思想、中国特色社会主义共同理想、以爱国主义为核心的民族精神和以改革开放为核心的时代精神、社会主义荣辱观。这四个方面是一个相互联系、贯通,但又各有侧重、发挥不同功能的有机整体,不仅为全国人民提供了共同的思想基础和价值追求,而且明确了大学生的成才方向、成才目标、包括精神支柱在内的精神动力和行为准则。在构筑精神支柱的具体实践中只有明确它们之间的关系,辩证地运用好、处理好这种关系,才能让社会主义核心价值体系引领大学生形成正确的价值观和建立科学的信仰体系,真正构筑起民族地区大学生的精神支柱。

1. 马克思主义是构筑民族地区大学生精神支柱的灵魂

马克思主义是我们立党立国的根本指针,是社会主义意识形态的灵魂。马克思主义作为正确认识世界、改造世界的科学世界观和方法论,能为大学生提供正确认识世界和改造世界的强大思想武器。在构筑民族地区大学生精神支柱的过程中,只有坚持马克思主义指导地位,才能帮助大学生解决影响当代中国价值观念传承与变革的重大理论和现实问题。这样,大学生才能正确把握新时期的历史条件,正确认识社会主义发展的本质要求和客观规律,坚定共产主义信念,拥护中国共产党的领导,坚定不移地走中国特色社会主义道路,充满信心地投入到社会主义现代化建设事业中去,进而促进社会主义核心价值体系的发展。对民族地区的大学生来说,坚持马克思主义指导地位尤为重要。只有坚持马克思主义的领导地位,才能有效抵御各种错误思潮的影响和侵蚀,在纷繁复杂的社会变化面前不迷失方向。

民族地区的和谐与稳定关系到整个国家的稳定和发展，是全民实现小康社会战略目标和中国特色社会主义初级阶段理想的现实基础。在民族地区由于民族宗教信仰、民族意识以及政治、经济、科技、教育、文化发展水平，特殊的地缘格局等因素影响，培养各民族的国家认同感，维护国家领土完整、边疆安全和促进区域经济发展，迫切需要打牢各民族共同的思想基础，进一步加强马克思主义的指导地位。民族地区大学生作为边疆民族地区未来社会发展的中流砥柱，未来民族地区的主要建设者，在构筑他们的精神支柱时，必须强化马克思主义指导地位，有两个方面的工作要努力做好。

一是要努力提高民族地区大学生对马克思主义的正确认识，要坚持马克思主义的一元价值，要让他们学会并掌握马克思主义的基本原理，学会用马克思主义基本方法分析和解决现实存在的问题，树立马克思主义国家观、民族观、历史观、文化观、宗教观。当前，尤其要让民族地区大学生认真学习、深刻领会包括邓小平理论、“三个代表”重要思想以及科学发展观等重大战略思想在内的中国特色社会主义理论体系，在学习中正确认识社会发展趋势，科学定位人生，并在马克思主义的指导下，积极参加社会实践活动，在亲身的实践中去感受社会主义制度的优越性，坚定对社会主义的信念，坚定对马克思主义的信仰。

二是民族地区大学生承担着在民族地区结合本地区、本民族特点，促进马克思主义理论在民族地区广泛传播的重任。马克思主义的指导地位在我国的确立是全民族的历史选择。但是，随着我国社会转型的不断深入，处在改革攻坚时刻的国家经济、政治体制改革向纵深方向不断发展，对外政治、经济和文化联系的日益频繁，也带来了全球化时代的各种挑战，不同文化思潮涌入和社会突发事件影响到了民族地区的和谐稳定。马克思主义作为意识形态在民族地区有被弱化的趋势，马克思主义理论传播也较为薄弱。中国共产党是无产阶级的政党，要巩固自己的执政地位，必须坚持马克思主义在意识形态领域一元指导地位，即使在少数民族地区也不能动摇，以防西方势力借民族问题说事，通过无硝烟的战争手段对我国进行意识形态领域的渗透。习近平总书记指出：“只有认真学习马克思主义经典著作，系统掌握马克思主义基本原理，才能完整准确地理解中国特色社会主义理论体系，才能创造性地运用马克思主义的立场、观点、方法去分析和解释我们面临的实际问题,不断把中国特色社会主义推向前进。"①从我国实际情况看,民族地区在地理气候条件、文化生活条件、风俗习惯、宗教信仰、观念形态等方面有他自己的特点,要在这些具有突出特点和特殊情况的地区进一步巩固、加强马克思主义的指导地位,进一步强化马克思主义理论的传播显得尤为重要。如果通过民族地区大学生这支极具影响力、号召力、感召力的队伍来推行的话,能起到事半功倍的效果。民族地区大学生熟悉本民族和本地区的历史、现状及特点,了解本民族地区的民众的诉求,构筑好他们的精神支柱,把他们培养成立场坚定、政治合格,具有敏锐的洞察力、组织力的骨干力量,成为党和国家联系少数民族群众的桥梁和纽带。民族地区要加强和巩固马克思主义在意识形态领域的主导地位,就必须因地制宜,结合少数民族地区的实际情况,研究出一套适合民族地区发展、壮大的理论和政策。20世纪后半叶,在世界范围内民族问题不断凸显的大背景下,将马克思主义作为我党、我国社会主义现代化建设的指导思想与少数民族地区实际相结合,制定出的理论与政策,特别是被国际上称为独树一帜的"中国模式"的民族区域自治政策,在民族地区的继续执行,都需要不断巩固马克思主义意识形态在少数民族地区的指导地位。进入21世纪,经济和社会发展的热点将从物质层面转向精神层面。面对全球经济一体化的新格局,各个国家都更加坚持民族的独立性和完整性,都通过对本民族的优秀文化传统、道德现象和价值准则与外来文化、观念中的精华部分兼收并蓄,凝聚成为一种独具特色的民族精神支柱,我国也不例外。就民族地区来说,少数民族传统精神文化是中华民族传统精神与美德的重要组成部分,如何在重建主体社会价值体系中,融汇贯通地把本民族优秀的文化基因同现代文明精神嫁接起来,同中华民族整体精神支柱保持协调一致,以马克思主义为指导形成新的精神意识导向并不断地传递给下一代,是民族地区大学生所肩负的光荣使命。

从社会主义核心价值观的其他三个方面看,马克思主义也发挥着灵魂的作用。中国特色社会主义共同理想是中国各族人民做出的价值选择,它以马克思主义唯物史观为依据,是现阶段我国各族人民在中国共产党的领导下,把马克思主义思想体系下的无产阶级关于未来社会的构想转化为对美好未来认同和追求的

① 习近平:《认真学习马克思主义经典著作不断推进中国特色社会主义事业》,载《人民日报》,2011年5月14日。

集中表现。以爱国主义为核心的民族精神和以改革创新为核心的时代精神,是中国共产党在领导中国各族人民,在走中国特色社会主义道路过程中形成的价值理念,它以马克思主义的民族观和时代观为依据。马克思主义揭示了民族文化的起源、实质和各个时代的本质特征,赋予了民族精神和时代精神科学的内涵,为弘扬培育民族精神和时代精神提供了有力指导。社会主义荣辱观是中国共产党在领导中国各族人民,在走中国特色社会主义道路过程中形成的价值准则。它把马克思主义道德观与社会主义思想道德建设、弘扬我国优秀传统道德实践相结合,是马克思主义指导思想在思想道德领域的生动体现。因此,构筑民族地区大学生精神支柱,以社会主义核心价值体系为主导,最根本的就是坚持马克思主义。

2. 中国特色社会主义共同理想是构筑民族地区大学生精神支柱的主题

中国特色社会主义共同理想把我国在社会主义初级阶段的目标、民族的振兴、国家的发展与个人的理想、幸福紧密联系在一起,反映了包括民族地区大学生在内的全国人民的根本利益和共同愿望。只有毫不动摇地坚持和发展中国特色社会主义,树立中国特色社会主义共同理想,才能坚持走中国特色社会主义道路。中国特色社会主义道路,就是在中国共产党领导下,立足基本国情,以经济建设为中心,坚持四项基本原则,坚持改革开放,解放和发展社会生产力,巩固和完善社会主义制度,建设社会主义市场经济、社会主义民主政治、社会主义先进文化、社会主义和谐社会。中国特色社会主义,是当代中国发展进步的旗帜,是全党全国各族人民团结奋斗的旗帜,只有走中国特色社会主义道路才能实现国家富强、人民幸福。建设中国特色的社会主义,把我国建设成为富强、民主、文明、和谐的社会主义现代化国家,这就是现阶段我国各族人民的共同理想。

中国特色社会主义共同理想,既坚持了对共产主义崇高理想的向往,又符合我国社会主义初级阶段的基本国情,是远大理想与现实努力的结合点,是对马克思主义充分信仰的具体表现,是广大党员干部群众从改革开放和现代化建设给我国带来的历史进步中,从与一些国家发生剧烈动荡的鲜明对比中,从物质文化生活水平显著提高的切身感受中深刻认识的真理,是科学追求与实践理性的有机统一。它以中国特色社会主义理论体系为指导思想,以中国共产党为领导力量,以中国特色社会主义道路为正确选择,以建设富强民主文明和谐的社会主义现代化国家、实现中华民族伟大复兴为目标,集中体现了我国工人、农民、知识分子和其他社会主义劳动者、社会主义事业建设者、拥护社会主义和祖国统一的爱国者的根本利益和共同愿望。这一共同理想，具有令人信服的必然性、广泛性和包容性，具有强大的感召力、亲和力和凝聚力，是保证各族人民特别是民族地区大学生在政治上、思想上团结一致，共同创造美好未来的重要纽带。

中国特色社会主义共同理想，植根于改革开放和现代化建设的生动实践，是统一思想、凝聚力量、鼓舞斗志、振奋精神的根本保证。没有共同的理想信念，就没有中国社会主义的确立，就没有社会主义现代化的推行。在国际国内发生深刻变化的新形势下，在全面建设小康社会、加快社会主义现代化建设的新的征程上，在民族地区牢固树立共同的理想构筑大学生的精神支柱，为促进民族地区改革发展、维护民族地区社会稳定，为建设中国特色社会主义提供有力的思想保证和强大的精神动力，显得十分重要而又迫切。只有树立坚定的中国特色社会主义共同理想，才能凝聚社会各个方面的智慧和力量，动员整个国家、民族蕴藏的一切潜能，形成统一的步调和强大的战斗力。

构筑民族地区大学生精神支柱，要帮助民族地区大学生逐步掌握马克思主义的世界观，了解我国的历史和现状，理解、把握中国特色社会主义共同理想的科学内涵，要让民族地区大学生真正认识到：首先，中国特色社会主义共同理想是一个综合性的社会理想。社会理想是若干个人理想的寄托和发育之所，个人只要生活于社会中，他的理想就离不开社会理想。要想实现自己的个人理想就必须有赖于社会理想的实现。其次，中国特色社会主义共同理想是一个具体的阶段性理想。它是共产主义远大理想若干个阶段性理想中的一个，与追求远大的理想漫长过程相比，阶段性的理想更为具体，成为一定历史时期人们所普遍追求的比较切近的理想目标。在21世纪前20年，全面建设小康社会，再继续奋斗几十年，到21世纪中叶基本实现现代化，把我国建设成为富强、民主、文明、和谐的社会主义国家。在我们达到这一理想目标之后，中国特色社会主义道路还将继续向前延伸，中国特色社会主义共同理想还会增添新的时代内容。再次，中国特色社会主义共同理想是全体中国人民都可以认同和追求的共同理想。中国特色社会主义共同理想代表和反映了中国社会最广大人民群众的根本利益，为广大人民群众所认同和接受，所以能成为广大民众的共同理想。在理解、把握中国特色社会主义共同理想的科学内涵的过程中，懂得实现共同理想的困难和艰巨，要引导民族地区大学生自觉学习党的基本理论、基本路线、基本纲领、基本经验，把握我国社会主义初级阶段的基本国情和发展的阶段性特征，利用民族地区丰富的物质资源和精神文化资源，结合本民族地区发展现状，增强抓住机遇、加快民族地区发展的紧迫感和责任感。

3. 民族精神和时代精神是构筑民族地区大学生精神支柱的精髓

（1）构筑民族地区大学生精神支柱要继承和弘扬民族精神。

民族精神属于意识形态范畴，是一个民族在漫长的历史进程中形成的心理状态、生活方式、价值观念、思维意识的集中显现，是民族传统文化最本质、最集中的体现，是一个国家和民族赖以生存和发展的文化支撑、思想灵魂和精神纽带。伟大的中华民族精神根植于我国优秀民族文化传统之中，同长期革命、建设和改革中形成的优良革命传统相融合，深深熔铸在我们的民族意识、民族品格、民族气质之中，熔铸在我们民族的生命力、凝聚力和创造力之中，成为各族人民团结一心、共同奋斗的价值取向和力量源泉。中华民族在五千多年的发展历程中，形成了以爱国主义为核心，团结统一、爱好和平、勤劳勇敢、自强不息的伟大民族精神。因此，构筑民族地区大学生的精神支柱，我们要更好地理解民族精神并践行民族精神，就应该紧紧围绕着继承和弘扬爱国主义精神，培育和弘扬自强不息精神推行。

民族精神的核心内涵是爱国主义，是中华民族几千年来凝结起来的最神圣的情感，是维系各族人民共同生活的精神纽带和精神家园。中华民族的爱国主义的优秀传统，是中华民族薪火相传、生生不息、饱经风霜而弥坚、历经磨难而不倒的强大精神支柱。爱国主义是一个历史范畴，民族的复兴、国家的富强始终是爱国主义永恒的主题，但在不同时代有不同的内涵，今天，特别是改革开放的新时期，在错综复杂的形势下，我们在民族地区构筑大学生的精神支柱，更需要继承和弘扬爱国主义精神，这是对大学生成才的基本要求，也是时代赋予大学生的基本使命。继承和弘扬爱国主义精神，就是要继承和发扬不畏强暴、敢于同敌人血战到底的民族英雄气概，坚决反对和打击民族分裂主义势力及其活动，坚决反对境内外敌对势力利用民族问题进行渗透、破坏活动，自觉维护民族团结和祖国统一，为全面建设小康社会、实现中华民族的伟大复兴提供重要保证；继承和弘扬爱国主义精神，就是要继承和发扬坚持国家和民族利益至上、誓死捍卫国家主权和民族尊严的光荣传统，民族地区大学生要牢固树立民族自信心，增强民族自尊心和自豪感，努力做守法文明的公民，自觉维护祖国的尊严和荣誉，并且通过不懈努力以自己的行动为祖国增光添彩；继承和弘扬爱国主义精神，就要牢固树立社会主义荣辱观，要提升自己的马克思主义理论修养水平，用自己的内心信念、共同理想、共同情感去教育、感召、团结各族人民，最大限度地把各族人民的力量凝聚起来，形成中华民族团结奋进的巨大力量。因此，在构筑民族地区大学生精神支柱的过程中，继承和弘扬爱国主义精神是重中之重。

自强不息精神是民族精神的重要组成部分。中华民族在漫长的历史发展中，在艰苦的自然条件下和严酷的社会斗争中锻炼和培育出来的伟大精神，是中华民族世世代代所崇尚的传统美德，中华民族优秀民族品质的体现，其实质就是鞭策自己不断开拓进取。民族地区经济发展、思想观念、科技发展、教育水平相对落后，大学生又肩负重任，更需要自强不息的精神来支撑。这就要求在构筑民族地区大学生精神支柱时，要培养大学生具有志存高远的执着追求精神，具有自立、自强、自尊、自信的优秀品质，磨炼自己面对挫折和困难时有锲而不舍、坚忍不拔的人生态度。自立是自强、自尊、自信的基础和前提，大学生首先必须树立自立意识，要克服对家长和老师的依赖思想，将命运掌握在自己手里；自强是成功者的足迹，一个人的成功，不是靠别人施舍，而是一步一个脚印、拼搏跋涉、艰苦奋斗的结果，真正的自强有赖于自尊和自信；自尊是自信的前提，一个人只有懂得尊重自己，讲求人格，明确自己的人生价值和人生目标，摆正自己的人生态度，积极地面对生活，才能拥有自信，相信自己的智慧和能力；自信可以使人精神振奋，勇于应对各种困难，可以使人积极进取，敢于迎接各种挑战。改革开放和市场经济的发展，使我国社会发生了深刻而巨大的变化，也使民族地区大学生面临着新的机遇和挑战。只要民族地区大学生能拥有自立、自强、自尊、自信的优秀品质，树立远大理想和科学的世界观、人生观、价值观，并努力积累知识，加强道德修养和能力锻炼，自强不息勇于拼搏进取，就一定会在促进民族地区的发展进步的社会主义现代化建设实践中展现个人才华，实现自我超越，积极贡献自己的一份力量，让自己的青春无悔。

(2)构筑民族地区大学生精神支柱要培育和弘扬时代精神。

时代精神是指基于新的时代，在最新的创造性社会实践中激发出来的，体现社会的发展方向，引领时代的进步潮流，获得社会成员的普遍认可并接受的思想观念、道德规范、价值取向和行为方式，是一个社会最新的精神风貌、精神气质和社会时尚的综合体现。改革创新，是时代精神的核心内涵，是马克思主义与时俱进的理论品格、中华民族富于进取的思想品格同改革开放、社会主义现代化建设实践相结合的伟大成果，已经深深地融入我国经济、政治、文化、社会、生态建设的各个方面，成为各族人民不断开创中国特色社会主义事业新局面的强大精神支柱。同时解放思想、科学发展、与时俱进、开拓进取、求真务实等精神也是时代精神内涵的具体体现。正是依靠这种以改革创新为核心的时代精神，我们经受了各种严峻考验，取得了改革开放和社会主义现代化建设的辉煌成就。时代精神是体现于社会精神生活各个领域的历史时代的客观本质及其发展趋势，或者说是指集中体现于社会意识形态中的那些代表时代发展的潮流。因此，构筑民族地区大学生精神支柱，也要更好地理解时代精神并践行时代精神，应该紧紧围绕着培育和弘扬创新精神去推行。

创新精神是指时代精神中积极追求真理，不惧邪恶，求真、求善、求美、求新的精神气质，是一个民族进步的灵魂，也是一个人走向成功的关键。当今世界，创新已成为一个国家不断发展、在国际竞争中取得主动优先地位的重要因素。民族地区大学生是民族地区创新人才的主体，要培养他们具有创新精神，成为创新型人才。在构筑他们的精神支柱时，一是必须要求大学生具有强烈的民族忧患意识，能自觉地把民族和国家的利益放在个人利益之上，把民族和国家的尊严置于个人荣辱之上。二是注重民族地区大学生的全面发展。全面发展是创新人才的基础，创新能力是创新人才的集中展现，要让民族地区大学生成为全面发展的人才，在全面发展的基础上才能拥有创新意识、创新精神，才能充分挖掘其创新能力。三是注重民族地区大学生的个性发展，个性的充分发展有利于大学生的自主性、灵活性和创造性的充分发挥，能够激发创造能力，进而增强创造性，达到能进一步促进个性特点发展的目的。而要做到这些，就要通过大学生的努力、刻苦学习来实现。因为创新精神的形成不是一朝一夕能拥有的，它需要科学知识的积累。没有足够的积累，没有深厚的理论功底，是难以创新的。大学生的主要任务是学习，是积累知识，而知识的获得需要付出艰辛的劳动。当前部分大学生在复杂的社会环境干扰下，表现出“浮躁”情绪，学习不踏实，缺乏刻苦拼搏、积极向上的科学务实精神，容易被社会上充斥的享乐、腐化等思想所诱惑。这就要求我们在构筑民族地区大学生精神支柱时，要指导大学生制定明确的学习目标和切实可行的学习计划，培养其顽强的自我约束能力，正确处理好学习与其他社会事务之间的关系，敢于对自己高标准、严要求，谨防随心所欲或随波逐流。

(3)构筑民族地区大学生精神支柱要将民族精神和时代精神有机地结合起来。

民族精神是一定社会的时代精神之基之源，时代精神则是民族精神在各个历史时期的延续和弘扬。时代精神离不开民族精神，时代精神的培育不能与民族精神割裂，只有在民族精神的基础上，从民族精神中汲取养分才能发展；民族精神也离不开时代精神，需要以时代精神作为自己的表现形式，用时代精神丰富自身的内涵，要通过每一历史阶段、历史时期的时代精神得以体现。民族精神与时代精神的契合，构成了促进中华民族图存求强的一种内在力量，两者统一于中华民族的精神品格之中。正是依靠民族精神和时代精神，中华文明能传承五千年绵延不绝，中华民族能抵御外来侵略、赢得民族独立和人民解放；在新的历史时期，中华民族能抓住机遇，加快发展，由贫穷走向富裕；中华民族能建设社会主义和谐社会，实现全面建设小康社会的宏伟目标。总之，我们应该把继承、弘扬、培育民族精神和时代精神，这一构筑民族地区大学生精神支柱的精髓，当作一项极为重要的任务来抓，按照现代社会发展和中国实际进程的要求来推行，使民族地区大学生始终保持昂扬向上、奋发有为的精神状态，不断增强民族自尊心、自信心和自豪感，凝聚起实现中华民族伟大复兴的强大精神力量。

4. 社会主义荣辱观是构筑民族地区大学生精神支柱的基础

荣辱观集中反映一个人的人生观、价值观和世界观，反映一个社会的思想导向、价值追求和道德标杆。它渗透在整个社会生活中，影响整体社会风气，体现着社会整体的道德水准。以“八荣八耻”为主要内容的社会主义荣辱观，集中概括了当代中国社会最基本的价值取向和行为准则，深刻反映了发展社会主义市场经济的客观要求。社会主义市场经济的深入发展，为我国社会物质文明的进步注入了强大的生机和活力，使社会主义精神文明得到新的弘扬和发展，与社会主义市场经济相适应的新的思想道德观念不断被催生出来。与此同时，市场经济自身的缺陷和消极因素，也反映到人们的价值观念和道德要求上来。因此，社会主义道德建设的推行，既要坚持我们党一贯倡导的思想道德标准要求，也必须正视、切实解决社会思想道德领域存在的突出问题,体现与社会主义市场经济相适应的新的道德观念,用社会主义固有的政治优势抵御市场经济消极因素带来的不良影响。

社会主义荣辱观是我国每一个公民应该具备的基本素质,它清晰地界定了是与非、善与恶、美与丑的标准,明确了新时期对大学生进行思想政治教育的基本价值取向和行为准则,为在民族地区高校构筑精神支柱提供了巨大条件和无限可能。民族地区大学生作为民族地区特殊的社会成员和未来知识分子的后备军,是可塑性较强的社会群体,在新形势下对其加强社会主义荣辱观教育,帮助他们知荣辱、明是非、分善恶、辨美丑,保证他们的思维观念、价值取向沿社会主义正确的方向发展,在学习、生活、工作中迎接世界文化的挑战,反对文化的侵略,抵制各种风险,这对他们的成长十分关键。加强民族地区大学生社会主义荣辱观教育,是全面提高民族地区大学生思想道德素质的重要途径,培养社会主义高素质人才的迫切需要,是对人民负责、对社会贡献的战略举措。

在民族地区大学生中构筑精神支柱,要对大学生进行社会主义思想道德观念教育,帮助大学生树立社会主义荣辱观,这是一项庞大、复杂的系统工程,需要在反复实践的过程中形成、加深、感悟并巩固。树立社会主义荣辱观要坚持理论与实践相统一的原则。一种道德规范,只有内化为人们的道德修养,转化为人们的道德实践,才能成为改变社会风气的强大精神力量。要引导民族地区大学生准确把握社会主义荣辱观的内涵和本质要求,确立正确的道德观念,不断增强道德判断力和道德荣誉感。

一是倡导以热爱祖国为荣、以危害祖国为耻,构筑精神支柱的过程中,要引导民族地区大学生增强爱家乡、爱民族、爱祖国的情感,明确建设家乡即是建设祖国、保卫家乡即是保卫祖国、富强家乡就能富强祖国,以此为最大光荣,以损害祖国的荣誉、尊严和利益为最大耻辱。二是倡导以服务人民为荣、以背离人民为耻,构筑精神支柱时要在民族地区大学生中,强化各族人民群众共同创造历史和各族人民群众均是历史的主人翁教育,教育民族地区大学生热爱各族劳动人民,树立为人民服务的思想,要高度警惕可能出现的种种分裂民族和国家、背离人民利益的倾向。三是倡导以崇尚科学为荣、愚昧无知为耻,在构筑精神支柱时,应该进一步加强对民族地区大学生科学精神和创新意识的培育,尤其是对民族传统、民族语言、民族文化、民族宗教等带有本民族特点的区域性的事物,要用科学的方法去分析对待，趋利避害，扬善弃恶，引导民族地区大学生刻苦学习、勤思好问、乐于探索，养成良好的学习态度和习惯，抵制各种封建迷信思想和行为，严禁民族地区大学生加入邪教组织和恐怖组织，严禁参与同邪教组织、恐怖组织有关的一切活动，形成讲科学、爱科学、学科学、用科学的科学风尚。四是倡导以辛勤劳动为荣、以好逸恶劳为耻，构筑精神支柱的过程中，要培养民族地区大学生热爱劳动的思想，注重生产劳动、社会实践与教育的紧密结合，引导他们积极参加劳动实践、社会实践，尊重劳动，树立劳动光荣、劳动不分高低贵贱的思想。五是倡导以团结互助为荣、以损人利己为耻的价值观，构筑精神支柱时要在民族地区大学生中进一步加强集体主义教育，引导他们关心集体、关心他人、学会互助合作，帮助生活有困难的同学或思想有偏差的同学共同进步，避免种种损人利己或既损人又不利己的思想和行为，构建文明和谐的现代人际关系。六是倡导以诚实守信为荣、以见利忘义为耻，构筑精神支柱时，要对民族地区大学生开展诚信教育，把诚实守信作为个人行为的基本准则，引导民族地区大学生说真话做实事，待人以诚、交友以信，诚信办事，践行诚信诺言，把诚实守信作为自己的行为准则。七是倡导以遵纪守法为荣、以违纪乱纪为耻，要引导民族地区大学生学法、懂法、守法，并结合本民族、本地区实际，自觉承担起宣传法律，维护法律尊严的责任，自觉遵守学校纪律和公共秩序，做到把法律作为衡量自己行为的标尺。八是倡导以艰苦奋斗为荣，以骄奢淫逸为耻，就是在构筑精神支柱时要教育民族地区大学生在新时期更好地继承和发扬优秀的民族精神，光荣的革命传统，引导他们不畏艰难险阻，勤俭节约，俭朴务实，形成“节约光荣，浪费可耻”的品质。总之，构筑民族地区大学生精神支柱，要以社会主义荣辱观为基础，让民族地区大学生自觉用“八荣八耻”规范自己的行为，注重自我教育、自我修养、自我提高，增强自律意识，自觉守住是非界限、守住道德底线，明荣辱之分、做当荣之事、拒为辱之行，言行一致、表里如一。无论是日常工作生活，还是社会交往时，都应心存荣辱之念，在为家庭谋幸福、为他人送温暖、为社会做贡献的过程中，体验光荣、领悟崇高。良好道德行为的养成，既需要自我约束，也需要外部制约。教育民族地区大学生树立正确的社会主义荣辱观，构筑民族地区大学生的精神支柱，高校教育工作者负有不可推卸的责任。

四、牢固树立马克思主义民族观

牢固树立马克思主义民族观既是民族地区大学生完成双重使命的着力点，也是构筑其精神支柱的重要内容,这就需要我们对民族观有更深入的认识和理解。民族观是人们对民族和民族问题的根本看法,是人们的世界观具体到民族问题上的反映。对一个阶级和政党来说,民族观集中体现在解决民族问题的指导思想和基本的纲领、原则、政策上。不同的阶级对民族、民族问题的看法以及处理民族问题的指导思想和基本纲领、原则、政策极不相同。在当今世界上,存在着两种根本对立的民族观,即无产阶级民族观和资产阶级民族观。

无产阶级民族观,即马克思主义民族观,是科学世界观的重要组成部分,它既从本国各民族人民群众的共同利益出发,又从全世界各族人民群众的共同利益出发,运用辩证唯物主义和历史唯物主义的立场、观点和方法考察、研究古今中外的一切民族和民族问题。在马克思主义民族观的内容中,其核心是各民族平等、团结和共同繁荣,坚持国际主义原则。马克思主义民族观顺应民族和民族问题发展的客观规律,代表了各民族人民的根本利益,是无产阶级政党制定民族政策、解决民族问题的重要理论依据,也是人们正确认识民族和民族问题的指导思想。他与资产阶级民族观截然不同。资产阶级民族观是资产阶级及其他剥削阶级对民族和民族问题的基本立场、观点和解决民族问题的原则、政策、方法,是历史唯心主义和形而上学观点在这一领域的表现,是剥削阶级的世界观和利己主义思想在民族关系上的反映,其主要表现是资产阶级的民族主义。列宁曾经讲到:"资产阶级的民族主义和无产阶级的国际主义——这是两个不可调和的敌对口号,这两个同整个资本主义世界的两大阶级营垒相适应的口号,代表着民族问题上的两种政策(也是两种世界观)。"①民族地区大学生应该分清两种民族观的本质区别,牢固树立无产阶级民族观,坚决抵制资产阶级民族观的侵蚀。

首先,民族地区大学生应正确了解、认识中国特色马克思主义民族观。中国共产党成立后,以毛泽东为领导的中国共产党将马克思主义民族观同中国民族实际情况相结合,成功地开创了解决中国民族问题的正确道路。十一届三中全会后,我们党在改革开放和现代化建设的伟大实践中,进一步丰富和发展了马克思主义民族理论,提出了许多新的观点和正确原则,使中国特色马克思主义民族观更具有时代性、系统性和实践性的特点。正是在马克思主义民族观的指引下,我

① 《列宁全集》第24卷,人民出版社1990年版。

们党和国家几十年来,成功地制定了一整套解决中国民族问题的纲领、政策、法律和法规,保持了国家稳定、民族团结、经济发展。特别是《中华人民共和国民族区域自治法》和各民族自治地方自治条例的颁布和实施,更为各民族的团结和进步事业提供了可靠保证,使平等、团结、互助的社会主义民族关系得以不断发展和巩固,与当今世界民族、宗教矛盾突出和动乱不定的情形形成了鲜明的对比。

其次,民族地区大学生对资产阶级民族主义在中国的影响要有清醒的认识。新中国的成立,虽然从根本上铲除了资产阶级民族主义赖以生存的阶级基础,但作为社会意识形态的民族主义又具有相对独立性,在我国社会主义社会相当长的历史时期内依然存在,不过它主要表现为思想认识的问题,属于人民内部矛盾的范畴。而在当今世界朝着多极化方向发展的趋势下,国际敌对势力不希望看到中国的统一和强大,仍顽固推行其颠覆我国社会主义制度并分裂我国的既定政策。由于中国的陆地边境大部分处于民族自治地区,我国少数民族大多又是跨境民族,各种敌对势力往往利用民族问题,打着为"本民族"利益的旗号,煽动"民族主义"情绪,进行分裂祖国统一、破坏民族团结的罪恶活动。特别是对我国西藏和新疆的渗透、分裂、颠覆活动就从来没有停止过。达赖喇嘛在国外敌对势力的支持和操纵下,长期坚持"西藏独立"的反动立场,利用自己在宗教界的特殊身份,宣扬民族分裂思想,破坏祖国统一。2003 年公安部所认定的首批"东突"恐怖组织,也是以狭隘的民族主义和极端宗教思想为号召,挑起民族矛盾,制造民族分裂,以极端暴力形式不断实施多地多人的恐怖行动,产生极为恶劣的社会影响,对国家安全构成了威胁。这些实质上都是国际政治斗争在民族问题上的反映,我们必须提高警惕并予以彻底坚决地回击。民族地区大学生应清醒地认识到这一点,自觉地抵制各种民族分裂或所谓民族自决思想的冲击,自觉地同各种损害民族团结、分裂祖国的行为进行坚决的斗争,把维护祖国统一和民族团结,变成自觉遵守的道德规范。

再次,民族地区大学生要认识到只有坚持马克思主义民族观才能促进民族团结、各民族共同繁荣,实现现阶段奋斗目标。观察世界多民族国家的历史,民族关系处理得好则民族团结、国家发展兴旺,反之就要动乱倒退。在漫长的历史进程中,我国各族人民密切交往、相互依存、休戚与共,形成了中华民族多元一体的格局,共同推动了国家发展和社会进步。现阶段全面建设小康社会的奋斗目标和构建社会主义和谐社会的战略构想,同样是我国各族人民的共同事业,必须凝聚全国各族人民的集体智慧和力量,坚持不懈地团结奋斗。习近平总书记在全国政协十二届二次会议上,同少数民族界委员联组讨论时的讲话中指出,"增强民族团结的核心问题,就是要积极创造条件,千方百计加快少数民族和民族地区的经济社会发展,促进各民族共同繁荣发展。""团结稳定是福,分裂动乱是祸。历史告诉我们,在多民族国家,只有民族团结才能实现民族解放,才能建设好国家,才能有幸福生活。"所以,能否坚持马克思主义民族观,正确处理民族问题,涉及我国经济建设、政治建设、文化建设与和谐社会建设各个方面,关系到中国特色社会主义事业的全局。

最后,民族地区大学生树立马克思主义民族观,要注重联系实际,防止和克服大民族主义、地方民族主义的思想倾向,正确对待我国目前的民族主义问题。民族地区大学生应以认清我国国情为基点,从中华民族的共同利益出发,正确认识民族与国家的关系,有无论民族大小、人口多少,皆为社会主义制度下的平等民族的思想意识,要善于学习其他各个民族的优点,勇于改革、创新,塑造胸怀开阔、蓬勃向上、努力奋斗的民族精神。只有开放的民族才是能够兴旺发达的民族,才是最有前途的民族。另外,要明确认识到:在我国现阶段,民族主义表现形式只是一种意识形态、一种情绪,属于思想认识问题,远没有形成与政治权力相联系的政治运动,它属于人民内部的矛盾问题,并且只是在一定的时间和空间范围内存在。对待人民内部矛盾问题,对待思想认识问题,只能采取说服教育的方法解决,旨在提高其思想觉悟的基础上自觉地克服民族主义情绪。在具体的实际工作中,要实事求是,具体问题具体分析解决,不能光看表面现象,简单地把与民族主义无关的问题拉到民族问题上,把正当的民族感情与民族主义情绪混为一谈。对待民族主义意识切不可随意将其夸大,乱扣帽子,要把由于种种原因而出现的工作上的失误与民族主义区别开来,严格按照党的民族政策慎重行事,以免伤害民族感情,影响民族团结。对于极个别受国际反动势力操纵,进行分裂祖国、破坏民族团结和国家统一活动的敌对分子、民族分裂分子则应坚决进行打击。这就是说,民族地区大学生应树立马克思主义民族观,充分认识到我国各民族团结友爱的重要性,提高执行党的民族政策的自觉性,妥善处理民族利益、地区利益和国家利益之间的关系,使我国各族人民的共同事业向前胜利发展。

五、发扬艰苦奋斗的优良传统

艰苦奋斗是中华民族的传统美德，也是我们党的优良传统，中国革命的传家宝，是凝聚党心民心，激励全党和全国人民为实现国家富强、民族振兴而共同奋斗的强大精神力量。具体地说，艰苦奋斗是人们在改造客观世界的实践中提倡勤俭节约、珍惜劳动创造的财富的优良作风，是为达到目的而不畏艰难、锐意进取的意志状态和思想品格，是坚忍不拔、顽强拼搏、开拓向上的精神风貌，是乐于奉献为人民服务的行为品质。艰苦奋斗的精神状态和行为品质，实质上是一种积极的、向上的、有为的且时刻保持先进性的世界观、人生观和价值观。习近平总书记2013年在五四讲话中指出，我们距离实现中华民族伟大复兴的目标越近，就越需要广大青年锲而不舍、驰而不息地艰苦奋斗。青年人要立足本职、埋头苦干，从自身做起，从点滴做起，以勤劳和业绩实现人生的精彩。总书记的讲话强调了实现中国梦的根本保障，也为民族地区大学生指明了实现个人梦想的具体路径，提出了要求：民族地区大学生肩负着国家的未来、肩负着民族的希望，更需要继承与发扬艰苦奋斗的优良传统，自强不息、努力拼搏。

艰苦奋斗作为一种锐意进取、奋发有为的精神状态，具有永恒的价值。艰苦奋斗包含着精神和物质两个层面的内容，从精神层面上讲，它是指人们在改变现状、开拓未来的过程中坚韧不拔、不畏艰难、锐意进取、顽强拼搏和奋发向上的精神风貌；从物质层面上讲，是指艰苦朴素、勤劳节俭、不铺张浪费的生产和生活作风。但不能因此把艰苦奋斗定义为某个时代特有的精神，它是与人类社会发展同在且同步的。在各个历史时期和时代条件下呈现出不同的内容，其外在形式也随着时代的发展、条件的变化呈现多样性、变动性，但内在本质却是永恒的，代表着社会发展与进步的方向，具有超越时空、超越地域的普遍意义。这就要求民族地区大学生在继承优良传统的同时，要不断赋予艰苦奋斗精神以时代特征，与时俱进，让艰苦奋斗精神焕发出新的生命力和感召力。我们提倡的艰苦奋斗，是有时代特征的生活与工作方式，是一种源自内心境界的精神动力。

发扬艰苦奋斗的优良传统就是要坚持勤俭节约的生活准则。胡锦涛同志说过："我们讲艰苦奋斗，当然不是要人们去过清教徒式、苦行僧式的生活，也不是要否定合理的物质利益。"我们提倡艰苦奋斗，历来主张在发展生产的基础上，不断提高生活水平的过程中去艰苦奋斗。民族地区大学生在新时期,特别要注意树立适应新需求的正确生活观。“戒奢则家道兴,从俭则国运昌”,我国是一个人口众多的发展中国家,生产力和科技、教育比较落后,我们目前的小康还属于一个低水平、不全面又很不平衡的小康,民族地区面临的现状更突出一些。所以,民族地区大学生应该继承艰苦奋斗的优良传统,始终坚持从发展的大局出发,将社会消费节制在合理的限度内,做到与社会生产力发展水平相适应。不能盲目同发达国家或国内较发达地区攀比,不能盲目追求奢侈享乐,淡忘了艰苦奋斗的好传统。应该通过合法手段或自己的劳动所得改善生活的经济来源,始终提倡保持艰苦朴素的生活态度和生活作风,厉行勤俭节约的生活方式,正确处理好当前和长远、积累和消费、“过紧日子”与“适当改善条件”的关系,努力做到在拜金主义、享乐主义、极端个人主义的面前不动摇,并在此基础上牢固树立艰苦奋斗的思想,保持健康向上的生活情趣,自觉抵制腐朽生活方式的影响,只有这样才能使自己成为一个具有高尚品德和人格的人。

发扬艰苦奋斗的优良传统就是要坚持锐意进取的良好品质。锐意进取的品质是艰苦奋斗精神的核心和灵魂。优秀的品德是一种资源、一种力量,任何时代、任何民族、任何国家都需要这种精神和意志品质。美国成功学的奠基人拿破仑·希尔博士曾说:“播下一个行为,你就会收获一个习惯。播下一个习惯,你就会收获一种品德。播下一个品德,你就会收获一种命运。”因此,锐意进取的品质是培养当代大学生学习能力和创造能力的主要内容。今天,我们虽然取得了辉煌的成就,但是决不能自满,决不能停滞,决不能懈怠,胜利越多越要谦虚谨慎,生活越好越要勤俭节约,成就越大越要开拓进取。要让民族地区大学生清醒地看到客观存在的种种问题和严峻挑战,深刻汲取历代王朝因沉湎享乐而人亡政息的惨痛教训,以史为鉴,树立长期艰苦奋斗的思想,在工作中锐意进取,不断创新。民族地区大学生在工作中锐意进取就是要始终保持生机蓬勃的朝气,勇于奋进的锐气,在艰难困苦面前知难而进、迎难而上,并善于在困难中突破和超越的学习和工作态度。表现在具体实践上就是不怕困难,不避艰苦,勇挑重担。在遭受挫折的时候有百折不挠、再接再厉的坚韧意志,在克服困难的关头抱定一种不达目的誓不罢休的坚强信心,始终保持激情昂扬、为实现远大理想而奋斗不息的旺盛斗志,与时俱进,开拓创新,奋发图强。摒弃那些对学习、工作能推就推,降低学习、工作标准;能拖就拖,满足于敷衍应付,或者萎靡不振,消极懈怠,拈轻怕重;能躲就躲,遇到矛盾就撒手、遇到难题绕道走等错误思想,抓牢历史赋予的时代契机,担当起建设祖国的重任。

发扬艰苦奋斗的优良传统就是要坚持乐于奉献的精神风貌。乐于奉献是艰苦奋斗精神的源泉和动力,是指个人在处理与他人、集体和国家关系时所表现出的一种精神风貌,乐于奉献是培养大学生自我完善能力和自我发展能力的重要目标。当前,随着时代的飞速发展变化,竞争意识、时间意识、服务意识、效率意识日益深入人心,极大地推动了社会主义现代化进程,但另一方面市场的发展、商品的丰富,对人们欲望的刺激,加之西方敌对势力把"西化"、分化我国的图谋寄托在青年人身上,使民族地区大学生受到拜金主义、享乐主义等腐朽思想很强的冲击,容易产生只关心自己的利益,而削减对理想的追求。一些大学生中存在着追求享乐、不愿吃苦、不愿做艰苦努力、缺少自信自强,一味索取而不懂奉献给予等现象。因此面对复杂形势的影响和各种利益的诱惑,我们必须加强乐于奉献精神的教育和引导。民族地区大学生要实现自己的人生价值,成就一番事业,必须克服和抑制与社会主义伦理准则和法规制度相悖的不正当的个人利益和狭隘的小团体利益,把个人理想、个人奋斗与民族安危、国家命运联系在一起,使自己成长为对国家、对人民、对社会有益的人,在建设社会主义的伟大实践中实现自我价值,这是非常必要的。

历史事实反复告诫我们:励精图治、艰苦创业,方能长治久安;骄奢淫逸、贪图享乐,必然走向衰亡。国家越是发展,生活越是改善,越要居安思危,越要艰苦奋斗。在实现中华民族伟大复兴的道路上,只要在党的领导下,全国各族人民不断发扬艰苦奋斗的精神,激发出伟大的民族精神和斗志,就能够战胜千难万险,实现既定的宏伟目标。

综上所述,构筑民族地区大学生精神支柱就是指要立足于中华优秀传统文化,从民族地区的精神文化着手,以社会主义核心价值观为主导,同时牢固树立马克思主义民族观,发扬艰苦奋斗的优良传统,用精神力量激发学生的爱国热情,弘扬社会正气,指导学生不断向着更高的目标迈进。

第五章

加强民族地区大学生民族精神教育的对策和途径

教育的本质在于塑造接班人。提升当代大学生的民族精神发展水平，离不开民族精神教育。民族精神教育是促进人的民族精神发展的教育，是当代振奋民族精神的基本途径和重要的手段。党的十六大报告指出，振奋民族精神“必须把弘扬和培育民族精神作为文化建设极为重要的任务，纳入国民教育全过程，纳入精神文明建设全过程，使全体人民始终保持昂扬向上的精神状态”。通过对当代大学生进行民族精神教育，接受民族精神实际历练，能够达到增强民族自尊心和自信心，振奋和凝聚民族精神的目的，使当代大学生成为民族复兴伟业的建设者和接班人。

在中国社会进入转型加速期的背景下，高等教育由精英教育逐步转向大众教育，高校的教育思想、办学体制、人才培养模式等诸多方面都面临严峻挑战。同时，各种思想文化的交流交融，人们思想活动的独立性、差异性、选择性明显增强，使得形成社会共识的难度加大。受社会道德的滑坡和各种不良因素影响，民族地区在校大学生思想迷惑、理想迷失、行为违法的现象日益增多，已成为影响民族地区发展、和谐、稳定的潜在问题，使民族地区大学生民族精神教育成为一项艰巨而紧迫的任务。但这项任务不可能一蹴而就地完成，必须通过持之以恒、潜移默化逐步建立起社会系统教育工程来实现，需要学校、家庭、社会通力合作、共同推进，形成三位一体的教育推进机制，这是社会主义教育本质对高等教育提出的必然要求。无论是学校、家庭还是社会，只有根据大学生思想极具可塑性的特点，通过多种生动的形式和途径来感染、熏陶大学生，党政工团齐抓共管，加大工作力度，坚持正面教育，依靠和调动大学生内在的积极性，充分发挥榜样人物的感染力和引领作用,同时要注意民族地区大学生民族精神教育的特殊性,为大学生民族精神教育构筑营造良好的外部环境,真正使大学生在民族精神教育过程中内化为大学生的自知、自觉行为的动力,充分激发大学生的爱国热情,构筑大学生民族精神教育体系。

第一节 大学生民族精神教育的指导思想和基本原则

培育和弘扬民族精神是一个永不褪色的话题,也是思想政治教育永恒的主题。开展大学生民族精神教育必须坚持正确的指导思想和基本原则,以确保民族精神教育的方向性和实效性。

一、大学生民族精神教育的指导思想

进行大学生民族精神教育,必须坚持以中国特色社会主义理论体系为指导思想,以使大学生践行社会主义核心价值体系、形成社会主义核心价值观为目标,同时坚持将爱国主义教育作为民族精神教育首要的核心,以确保大学生民族精神教育保持正确的方向,使之在健康的轨道上平稳快速运行。

(一)中国特色社会主义理论体系是大学生民族精神教育的指导思想

民族精神教育要以中国特色社会主义理论体系为指导。党的十七大报告中强调指出:"中国特色社会主义理论体系,就是包括邓小平理论、'三个代表'重要思想以及科学发展观等重大战略思想在内的科学理论体系。这个理论体系,坚持和发展了马克思列宁主义、毛泽东思想,凝结了几代中国共产党人带领人民不懈探索实践的智慧和心血,是马克思主义中国化最新成果,是党最可宝贵的政治和精神财富,是全国各族人民团结奋斗的共同思想基础。"中国特色社会主义理论体系是我党若干年来工作经验的总结,是马克思主义中国化的最新理论成果,是当代中国的马克思主义,是中国时代精神和先进文化的精华,是中国共产党的指导思想和伟大旗帜,也是当前开展中华民族精神教育必须坚持的指导思想。中国特色社会主义理论体系不仅是中华民族精神教育的重要内容,而且从理论的最高形式上对民族精神的培育和弘扬起着根本性的指导作用,它既能保证民族精神教育

内容的先进性又能保证其方向的正确性，是新时期加强和改进大学生民族精神教育、弘扬和培育民族精神的根本指导思想。

（二）践行社会主义核心价值体系、形成社会主义核心价值观是大学生民族精神教育的中心环节和根本要求

社会核心价值体系是指在社会生活中居于统治、领导地位的社会价值体系，它受一定社会基本制度的制约，是由一定社会崇尚倡导的思想理论、理想信念、道德准则、精神风尚等因素构成的社会价值认同整体。它能够有效地制约非核心、非主导的社会价值体系作用的发挥，能够保障社会经济制度、政治制度、文化制度的稳定和发展。任何社会、任何国家、任何民族的存在和发展，都需要有自己的社会核心价值体系或主导价值体系的强力支撑。社会主义核心价值体系在中国整体社会价值体系中居于核心地位，发挥着主导作用，决定着整个价值体系的基本特征和基本方向。社会主义核心价值体系是社会主义意识形态的本质体现，它涉及经济、政治、文化、思想等社会生活的方方面面，集社会主义价值理念之大成，把我们党倡导的基本理论、思想观念和价值取向系统地整合在一起，是社会主义意识形态的核心内容和最重要的组成部分，决定着社会主义意识形态的性质和方向。社会主义核心价值体系包括四个方面的基本内容，即马克思主义指导思想、中国特色社会主义共同理想、以爱国主义为核心的民族精神和以改革创新为核心的时代精神、以“八荣八耻”为主要内容的社会主义荣辱观。这四个方面的基本内容相互联系、相互贯通，共同构成辩证统一的有机整体。坚持马克思主义指导思想是使民族精神与民族精神教育始终保持正确发展方向的根本指导思想；坚持中国特色社会主义共同理想是使民族精神始终保持自身特色与独立品格的基本保证；坚持以爱国主义为核心的民族精神和以改革创新为核心的时代精神是使民族精神与民族精神教育始终抓住核心并保持与时俱进品质的有力保障；坚持社会主义荣辱观会使民族精神教育的成果得到促进和巩固。因此在当代中国，进行包括大学生民族精神教育在内的一切思想政治教育都不能偏离社会主义核心价值体系，它为民族精神教育指明了正确方向，也为民族精神教育保持正确方向提供了有力的保障。同时，践行社会主义核心价值体系是当代中华民族精神教育的重要内容。之所以如是说，是因为爱国主义是中华民族精神的核心，爱国主义是具体的、历史的，在当今社会，爱国就是爱社会主义中国，就必须要坚持社会主义方向、

坚持马克思主义指导。所以说,培育和践行社会主义核心价值体系是当今社会大学生民族精神教育的中心环节,加强大学生的民族精神教育,实际上就是增强大学生对社会主义核心价值体系的认同与弘扬。当代大学生只有深刻认同社会主义核心价值体系,才能真正把握中华民族精神的灵魂与实质,才能在复杂的社会发展中始终做出正确的价值选择,坚持正确的价值追求。

社会主义核心价值观是社会主义核心价值体系的内核,体现社会主义核心价值体系的根本性质和基本特征,反映社会主义核心价值体系的丰富内涵和实践要求,是社会主义核心价值体系的高度凝练和集中表达。党的十八大提出:“倡导富强、民主、文明、和谐,倡导自由、平等、公正、法治,倡导爱国、敬业、诚信、友善,积极培育和践行社会主义核心价值观。”富强、民主、文明、和谐是国家层面的价值目标,自由、平等、公正、法治是社会层面的价值取向,爱国、敬业、诚信、友善是公民个人层面的价值准则,从国家、社会和个人三个层面指明了民族发展的方向和准则。社会主义核心价值观与中国特色社会主义发展要求相契合,与中华优秀传统文化和人类文明优秀成果相承接,是我们党凝聚全党全社会价值共识做出的重要论断。培育和践行社会主义核心价值观,是推进中国特色社会主义伟大事业、实现中华民族伟大复兴中国梦的重要战略任务之一,自然也是新时期中华民族精神教育的重要内容。面对世界范围内思想文化交流、交融、交锋形势下各种价值观较量的新态势,面对改革开放和发展社会主义市场经济条件下思想意识多元、多样、多变的新特点,在进行大学生民族精神教育的过程中,必须注重培育大学生践行社会主义核心价值观,以保证大学生民族精神教育内容的先进性和方向的正确性,巩固马克思主义在意识形态领域的指导地位,使大学生能够深刻理解和把握民族精神的核心和灵魂,把社会主义核心价值观熔铸在自己的价值信念中,自觉调整和修正价值标准、价值选择和价值追求,使自己的价值观与社会主义核心价值观保持高度一致,使个人的发展与民族的振兴紧密联系在一起,增强民族自信心、自豪感和使命感。

(三)爱国主义教育是大学生民族精神教育的核心

爱国主义教育是弘扬和培育民族精神的核心。爱国主义是中华各族人民对自己故土家园、民族和文化的真挚强烈而执着的情感,是中华各族人民共同的精神支柱,是维护祖国统一和民族团结的纽带,是中华民族继往开来的精神支柱,是中华民族伟大复兴的精神动力,是民族精神的核心。在现代社会,国家仍然是民族存在的最高形式,一个民族,没有以爱国主义为核心的振奋的民族精神,就不可能自立于世界民族之林,民族同胞的权益就不可能得到有效的维护和发展。中华民族精神教育如果抛开维护国家主权、领土完整和民族统一等内容,就会丧失其存在的价值和意义。“开展爱国主义教育的目的,是要振兴民族精神,增强民族凝聚力,树立民族自尊心和自豪感,巩固和发展最广泛的爱国统一战线,把人民群众的热情引导和凝聚到建设有中国特色的社会主义伟大事业上来,引导和凝聚到为祖国统一、繁荣和富强做贡献上来,做有理想、有道德、有文化、有纪律的社会主义公民,为实现四化,振兴中华的共同理想,团结奋斗。”①爱国主义教育是弘扬和培育以爱国主义为核心的中华民族精神的重要内容,关键环节和有效措施,是民族精神教育的核心。

爱国主义教育是大学生民族精神教育的核心。爱国主义是民族精神的核心,是几千年来贯穿于民族精神形成和发展进程的一条主线,是中华民族精神的精髓,是中华民族生生不息、自立于世界民族之林的强大精神动力,是实现中华民族伟大复兴永不枯竭的力量源泉,当代大学生是中华民族光荣传统的继承者和发扬者,是未来社会主义现代化建设的中坚力量,必须成为爱国主义精神的坚定弘扬者、成为国家主权的忠实捍卫者。在大学生民族精神教育过程中,进行热爱祖国大好河山教育,进行爱自己骨肉同胞教育,进行历史和灿烂文化教育,进行民族团结和国家统一教育,进行国情和国家意识教育,就是要增强青年大学生对自己故土家园、骨肉同胞的深厚感情,就是要培养当代大学生对祖国的历史文化、道德规范、价值取向、生活方式的认同感;就是要使广大青年大学生继承和发扬中华民族维护民族尊严和国家主权的光荣传统,增强对祖国的责任感和使命感,逐渐把目前的勤奋学习、磨炼意志与未来更好地服务国家联系起来,把对祖国的无限忠诚作为其人生奋发向上的价值追求;就是要让大学生把爱国主义与爱社会和拥护祖国统一很好地结合起来,引导当代大学生积极投身于社会主义现代化建设和祖国统一大业的伟大实践中,把爱国之情转化为报国之志,做社会主义事业的建设者和祖国统一的促进者,肩负起中华民族伟大复兴的神圣使命。

---

① 中共中央宣传部宣传教育局编:《爱国主义教育实施纲要读本》,学习出版社 1994 年版。

二、大学生民族精神培育的基本原则

弘扬和培育民族精神是一种科学的教育实践活动，它需要遵循民族精神教育的一般规律，同时对于当代大学生这个特殊的群体，民族精神教育又呈现出特殊性，必须与大学生自身的特点紧密相连。所以，在大学生民族精神培育过程中，应注意坚持以下原则，做到理论性与实践性相结合、传统性与时代性相结合、系统性与侧重性相结合、民族性与世界性相结合、教育者与受教育者"双主体"。

(一)理论性与实践性相结合的原则

弘扬和培育民族精神，必须把强烈的民族情感与务实的实践活动紧密地结合起来。民族精神是对故乡、民族和文化的深厚情感和强烈认同，是在实践中形成的共同的价值追求，展示着中华民族自强不息、奋勇向前的优良品质，深深地蕴藏在我们优秀的传统文化之中，但是要发扬这种优秀的品质，必须要将情感、品质和文化落实到实实在在的行动上，全体成员共同努力，用具体行动传承民族精神。另外，民族精神的认识是一个不断发展的过程，必将经历从实践到认识，再实践到再认识的循环往复，只有把理论认识与实践相结合，才能形成科学的认识。所以在大学生民族精神培育中，要科学地坚持认识的发展规律，坚持党的指导思想，全面落实民族精神培育的目标要求，结合大学生身心发展规律的实际，做到理论与实践相统一，以达到民族精神培育的最佳效果。

第一，突出理论教育。理论是实践的先导，要让大学生形成稳固而强烈的中华民族精神，必须先让大学生对民族精神的相关理论有准确的认知。中华民族精神包含着丰富的理论内容，当代大学生民族精神培育离不开对这些内容的扎实、全面、系统的理论学习、理解和消化。一是要坚持把理论学习作为基础。马克思指出，"代表先进阶级的正确思想，一旦被群众掌握，就会变成改造社会、改造世界的物质力量。"①因此，弘扬与培育大学生民族精神应当重视中华民族历史和优秀传统文化的教育，重视马克思列宁主义、毛泽东思想、中国特色社会主义理论体系的教育，重视党领导人民取得革命和建设的伟大成果教育，以实现大学生对中华民族悠久灿烂文化的深刻了解与把握，对中华民族自强不息、团结奋斗的光辉历

---

① 《毛泽东选集》第2卷，人民出版社1993年版。

程的深刻感知，对中国人民前仆后继、浴血奋战、争取民族独立和解放的勇敢斗争精神的深切领会，最终形成大学生对中华民族精神的强烈认同感。二是要加强对大学生民族精神养成的理论引导。加强当代大学生的相关理论引导，最突出的就是注重方式方法，要从大学生的文化知识水平、所处生活环境以及心理特征等实际出发，从大学生对就业选择、工作去向、成长成才等最关心的问题入手，结合先进典型和贴近生活的事实，采用大学生易接受的语言风格和形式多样、喜闻乐见的方式展开教育，以事感人、以情动人、以理服人，最终使大学生对那些抽象、枯燥的理论真正接受和认同。

第二，注重实践锻炼。马克思指出："人的思维是否具有真理性，这不是一个理论，而是一个实践问题。"①中华民族精神是中国人民认识和改造自然以及参加社会实践的精神结晶。所以，弘扬和培育大学生民族精神的最终目的在于推动大学生践行民族精神的能力。我们的培育工作不能仅仅是停留在纯理论教育的层面，而是要让大学生把学到的理论用于实践，以具体的实际行动表现出来。而在现行的教育模式中，学校教育与社会现实的错位和脱节是一个非常突出的问题，大学生在学校接受的有关民族精神的理想化的、高标准的理论与世俗的社会现实形成了强烈的反差，致使很多民族精神理论在社会上根本行不通，导致学校对大学生的民族精神培育只能停留在理论的层面上而无法向实践层面推进。之所以出现这种局面，究其原因，主要是由于在教育过程中学校教育与社会实践严重脱节，教育过程中回避了民族精神与社会上某些负面现象的矛盾，没有教会大学生在当今物欲横流的社会如何保持、坚守独立的个性以及在这样的复杂环境下弘扬、践行民族精神的方式方法，致使很多大学生屈服于强大的世俗势力和利益诱惑，使其在学校接受的民族精神教育停留在了理论层面，半途而废，民族精神教育成了半截子工程。"任何个人的道德品质，都是在社会实践基础上，经过自己积极的思想斗争和主观努力而形成的。"②所以，民族精神教育必须重视和解决好理论与现实相适应的问题，提高大学生的实践能力。具体做法：一是要坚持实践育人。把实践作为培育大学生深厚的民族情感、坚定的民族信仰、高尚的道德情操的重要途径。通过深入开展各类形式多样的、主题鲜明的实践活动，引导大学生从受

---

① 《马克思恩格斯全集》第3卷，人民出版社1980年版。

② 罗国杰：《伦理学教程》，中国人民大学出版社1986年版。

教育对象变成实践主体，让大学生在亲身的实践中领会和接受民族精神，使民族精神扎根于其内心。二是要坚持用实践来检验民族精神培育的效果。民族精神培育不同于数学、物理等自然科学的学习，它是一门社会学科，实践性是其本质属性。所以我们不能把用于检验自然科学教育成果的从理论到理论的推演方法用于检验民族精神培育的效果，而应该把实践即大学生践行民族精神的实际表现作为检验大学生民族精神培育成效的重要标准，并针对实践中发现的问题不断进行调整，确保民族精神理论内化为他们的意识形态并在实际行动中体现出来。

（二）系统性与侧重性相结合的原则

弘扬和培育民族精神，必须坚持系统性与侧重性相结合的原则。一方面，民族精神是一个科学的体系，包括国家民族意识、传统文化、个人品格等多个方面，民族精神的培育又是一项系统工程，大学生在各个方面都得到很好的培育和发展才能成为一个全面的、真正具有民族性格的、符合社会需要的合格公民。所以说，民族精神教育的全面系统性不容忽视。另一方面，又要结合国内国际的新情况、新特点以及大学生个体的实际情况有针对、有侧重地开展工作。总的来看，大学生民族精神教育只有系统性与侧重性有机结合，才能使大学生民族精神的培育既重点突出，又没有疏漏，才能保证大学生民族精神培育工作的效率与总体成绩。

第一，保证全面系统性。民族精神教育的全面性既包括培育内容的全面性，又包括培育途径的全方位以及构建全面系统的民族精神教育机制。

一是民族精神教育的内容必须全面，既包括中国古代的民族精神，又包括近代以来革命、建设和改革过程中创造的新的民族精神；既包括爱国主义教育、中华传统美德教育、革命传统教育，又包括创新精神教育以及科学理性与人文精神、民主精神与法制精神等现代精神的教育；既要培育大学生的爱国情感、对民族文化的认同感，又要塑造大学生健全的人格，等等。

二是构建系统的、全面的培育体系。弘扬和培育大学生民族精神是一项系统工程，需要构建以学校教育为重点，家庭教育和社会教育相结合的全方面培育体系，只靠单一的学校教育是难以实现的，必须重视构建学校教育、家庭教育、社会教育相结合的全覆盖、全时域教育格局，从而调动最广泛的教育力量，形成弘扬和培育大学生民族精神的合力。

三是完善民族精神教育机制。健全和完善大学生民族精神教育机制，不仅可以使民族精神的弘扬和培育工作职责明确、关系和谐，而且可以使各部门积极主动、相互配合、相互促进，有效地增强大学生民族精神教育的实效性。我国的民族精神教育虽然有着悠久的历史，也取得了较好的成绩，但到目前为止仍然处于单兵作战的状态，缺乏行之有效的机制来保障各教育要素的有机配合、协调运行。需要逐步建立和完善民族精神教育的领导机制、保障机制、监督机制、激励机制、反馈机制、评估机制、调节机制等等，从人员、经费、时间等软硬件着手，把民族精神教育融入各单位、各部门的日常工作之中，融入大学生的思想政治教育工作之中，形成规范化、制度化的教育体制机制，使大学生民族精神教育处于有效的连续状态，做到时时有人抓，处处有人管，事事有人过问，使民族精神教育的开展能够合理、有序、高效地运行，确保大学生的民族精神教育具有实施和发展的有效空间。①

第二，突出重点。民族精神教育虽然要注重全面性和系统性，但为保障教育的实效性，也必须针对不同的对象以及民族精神不同方面的培育要求，有针对性地选择教育载体，重点突出、层次分明地开展民族精神教育工作。

一是加强历史和传统文化教育，增强大学生民族荣誉感、文化认同感，自觉铸造高尚品格。历史是民族之本，是人们理解和认识现实社会的参照，同时也是民族传统文化的载体，是孕育民族精神的母体和根基。民族精神是在悠久的历史长河中不断积累和发展而成的，它植根于民族历史与文化的土壤之中，大量的民族文化经典构成民族精神的主要承载者，代代相传的传统美德成为民族精神的思想来源。中华民族五千年发展历程，创造了悠久的历史和灿烂的民族文化。对大学生进行民族精神培育，务必要充分发挥文化经典的熏陶作用、充分发挥历史事件的榜样作用，使其成为大学生民族精神培育的有效载体。因此高校民族精神培育必须要加强对大学生进行历史和传统文化教育，坚持以史育人、以史育德，不能简单地就史论史或史实陈列，要突出历史与文化的一体性。通过对历史的学习，了解中华民族曾经在政治、经济、文化、外交等各方面取得的令世人敬仰的辉煌成就，激发大学生的民族荣誉感、自豪感和民族自信心；通过对历史的学习，了解中华传统文化的博大精深，激发大学生继承优秀历史传统的自觉性，强化对民族文

① 陈小红:《浅论加强大学生民族精神教育》，载《学理论》，2009 年第 25 期。

化的认同感;通过对传统文化的学习,了解其中的爱国奉献、推崇“仁爱”、谦敬礼让、恪守诚信、自强不息、厚德载物等传统道德精华,激发大学生道德修养的自觉性,使他们自觉用中华灿烂文明和传统美德来熔铸高尚的精神品格,奠定扎实的文化根基。对大学生进行历史教育,除了专业学习以外,更多地需要通过日常的、大众化的、通俗的、生动直观的教育方式来进行。如:充分发掘历史读物通俗易懂、阅读方便、覆盖面广等特点,努力创作集知识性、趣味性和思想性于一体的普及读物;利用人们喜欢参观、旅游的特点,充分发挥爱国主义教育基地、博物馆、展览馆、各类人文自然景观的教育作用,充分开发旅游教育资源;加强历史文化资源的通俗化研究,使学生能在日常生活中通过多渠道随时接触历史、接受传统文化的熏陶,让传统文化在潜移默化中渗透到人们的心灵深处。

对大学生进行传统文化教育,除了借助民族的悠久历史这一载体之外,还要注意把民族语言教育作为重点内容。语言是文化的载体,进行中华民族精神教育不能不认同本民族的语言和文字,没有对民族语言的深刻理解和记忆,民族精神教育就无从谈起。正如都德的《最后一课》中所说:“亡了国当了奴隶的人民,只要牢牢记住他们的语言,就好像拿着一把打开监狱大门的钥匙。”可见,语言不仅是人们沟通的符号和交流思想的媒介,其本身更包含着丰富的意蕴,一个民族的语言文字对于民族和国家具有重要意义,是这个民族的精神之根;对于个人,语言承载着深厚的民族情感,能唤起国民对祖国的依恋和归属感以及对民族文化的认同感。

二是加强国情世情教育,增强大学生的忧患意识和历史使命感。中国有句古训,“生于忧患,死于安乐。”忧患意识是爱国主义民族精神的重要内容,国家要生存和发展,其国民必须要有强烈的忧患意识。同时,每个人生活在社会中都应承担自己的历史责任。马克思曾说过:“作为确定的人,现实的人,你就有规定,就有使命,就有任务,至于你是否意识到这一点,那都无所谓的。这个任务是由于你的需要及其与现在世界的联系而产生的。”①承担历史责任是由人的社会性决定的,每个社会的人自然肩负历史使命,必须具有历史使命感和社会责任感,这是社会、民族存在和发展的必然要求。当代大学生是未来社会主义现代化建设的中坚力

① 《马克思恩格斯全集》第3卷,人民出版社1960年版。

量,要建设好社会主义中国,必须要有建设中国特色社会主义、实现中华民族伟大复兴的强烈历史使命感。培养忧患意识是激发历史责任感的重要因素,只有具备了强烈的忧患意识,才能进一步激发人们的历史责任感和使命感,增强谋求国家振兴的自觉性和积极性。而通过进行国情世情教育,使大学生客观真切地了解国家的发展状况及其在激烈竞争的国际社会中的地位,能够有效唤起大学生忧国忧民的爱国情怀,激发起他们强烈的社会责任感和历史使命感。

当前,我国社会主义现代化建设取得的伟大成就令世人瞩目,令国人自豪,社会主义中国显示出蓬勃生机和活力。但同时我们也必须清醒地认识到,在激烈的国际竞争中、在风云变幻的国际环境下,中华民族的发展还面临着巨大的困难和挑战,一是面临世界科技文化发展的挑战。当今时代,世界范围内科学技术的发展突飞猛进,在各国经济和社会发展中的作用越来越大。各种文化在世界范围内相互激荡、相互渗透,对各国经济、政治、社会发展的作用越来越突出。科技文化的竞争已成为综合国力竞争的焦点。谁在知识和科技创新方面占据优势,谁就能掌握发展的主动权。二是面临复杂多变的国际环境的挑战。当今世界虽然和平发展仍然是时代主题,但影响和平与发展的不稳定、不确定因素时有增加,发达国家在经济和科技上占优势的压力将长期存在,世界经济发展不平衡的状况加剧,围绕资源、市场、技术、人才的竞争更加激烈,贸易保护主义有新的表现,敌对势力对我国实施西化、分化的战略力度没有改变,我国经济社会发展和安全面临着新的挑战。三是面临新世纪新阶段我国发展任务的挑战。十八大报告指出,全面建成小康社会和全面深化改革开放是新时期国家和社会发展的总目标,要确保到2020年中国共产党成立一百年时实现全面建成小康社会的宏伟目标。全面建成小康社会,任务艰巨,全面深化改革开放,更是面临巨大的挑战。十八届三中全会《中共中央关于全面深化改革若干重大问题的决定》指出:“党的十一届三中全会召开三十五年来,我们党以巨大的政治勇气,锐意推进经济体制、政治体制、文化体制、社会体制、生态文明体制和党的建设制度改革,不断扩大开放,决心之大、变革之深、影响之广前所未有,成就举世瞩目。”同时又明确指出:“当前,我国发展进入新阶段,改革进入攻坚期和深水区。必须以强烈的历史使命感,最大限度集中全党全社会智慧,最大限度调动一切积极因素,敢于啃硬骨头,敢于涉险滩,以更大决心冲破思想观念的束缚、突破利益固化的藩篱,推动中国特色社会主义制度自我完善和发展。”可以看出全面深化改革面临的困难有多么艰巨。对大学生进行国际国内形势的教育，让大学生充分了解中华民族目前发展面临的来自国际和国内政治、经济、文化等各方面的严峻挑战，能够有效地激发大学生的忧患意识和危机感，激发他们强烈的社会责任感和历史使命感，居安思危，为实现中华民族伟大复兴的中国梦积蓄和准备力量。

（三）传统性与时代性相结合的原则

民族精神既是一种有着历史积累和沉淀的思想体系，又是一个随着时代进步而与时俱进的思想体系。建构民族精神必须把时代性与传统性、继承与创新有机结合起来，使二者有机统一、相辅相成。其中，保持传统性是突出继承和弘扬，是对已经形成的精神而言的，它强调的是恰当的比较和理性的选择；实现时代性是彰显发展和创新，是对正在形成中和尚未形成的精神文化而言的，它要求的是与时俱进的突破与超越。二者统一既可以使传统文化为民族精神提供深厚的历史底蕴与文化根基，又可以让民族精神汲取时代精神以获得发展的活力和动力。所以大学生民族精神培育中一定要注意保持民族精神的传统性和时代性的结合，要深入开展历史教育、国情教育、传统文化和传统美德教育，在提升大学生对民族文化的认同的同时，结合改革开放和社会主义现代化的实践不断地丰富发展民族精神的内涵，补充完善民族精神的内容，不断为中华民族的伟大复兴注入新鲜血液。

第一，继承传统中华民族精神。培育民族精神首先要继承优秀的、博大精深的传统文化，古为今用。文化传统作为一个民族群体意识的载体，是一个民族得以延续和发展的“精神基因”，是培育民族心理、民族个性、民族精神的“摇篮”，是任何时代都不能丢弃的。“每个民族的情形都是如此：只要把他历史上的某个时代和他现代的情形比较一下，就可以发现尽管有些次要的变化，民族的本质依然如故。”①可见，传统是有着持久生命力的，传统文化在现代社会仍具有现实的指导意义。中华民族在五千多年的发展过程中，创造了悠久灿烂的民族文化。例如“天行健，君子以自强不息”的刚健有为、积极进取的人生态度；“地势坤，君子以厚德载物”“己所不欲，勿施于人”“己欲立而立人，己欲达而达人”“养心莫善于诚”“民无信不立”等强调谦敬礼让、仁爱、诚信的道德修为；“先天下之忧而忧，后天下

---

① ［法］丹纳：《艺术哲学》，傅雷译，人民文学出版社 1963 年版。

之乐而乐""天下兴亡,匹夫有责""苟利国家生死以,岂因祸福避趋之""位卑未敢忘忧国"的爱国主义精神。这些传统文化的精华就是中华民族精神的重要内容,概括起来看,中华民族在五千年的发展中形成了以爱国主义为核心的团结统一、爱好和平、勤劳勇敢、自强不息的伟大民族精神,这些仍然是当代大学生民族精神培育内容的主体。

第二,与时俱进,体现时代性。民族精神是社会实践的产物,也必然随着实践的发展而发展。必须结合时代特征与新的社会实践不断创新,才能构建超越前人、反映时代特色并与社会发展相适应的民族精神。从人类文化发展的历史看,自我封闭、缺乏创新、固守僵化是文化走向没落与衰亡的重要原因,如古埃及文化、古巴比伦文化、玛雅文化等等。中华民族文化绵延几千年不衰,除了中华文化的深厚底蕴,还得益于其一定程度的吸纳和融合各种文化的创新能力,得益于与其他文化的交流中汲取了外来文化的养分。所以,民族精神教育的内容除了要包含传统民族精神的成分,更应具有时代精神的元素。随着时间的推移,人们的思想意识和精神观念发生了重大变化,民族精神教育如果仅限于沿用传统的内容和方法,其收效势必甚微。在现代,开展民族精神教育必须创新教育内容和教育方法。在内容方面,除了把传统民族精神中那些具有广泛性和延续性的共性内容加以采集和发扬光大外,还要对现代中华民族精神的内涵进行深度发掘,用富有时代气息的鲜活精神来充实教育内容。江泽民同志指出:"民族精神,是我们宝贵的精神财富。我们世世代代都要加以继承和发扬,并结合时代和社会的发展要求,不断为之增添新的内容。"①民族精神不仅是历史发展的产物,同时也是时代发展的产物。它既植根于我国优秀的民族文化传统之中,又同我们党领导人民在长期革命、建设和改革中形成的优良传统和时代精神结合在一起。随着时代的变迁、环境的变化,民族精神培育的内容在继承整体性和连续性的基础上会有创新和突破。中国人民在革命和建设的伟大实践中,形成了井冈山精神、长征精神、延安精神、抗战精神、西柏坡精神、雷锋精神、"两弹一星"精神、大庆精神、抗洪精神、抗击"非典"精神、载人航天精神、抗震救灾精神和北京奥运精神等。这些精神是传统民族精神在现当代的生动再现和发扬光大。这就要求当今时代大学生民族精神

① 中共中央宣传部编:《毛泽东邓小平江泽民论弘扬和培育民族精神》,学习出版社 2003 年版。

的培育必须体现出时代性特征，把这些近代以来中国人民在争取民族独立和人民解放、实现国家富强和人民共同富裕的历史进程中形成的、体现时代内容与特征的伟大精神作为民族精神培育的重要内容，引导大学生大力继承和发扬。同时，由于时代的变迁、社会环境的变化，社会对国民素质的要求也发生了变化，这就使得当代大学生民族精神教育必须充分考虑各种新情况，有针对性地确定与时代相适应的大学生民族精神培育的目标、内容、重点、难点与方法，侧重进行时代需要的、尚未形成的那部分民族精神的教育。主要有以下几个方面：

一是注重科学精神的培育。随着时代的发展，对大学生民族精神的培育毫无疑问应与时俱进，在新的历史条件下，科学精神无疑是民族精神培育的重要内容之一。科学精神的明显特征是重视实践和实证的力量，追求创新，追求真理和理性。江泽民曾指出："科学知识、科学思想和科学精神可以引导人们奋发图强，积极向上，促进人们牢固地形成正确的世界观、人生观和价值观，促进人们实事求是地创造性地进行社会实践活动。"①目前，大学生对待科学的态度总体而言是尊重知识、尊重科学的，但也有不少大学生缺乏为追求和捍卫真理而勇于献身的精神，缺乏为求证错误而勇于对抗权威的精神，缺乏突破传统、大胆探索、开拓创新的精神。因此，加强大学生科学精神的培育不仅具有必要性而且具有现实的紧迫性。首先，要注重培育大学生追求真理的理性精神。理性的精神要求行为主体尊重客观规律，自觉按客观规律办事，注重对情感化和情绪化行为的控制，要以实践为标准，不唯书、不唯权威，始终保持清醒的认知。崇尚理性是科学精神的内在要求，是科学研究和现代社会思考和处理问题必须具备的思维方式。正如巴伯所言："科学家对于理性的依赖特别强烈，也必须特别强烈，因为只有这样，当他们在科研工作中遇到巨大困难和一次又一次的失败时，才能把这一信仰坚持下去。"②然而，受中国传统文化的影响，大学生大多接受的是经验主义和自然主义的思维模式，缺乏理性的思维模式。所以，只有培育大学生崇尚理性的科学精神，才能使他们在未来的学习、工作和生活中勇于突破陈规、不惧困难，大胆探索，以百折不挠的精神开展各种创造活动。其次，要注重培育大学生合理的怀疑和批判精神。唯物辩证法认为相对性是真理的属性之一，所谓相对性是指真理的使用条件和适用

① 江泽民：《论社会主义精神文明建设》，中央文献出版社 1999 年版。
② ［美］巴伯：《科学与社会秩序》，顾昕等译，三联书店 1991 年版。

范围是相对的,也是不断发展变化的。这就是说世上不存在绝对的权威,在科学探索中,没有不可怀疑的对象,合理的怀疑是科学探索的动力,合理的怀疑是合理批判的基础,合理批判是旧思想发展为新思想的重要途径,所谓"不破不立"怀疑和批判旧有理论就是"破"的过程。可见,怀疑和批判精神是科学精神的内在要求。大学生是推动未来理论、制度、科技、文化发展的重要力量,培育他们具备这样的科学精神非常关键。要营造良好的氛围,采取多种措施培育大学生的怀疑与批判精神。最后,要注重培育大学生的创新精神。创新与批判是紧密相关的,是批判基本上的推进,没有创新就没有发展。创新就是"立"的过程,只"破"不"立"事物还得不到发展和推进,所以"立"也就是创新才是根本目的。在越来越激烈的国际竞争环境中,唯有创新国家才具有竞争力。目前国家越来越重视创新能力和创新意识的培养,大学生作为青年中的优秀分子,自然是未来创新的主体,所以,培养大学生的创新精神,民族才能更具竞争力。

二是注重人文精神的培育。人文精神是一种普遍的人类自我关怀,表现为对于人生价值和意义、人的尊严、命运的追求维护和关切,是展现人类面向未来的理想价值追求的体现,确认人的价值是个体谋求主体性和平等性的实现以及人类追求全面解放和发展的体现。① 培育大学生的人文精神,首先,要加强人本精神的培育。人本精神是人文精神的核心,人本精神即"以人为本",其主要内容就是使人成为自己而不是其他某种东西的附属物。培育大学生的人本精神就是教育大学生把自己的全面发展作为最终目的,而不是为物质所束缚,获取自身幸福是一切行为的根本出发点和归宿,同时要明白,自身的全面发展要在社会全面发展的大环境中才能实现。大学生只有具备了人本精神才能成为时代所需要的全面发展的人。其次,加强平等精神的培育。人人平等是现代民主社会的基本理念和追求,是社会主义核心价值观的基本内容,是现代大学生民族精神培育不可或缺的部分。当前大学生比较关注与自身利益相关的平等的实现,但对于社会的不平等缺乏足够的反抗精神和理性的解决问题的方法,所以要培育大学生形成反对特权和社会不平等现象的勇气、胆识和能力,使其有正义感,不惧权势,不同流合污,为推动现代自由平等国家的建设作出努力。最后,加强自由精神的培育。人的自由

---

① 杨叔子等:《弘扬与培育民族精神研究》,经济科学出版社 2009 年版。

是所有社会实践活动的终极目标，如果失去了自由，那么人的一切活动都将毫无意义。科技的发展，社会的不断进步，将人类从自然的束缚和阶级的压迫中解放出来，但在部分人的头脑中仍然有奴性思维存在，这种腐朽没落的思想将成为建设自由平等公正的现代社会的强大阻力。早在五四时期胡适就发出掷地有声的呼喊："争你们个人的自由，便是为国家争自由！争你们自己的人格，便是为国家争人格！自由平等的国家不是一群奴才建造起来的！"①所以，建设现代国家，必须培育大学生的自由平等精神，大学生只有具备了自由平等的精神和理念，才能真正成为现代社会的合格公民。

三是注重民主精神的培育。民主精神是现代社会民族精神的重要内容之一，因而加强大学生民族精神教育，就必须注重其民主精神的培育。培育大学生的民主精神，当前最重要的就是要培养他们积极的参与意识。参与意识是民主意识的核心，也是民主意识形成的基础和保障，主要指积极主动地参与政治、经济、文化和社会生活管理的意识。参与意识的形成包含着强烈的主人翁意识和社会责任感。现代民主法治国家的建立，离不开包括以青年大学生为主体的广大社会成员的广泛参与，所以，弘扬和培育大学生的民族精神，必须注重其民主精神的养成。通过多种途径引导大学生积极主动地参与到社会生活管理实践中去，摆脱过去那种"两耳不闻窗外事，一心只读圣贤书"的只关心自身成长、不关注社会发展的状态，要引导大学生积极了解社会，从主动参与学校的政治和文化生活开始，在参与实践中逐渐养成自己的民主意识。

四是注重法治精神的培育。法治精神也是现代社会民族精神的重要组成部分。法治精神的核心要义即"依法治国"，要求按照法律的规定参与和管理政治、经济和文化生活，做到有法可依、有法必依、执法必严、违法必究。亚里士多德也曾对法治作过经典性的概括："法治应包含两重意义：已成立的法律获得普遍的服从，而大家所服从的法律又应该是制定得良好的法律。"②现代的法治不仅包括制定良好的法律和严格执行法律，还包括对法律运行的严格监管。培育法治精神对大学生而言最重要、最关键的就是培养其法律信仰。目前大学生对于法律的认知大多都停留在知识层面上，限于对法律规范的学习和了解，没有真正形成法律信

---

① 胡适：《胡适经典文存》，洪治纲主编，上海大学出版社 2004 年版。

② [古希腊]亚里士多德：《政治学》，姚仁权编译，北京出版社 2007 年版。

仰,更多的是崇尚个人权威,习惯于对个人权力的服从。这一状况严重影响了大学生独立人格的形成,必须加以改变。要通过提高整个社会公正执法的水平来营造良好的法治环境,为大学生法治精神的形成消除“钱大于法”“情大于法”等负面影响,将其对个人权威的服从转化为对法律的信仰,树立法律权威,从而使其具备自主精神,形成现代独立人格。

五是注重权利意识的培育。权利意识是现代社会民族精神的重要内容。大学生民族精神方面存在的一个突出问题,就是部分大学生权利意识淡薄,这主要是受传统的“忍让”“多一事不如少一事”等传统思维的影响,表现为行使权利的主动性和积极性不强或在利益受到损害时选择放弃维权。这种现象在一定程度上会助长侵权势力的膨胀,导致社会不公正激增、社会秩序混乱,使社会的发展偏离民主、法治社会建设的轨道。为避免出现这种局面,帮助大学生形成民族精神,就必须加强大学生的权利意识的培养,以使其在未来更好地参与社会的政治、经济、文化和社会建设。培养大学生的权利意识,首先要从观念上引导大学生突破传统思想的束缚,改变错误的思维定式,树立“维权光荣”的理念,敢于、愿意通过合法途径维护自己的权利。其次,要帮助大学生提高对权利的理解和认识。不仅要让大学生了解自己所享有的宪法、法律、行政法规等规定的基本权利的内容,还要让大学生了解培养权利意识对社会发展和个人成长的积极意义,更要帮助他们掌握知悉权利的渠道和行使、维护权利的手段,这样才能真正增强大学生的养成权利意识的主动性和实际能力。

(四)民族性与世界性相结合的原则

在全球化的背景下,弘扬和培育民族精神应保持理性的态度,既不妄自菲薄、自我贬低,也不狂妄自大、目空一切,应立足本国、放眼世界,坚持民族性与世界性相结合的原则。民族性是中华民族精神保持自我和独立的根本,是“我之为我”的标志,是任何时候、任何环境下都不能丢弃的,全球化背景下依然如此。世界性是民族性在全球化条件下的发展,能为民族性注入新的元素和活力,促进民族性的丰富和进步。所以,在新的历史条件下加强大学生的民族精神培育必须坚持民族性与世界性相结合的原则,既保持传统、突出个性,继承和发展中华民族传统文化特色,又要善于和勇于接受新事物、以“和而不同,有容乃大”的宽广胸怀和开放的心态来吸纳世界各个民族文化的优秀成果,洋为中用,为中华民族精神注入新鲜血液,让中华民族精神不断得到丰富和发展,让我们培养出来的大学生成为既具有传统民族精神又能与世界接轨的符合现代社会需要的人才。

第一,坚持民族性。文化总是以一定的民族形式存在的,每一个民族的文化都有它独特的文化价值观念,这就是文化的民族性,这种价值观念不仅营造了一定的社会文化环境,而且直接决定了生活于其中的人们的心理特征和行为取向,就好比我们即使说英语、吃西餐也找不到身为西方人的感觉一样,因为在这一过程中,已有的文化体系必然会作用于外来文化,弘扬本民族的优秀文化传统,能有效抵御外来文化的侵袭。习近平同志在全国宣传思想工作会议上指出:"中华文化积淀着中华民族最深沉的精神追求,是中华民族生生不息、发展壮大的丰厚滋养。"民族性作为民族精神的灵魂和根本,是国家和民族的"胎记",是任何时候、任何条件下都不能忽视的。一种文化失去了民族特色,就没有了独立性,也就不可能成为具有世界意义的文化。文化的民族性是世界文化繁荣发展的根基,在文化全球化过程中,在西方文化占据主导地位的形势下,失去本民族的特色,本民族文化也就失去了灵魂,必将在文化全球化的大潮中被淹没,也就谈不上发展先进文化。所以,在全球化浪潮中,弘扬和培育民族精神必须要坚持本国、本民族文化的独特性和自主性,继承与发扬中华民族的优良文化传统,发掘我国传统文化的内在精髓,为弘扬和培育中华民族精神奠定思想底蕴;坚持用社会主义核心价值观引领文化建设,保持中华民族精神的社会主义特色。在全球化背景下,对大学生进行民族精神教育的过程中,还要注意引导大学生正确认识经济全球化带来的文化全球化进程,使其清醒地认识到:全球化不等于政治、文化的一体化,而是在各民族文化交流中要更加注重保持和弘扬本民族文化的特色,促进本民族文化的发展,有选择地吸收和接纳外来文化,避免产生文化无差异的错误认识,从而走向被全面西化的可怕境地。继承民族传统、认同民族文化、弘扬民族精神才是保持民族独立的思想基础,是增强民族凝聚力的保证,是民族得以存在和发展的内在精神动力。离开了民族性,民族精神教育便没有了任何意义,甚至可能成为反动势力"西化"图谋和活动的帮凶。

第二,兼顾世界性。民族精神是共性和个性的统一。每一个民族都有自己的民族精神,而不同民族的民族精神也有很多相通的地方。在进行民族精神教育时,要注意运用理性思维,坚持民族性的同时,要兼顾世界性,避免走向狭隘的民族主义。当今世界,各民族之间的交流越来越广泛,任何一个民族都不可能脱离世界文明而独立发展。事实表明,民族文化的融合交流是中华文化繁荣的必由之路。一种文化在保留其主体精神基础上的对外广泛交流,不仅不会制约本民族文化的独立和发展,相反会带来新的因子和发展机遇,使民族精神焕发出勃勃生机和活力。所以,在培育大学生民族精神的过程中,要有允许外国文化进入的勇气和胆识,注意借鉴世界其他国家民族精神的合理成分,如科学精神、创新精神等等,不要盲目排外,以宽广的胸怀接纳世界各民族的先进文化成果为我所用,谋求西方文明与中华文明的融会互补,避免走向狭隘的民族主义。同时,积极借鉴国外发达国家民族精神教育的理念和经验,发挥先进理念育人效用。在西方发达国家,政府对于国民进行民族精神的灌输和培育可以说是全方位,立体化的,并且取得了良好的效果,有很多方面值得我们学习和借鉴。一是要学习国外对民族精神培育的重视。美国、法国等西方发达国家都非常重视大学生民族精神的培育。强调"美国精神""法国精神",并将之视为国民素质培育的核心内容。① 20 世纪 80 年代初一项多国大学生的调查结果表明,接受调查的美国大学生,70% 的人赞同"国家利益重于个人利益",80% 的人赞同"大学生不为国家尽力就意味着背叛"的观点,这在接受调查的各国大学生中甚为突出。二是学习国外注重运用隐性因素进行教育和熏陶。其中,通过社会公共环境的情境熏陶、渲染、渗透作用进行民族精神教育最为典型。以法国为例,政府对于大学生进行民族精神的教育侧重于对法国历史文化的珍惜和爱护,突出表现在名目繁多的博物馆。例如:法国首都巴黎云集了诸如卢浮宫博物馆、雨果博物馆、奥赛 19 世纪博物馆、罗丹博物馆、蓬皮杜中心博物馆、毕加索博物馆等等这些世界闻名的艺术圣殿。除博物馆外,巴黎大大小小的街心花园和广场遍布着不同时代、不同领域历史文化名人的塑像,而象征着近代法国重大历史事件遗址的纪念性建筑也星罗棋布地遍及城市的各个角落,整个巴黎俨然就是一座公民的学校。正是这种无时无刻不在的润物细无声的熏陶和感染才成就了法国人对法语文化的近乎偏执的热爱,而这种可爱的偏执,让法语文化在面对处于霸主地位的美国文化时仍不失其独特的魅力,也在当今纷杂的世界上塑造了独特的法兰西民族精神。②

---

① 浦卫忠:《美国精神与青少年教育》,载《中国青年政治学院学报》,1999 年第 1 期。

② 金意:《法国和意大利这样传承文化遗产》,载《经理人内参》,2009 年第 12 期。

（五）教育者和受教育者“双主体”的原则

在民族精神培育的过程中，应充分发挥教育者和受教育者两方面的主动性和积极性，避免出现教育一方积极主动，受教育者一方被动接受却无动于衷的现象，也就是说，应该将教育者和受教育者都视为“主体”，两个主体缺一不可，都要积极主动地参与到教育过程中来，这样才能有效实现民族精神培育的目标。在我国过去相当长的时间里，由于教育理念的滞后和不完善，我国的思想政治教育长期漠视学生作为有效完成教育过程的一方主体，片面地、单一地强调教育者的权威地位和主体作用。然而，大学生民族精神培育过程应该既是教师有目的、有计划地向大学生进行知识传授和教育引导的过程，同时又是大学生主动接受教育引导，积极能动地把所学理论内化为自身品格并付诸实际行动的过程，缺少了受教育者一方的积极主动参与，就很难使民族精神理论转化为受教育者的实际行动，民族精神培育的目标也就难以实现。因此，要使民族精神弘扬和培育取得理想的效果，教育过程中需要坚持“双主体”性原则。

第一，教育者的主体作用。教育者与受教育者尽管都被称为教育主体，但二者在教育中的作用还是有明显区别的。教育者一方的主体性表现为主导性、创造性和前瞻性。① 其一，教育者应充分发挥其在教育中的主导性，发挥其主要的和支配的作用。因为教育者是整个教育活动的组织者、发出者、执行者，其为达到教育目的所实施的方案、措施和方法具有主导的性质。其二，教育者应充分发挥其在教育中的创造性。在教育过程中勇于探索、开拓创新，不断增添民族精神教育的新内容，开创教育新方法，有效组织教育活动。其三，教育者应充分发挥其在教育中的前瞻性。相对于受教育者，教育者属于“先知”，这不仅体现在对教育规律、教育内容、教育方法的先知，而且体现在对受教育者基本情况的先行了解。要求教育者在教育过程中根据教育的客观规律和受教育者的思想状况，预见受教育者思想的发展态势，有效引领教育活动。另外，教育者还应充分发挥其在日常生活中的示范带动作用。在日常生活中，教育者需要积极主动地践行民族精神，做民族精神弘扬的表率，以高尚的人格力量感染人，以鲜明的榜样力量带动人，引导大学生积极主动地进行民族精神的修养。

---

① 祖嘉禾：《思想政治教育方法教程》，北京大学出版社 2004 年版。

第二,受教育者的主体作用。在民族精神的培育过程中,不仅要发挥教育者的主体作用,更要让大学生也主动地参与到教学过程中,充分发挥大学生一方的主体作用,最大限度地激发他们受教育的积极性。其一,要充分尊重大学生的主体性。民族精神培育是教育者和受教育者共同参与的实践活动,是双方密切配合的过程。所以,进行民族精神培育,充分尊重大学生的主体地位不仅是必要的而且是重要的。只有充分认识和尊重大学生的主体地位,才能充分调动他们参与教育活动的积极性,激发他们的主观能动性,变单向的理论灌输模式为双向的互动引导模式,使大学生主动参与到民族精神培育活动中,实现把民族精神内化为思想品质、自觉地养成具有良好中华民族精神的目的。其二,要唤起大学生的自我教育。苏联教育家苏霍姆林斯基提出:"自我教育是学校教育中极重要的一个因素,没有自我教育就没有真正的教育,唤醒人实行自我教育,按照自我的深刻信念,乃是一种真正的教育。"①在培育大学生民族精神的过程中,不能只靠教育者单方面努力,还要通过各种有效措施引导大学生培养进行自我教育的主动性和积极性,使他们真正参与到民族精神的培育活动中。由于自我教育具有突出的主动性和全时域性,通过自我教育,大学生就能更好地把民族精神内化为自己的思想,使民族精神有效转化为当代大学生稳定的思想品质。

第二节　各国对学生进行民族精神教育的借鉴

一、以家国为核心的民族精神教育——韩日的东方传统文化

韩国和日本是我国的近邻,相同的地缘特征,相同的宗教背景,两国在培育国民民族精神方面非常具有典型的参照意义。韩国和日本早年受中国文化影响很深,千百年来,传统文化得到了一代代传承,形成了鲜明的民族特色和传统文化。这让我们深刻认识到,培育民族精神不仅是一种"软环境"的潜移默化,更要靠教育在"硬环境"方面发挥积极作用。

---

①　[苏]瓦・阿・苏霍姆林斯基:《给教师的建议》,杜殿坤译,教育科学出版社 1984 年版。

（一）韩国加强民族精神教育的途径与举措

在韩国，从小学就开始进行以儒、佛思想作为国家主要的道德理念进行道德教育。尤其是二战后，为了清除日本奴化教育，更是把民族精神培育作为立国兴国的首要任务。20世纪60年代以后，韩国从世界上最贫困的地区之一，迅速实现了工业化，创造了举世瞩目的“汉江奇迹”，一跃成为著名的“亚洲四小龙”之一。许多专家从不同角度对韩国成功的因素进行了考察，得出不同结论，但是几乎都注意到了教育在韩国现代化进程中的重要意义，特别是成功的道德教育孕育出“家族式”的民族精神，与韩国的崛起息息相关，那么，韩国是怎样加强民族精神教育的呢？

1968年，韩国制定了《国民教育宪章》，宪章中规定韩国教育的目标是：“培养热爱国家，并为祖国的发展与繁荣而献身的真正的韩国人。”进入20世纪70年代以后，韩国又提出“有国籍的教育”，即加强本民族历史的教育，然后在学生心中树立起“以祖国的兴旺发达为己任的爱国主义思想”。由此可见，韩国政府把德育作为衡量教育质量的第一指标，而德育是民族的德育，又被称为“有国籍的教育”。所以韩国政府要在国民中间实行爱国主义教育，培养他们的民族精神，使学生养成强烈的民族自豪感和国家自尊心，以此来振奋人心，其效果直接在国民的精神风貌和经济的飞速发展中显示出来。总的来说，韩国培养其民族精神的途径和方法有：

1. 制度化的正规教育

韩国不仅是世界上最重视教育的国家之一，而且在教育的作用方面，非常强调其政治作用，把思想政治教育和民族精神培育放在十分突出的位置上，强调其所担负的培育韩国公民综合东方文化传统和现代西方价值的道德规范以及代表“新韩国人形象”的国民精神的任务。

为了培养新韩国人的形象，他们提出了教育改革的九项基本原则。

第一，创造性地继承和发扬韩国的传统文化，使用现代的价值观教育措施，进行韩国人自信、自尊的教育。

第二，进行德、智、体全面发展的教育。

第三，在课程设置上，多尊重学生的兴趣和爱好，着重培养他们的动手能力，参加技术革新和世界性的科技比赛。

第四，面对 21 世纪科技高速发展和产业高度社会化的时机，进行面向未来的教育。

第五，切实加强教师队伍的培训，改进教学质量，提高教学效率。

第六，根据学生不同的特点，设计多种形式的教学活动和教学方法，充分调动学生的积极性，实行多样化的教学。

第七，扩大学校的自主权，加强学校自治。

第八，建设现代化的育人环境，改善教育设施，美化教学环境，增加现代化的教学器材。

第九，让社会各界都参与到教育中来，支持教育事业发展，强调终身教育，树立正确的职业观和教育理念，发挥社会化教育的作用。

2. 非制度化的正规教育

作为思想政治教育的主要内容之一，韩国的民族精神培育，不仅作为教育目标的要求贯穿在学校教育的全过程之中，而且在社会生活的各个方面都有所体现。如韩国国歌的名称就是《爱国歌》，歌词是："大韩人誓死卫国，愿韩国屹立万代！……用我们的意志和精神，热爱我们亲爱的祖国，把身心与忠诚献给她，不管面对的是痛苦还是欢乐。"韩国民族精神的培育，注重从乡土教育入手，即以本地区的地理、历史、经济、文化发展为教育内容，通过个体了解全部，使国民达到对大韩民族文化的认同，从而达到爱国主义教育的目的。比如，韩国人对本土非常热爱。"身土不二"是韩国随处可见的广告词，意思是我生在这片国土，长在这片国土，这片国土上生产的东西才是最适合我的。从幼儿园到大学，这是爱国主义教育的重要内容。举一个最普通的例子，在韩国，不论大人还是小孩，都吃本国的蔬菜、水果、粮食等食物，虽然卖场上国产的某些食品比进口的要贵，但是买的人却不少。马路上满街跑的汽车绝大多数是韩国产的"现代"或"大宇"牌。在韩国不消费本国的产品，往往被视为"忘本""素质低"或"不爱国"。对孩子们来说，热爱祖国就是自觉地选择国货，他们从小接受的就是这种教育。所以现代韩国国民形成了强烈的爱国主义意识，使得政府在整体号召的机制下，能够举国一致，实现民族振兴。20 世纪 90 年代，受亚洲金融危机的影响，韩国经济的发展也遭到了重大的挫折，在国家危难之际，韩国民众的爱国热情又一次得以彰显，他们纷纷拿出自己的祖传珍宝和代表爱情信物的金银饰品器具等，献给自己的祖国用来还债。

民族精神的培育必须一以贯之，长期坚持，这不是一朝一夕就能完成的事业，需要一代又一代人的不懈努力。

3. 隐性教育

韩国学校培育民族精神，不仅重视课堂教育效果，而且通过校园中历史文化资源的利用对学生进行隐性影响，从而达到时时刻刻，无声无息地把民族精神根植于青年心中的目的。韩国政府把城市化建设中需要拆迁的历史文化建筑移植到校园内，既保存了国家珍贵的历史文化资源，同时又为学校的爱国主义教育提供了活生生的教材，起到了一举多得的社会效果。韩国除了公立大学外，一些私立学校，同样贯彻着国家民族精神培育的宗旨。有一所大学就在校园的草坪上树立了一座没有碑文的空碑，旁边是爱因斯坦、牛顿等世界知名的科学家，这座空碑就是给以后能够拿到诺贝尔奖奖金的这所学校的学生准备的，这样无声的教化作用无疑是最有力的鞭策。总之，韩国立足于动员家庭、学校、社会、国家和青年自身，形成多途径的教育体制，实现加强青少年民族精神的合力。

（二）日本加强民族精神教育的途径和举措

日本民族精神的培育十分注意与传统道德价值观的结合。如忠孝、家族和天皇等观念就被巧妙地和“建设家乡”“为大和民族利益”等内容结合起来，并且配以各时期的民族英雄事迹和日本发展的光荣史，十分生动和有教育意义。例如集体主义是日本非常重要的传统文化，日本人的个体是通过“家”和“镇”来体现的，现在日本仍然将尊敬长辈放在与集体和社会有关的内容之中。翻看日本的德育教科书，会感受到日本始终把勇于进取、百折不挠、忠诚团结和奉献精神等民族精神纳入德育课程体系之中，这与日本国土面积狭小、资源匮乏的地理环境有着密切的关系，这也说明了日本人有很强烈的忧患意识。2011 年 3 月 11 日，日本发生了 9.0 级地震，强震随即引发了海啸，日本东北部地区瞬时成了汪洋大海，同时受地震影响，日本的核电站也遭受着爆炸的威胁，为了维持核电站的最低运转，必须留五十人坚守岗位，这五十名壮士中，有二十名是自愿留下，大部分是五十周岁以上。在核电站所受到的辐射是规定最大辐射量的五倍，是一般人一年接受辐射量的百倍，甚至有美国核能专家预言，留守的五十位壮士，70% 可能在两周内死亡，但是他们还是义无反顾地踏上了死亡之路。有一位壮士的女儿这样写道：“父亲明天就要被送到福岛第一核电厂，听说是原定半年后就可以退休的父亲自愿支持,我哭了,但他却表示,核电厂接下来的命运就靠他们了,这是他们的使命。”

日本的传统文化中,有极强的家庭意识和集体意识,所以日本的教育缺乏对人的个性发展和自由的尊重,但是二战后,反法西斯同盟为了消除日本的军国主义教育,强令其实行教改,要求尊重学生的自由和个性发展,培养有民主意识的市民。20 世纪 90 年代以后,日本政府将德育目标表述为,以教育部和学校规定的基本精神为基础,将对生命的敬畏精神贯穿于家庭、学校和社会的生活之中,为创造有个性的文化及发展民主社会而努力。也就是说日本学校的德育目标是培养具有独立思考、判断和行动能力和有着丰富而有个性的内心世界的人。

1966 年日本中央教育审议会颁发了《理想的日本人典型》,提出 16 项品质(对于今人:a. 自由;b. 发展个性;c. 锐意振作;d. 坚强意志力;e. 小心谨慎气意。对于家庭,使家庭成为:a. 爱的场所;b. 休息场所;c. 教育场所;d. 气氛活跃。作为社会成员:a. 尽志职守;b. 增进社会福利;c. 富有创造性;d. 尊重社会规范。作为日本国民:a. 具有适当方式的爱国主义;b. 爱护和尊重象征国家的标志;c. 养成优秀的民族性),分别对日本人作为个人、作为家庭一员、作为社会成员和作为日本的国民做了不同的道德要求。作为个人,要求每个个体能够发展自己的个性和有坚强的意志力;作为家庭一员,要求使家庭成为爱、休息和教育的场所,保持家庭活跃的气氛。作为社会成员,要求尽职尽责,富有创造力,遵守社会规范和增加社会福利;作为一名日本的国民,要求具有爱国主义情感,能够爱护和尊重象征国家的标志,养成良好的民族品性。日本在民族精神培育的方法上,很注重宏观调控,会定期对社会青年的思想状况进行调查研究和数据统计,及时提出整改措施。自 1966 年以后,文部省针对社会上影响较大的有关青少年思想品德教育方面的问题,进行一次全国性的大型调查,如学生逃课和自杀现象、校内和家庭暴力、青少年犯罪心理,以及大学生的价值观、职业观问题等。调查问卷主要是从各类事件发生的原因和具体情况进行调查,为政府制定政策提供切实的客观基础。从日本政府和文部省所制定的整改措施来看,不仅决策准确及时,效果也非常明显。例如 20 世纪末期,日本政府针对青年叛逆心理,不良行为增多和犯罪率逐年增高的情况,对政府各部门、社会、家庭和学校分别制定了具体的整改措施意见。就政府的职能来看,要求总理部制定基本的目标、方针和政策,综合协调各部对青年工作的事务。警察厅则负责防止和侦查青年犯罪事务;环境厅负责提供适合青年活动的公共场所；外联省负责国际青年交流活动的组织和策划；福利卫生部负责孤儿、单亲家庭的收养，家庭困难儿童的福利和他们的健康教育。在这种分工模式下，各部门紧密配合，保证了青年思想的正确引导。

二、以德育为基础的民族精神教育——美德的西方现代民主特色

美国和德国具有浓厚的西方民主特色，是世界范围内公认的公民意识强烈、民族精神鲜明、教育成效显著的现代化资本主义国家。在美国，“爱国”和“民主”深入人心，道德教育无处不在，形成了从家庭到学校，从社区到社会的多维度、多方位的体系。在德国，民族精神的培育也同样侧重于渗透到日常生活中，没有刻意的德育课程，而是在潜移默化中将忠诚、责任、克己等关键词自然灌输进国民的内心。美德这种“生活教育”“无形的德育”非常值得我们思考和借鉴。

（一）美国加强民族精神培育的途径与举措

美国是当今世界上最发达的国家，其经济、政治、文化和社会发展均居于世界领先地位。美国虽然没有“思想政治教育”或者“民族精神教育”这些概念，但是有相当于思想政治教育的思想品德培育，我们可以从美国道德教育的目标入手，深入探讨美国民族精神教育的内容和途径，以期对我国民族精神教育有所启示。美国是号称“民族熔炉”的年轻而又多民族的国家，道德教育的目标是要把美国人培养成不仅有知识、能力，而且对自己国家、民族和文化有强烈认同感和责任感的守法的公民。在美国流传着这样一句话：“不爱祖国爱美国。”欧洲人改变了北美大陆，变成了实现一切梦想的“希望之乡”和“理想天国”。因此，美国道德教育具有注重现实、兼容并蓄的特色。把道德教育的目标落实在现实性上，寻求一种大众普遍认同的道德行为规范。教育学生成为将来的好公民，培养全体国民的美国民族精神，尤其是把不断涌入的移民“美国化”，从思想上建立起一个统一的强大的美利坚合众国，这无疑是美国道德教育的最基本目标。早在1790年，韦伯斯特发表了一篇题为《论美国的青年教育》的论文，全篇贯穿了教育与道德、教育与国家休戚相关的主题思想。他认为，国家虽然已经建立，但国民性格尚未塑造成功，完成这一宏伟目标必须要靠公共教育制度。20世纪70年代后，美国许多教改方案中都反复强调要把学生培养成具有爱国精神，能对国家尽责任和义务的“责任公民”。1975年，美国中等教育改革委员会发布的报告中对“责任公民”作了一些

具体的规定，如承认他人享有法律上规定的各种权利的责任、尊重他人威信和价值的责任、遵守各种规则的责任、了解和遵守法律的责任等等。

如前所述，美国精神和责任公民的教育贯穿于美国思想道德教育的始终，但是多元文化背景及其不统一的"教育体制"使国内德育难以形成统一的标准。1947 年以后，法律禁止公立学校进行宗教教育，道德教育的内容更是趋于多样化。尽管如此，为了培养对美国忠诚的公民，美国思想道德教育的内容还是在多样化的基础上呈现出一定的主旋律。一般学校主要开设公民学、政治学或社会学，开展内容广泛的活动和生活的指引等，注重把爱国主义、民族精神与个体的道德品质、社会信仰结合起来，关注个人本身的发展。概言之，美国民族精神教育的具体内容包括以下几个方面：

1. 公民教育

20 世纪 70 年代后，美国逐步普及国民学教育课程，80 年代后，在纪念美国宪法诞生二百周年活动的推动下，美国学校掀起一股学习行政管理和民主社会准则的热潮。美国负责教育的助理国务卿费因说，"一般学校都开设公民学课程，只不过各地形式不同而已。"在高校教育中，道德教育是重要内容，其目的是培养"好公民"。教育内容包括：

一是爱国主义教育。爱国主义是表达人们热爱国家的一种强烈的情感，世界上所有的国家包括美国都高度重视爱国主义教育。在美国人看来，他们的政治、经济、社会制度等都是世界上最先进的。

在美国，政府为了宣传其资本主义社会并号召人们热爱美国，通过各种方式和途径实施爱国主义教育：首先，通过历史教育来实现。美国虽然是个历史不长的国家，但是在短时间内所取得的伟大成就就足以使美国人引以为傲，因此，美国人非常注重自己的历史，并且常用历史事实来教育本国的青少年；其次，重视培养青少年对国旗的认识。在美国的中小学甚至是大学，到处可见国旗、雕塑或是国家领导人的照片等等的美国国家的象征物，其中美国国旗是最具代表性的，青少年的爱国主义热情就在潜移默化中慢慢培养了起来；最后，在美国，举办各种节日的庆祝活动是实施爱国主义教育的另外一种重要方式。像世界上的大多数国家一样，在美国也有如国旗日等很多重要的节日，而在这些重要的节日庆祝活动中唱国歌成了必不可少的程序，美国人的爱国主义热情就在国歌声中被慢慢地激发出来。

二是法制教育。与关于法律条文的教育不同,也不是专业化的理论教育,美国青少年的法制教育是一种和宪法有关的民主教育,目的是让学生学习一些基本的法律知识,通过这些基本的法律知识的学习让学生明白作为公民自己和法律的关系,进而进一步理解自己所处的社会,以便能更好地投身到社会之中。法律教育的内容环环相扣,且在不同的阶段有着不同的规定,因此法律教育的内容具有了持续性和阶段性的特征。例如在中小学阶段学生主要学习法律的基本知识,而到了大学阶段学生则要学习和分析一些重要的理论知识。开展法制教育,除了校内教学活动外,社区参与也是一个重要途径。它为学生提供了丰富的信息和大量难得的实践机会,在实践的过程中学生就可以真正地接触法律,同时也能加深对法律知识的理解。

三是权利义务教育。所有国家的宪法都规定了本国公民应该享有的权利和履行的义务,美国也不例外。美国的公民都非常重视自己应享有的权利和履行的义务。在美国,学校的公民教育课通常把权利义务教育作为主要的内容,其目的是为了让学生充分认识到公民权利和义务的统一,并且让青少年明白要成为一个合格的美国公民,就需要清楚地认识和了解公民的权利和义务。

四是以个人主义为中心的价值观教育。在美国,价值观教育是公民教育的重要组成部分,几乎所有的学校课程都包含价值观教育。价值观教育是以个人主义为核心,它强调个人的重要性,追求个人的独立性,指出人人都应该受到尊重,并且每个人都有权利和自由去选择自己的生活。为此,美国高校的公共基础课普遍开设了诸如"美国总统制""欧洲政治思想""美国政治生活中的道德问题"等专题,同时还开设了"艺术和社会""亚洲政治思想""男女平等理论与妇女运动"等课程,使学生在潜移默化中形成对社会的责任感。美国对公民实行公民学教育,一方面是为了让公民了解国家政体的基本内容和准则,如美国的国体、政体、法律结构等等,了解自己的国家是认同自己国家的基本条件。另一方面通过讲授美国政府的构成和政治生活中的道德问题,帮助公民树立正确的价值观,培养公民的参与意识和应承担的最起码的社会责任。

2. 历史教育

美国的历史虽然短暂,但是美国人却格外地珍惜自己的历史,并且以此作为维系整个国家和人民的纽带。美国以法律的形式规定,各级各类学校都必须开设美国历史课程,通过历史教育培养学生的爱国主义精神,树立民族自尊心和自信心。不同年龄阶段的学生,在美国有不同特点的历史教育,其中小学生主要学习历史故事和人物事迹,中学生侧重学习历史事实和过程,大学生注重历史的理论分析。以哥伦比亚大学为例,西方思想史、美国现代文明、政治哲学、经济等科目是本科生的必修基础课。美国是一个历史很短的国家,但其并不因自己文字记载和文物存留方面的短暂而放弃历史的教育作用,相反,美国特别注重历史,致力于保护历史、颂扬英雄,在有限的历史中发掘出尽可能多的英雄,以增强美国的历史底蕴,进而增强了美国人的凝聚力和向心力。在美国这个崇尚个人英雄主义的国度,那些成就突出的人,社会会以多种形式彰显其功德,用以激励世人,引导青少年。因此,美国用杰出人物命名城市、街道、林地、机场、学校及各种场馆的现象非常多。在华盛顿,有华盛顿纪念塔、林肯纪念堂、杰斐逊纪念堂和罗斯福纪念堂等,其主要目的就是要将开国元勋、杰出人物的思想及其对国家的贡献永远陈列起来,供人们参观学习。

历史教育也是美国爱国主义教育的重要内容。美国善于采取多种形式不断强化美国公民的爱国主义教育,形成强烈的美国民族意识。美国把宪法和《独立宣言》作为最高经典进行传播和灌输。有资料表明,美国儿童上小学起,就形成了自己与祖国是“我们”的意识,大多数人都倾向认为“美国是世界上最好的国家”。在美国,几乎每个班都有美国国旗和总统画像,学习的时候以唱国歌和对国旗宣誓开始,课程中更是充满了“爱国”的内容。美国国旗随处可见,每逢节日、庆典,家家户户、大街小巷,即使是汽车上都要悬挂着美国国旗。历任总统的就职演说,也成为唤起美国人民民族精神的名言警句,肯尼迪总统在就职演说中号召美国人民“不要问你们的国家能为你们做些什么,而要问你们能为你们的国家做些什么”,克林顿总统更是强调“我们必须像供养自己的子女那样供养自己的国家”。奥巴马总统的连任就职演说题目就是《为了永远的美国梦》,他说:美国是全球拥有最多财富的国家,但这并不是美国人民富有的真正原因。美国拥有最强大的军队,但这并不是我们国家坚不可摧的真正原因。同时,我们拥有最优秀的高等教育和文化成果,却也并不是吸引世界各国人民涌向美国的真正原因。美国之所以与众不同,是因为能够包容多元化的纽带将我们联系在一起,是因为我们相信彼此拥有共同的命运，同时也因我们相信，只有在肯为他人付出，人与人之间相互协助的情况下，才能实现国家的进步，并为后代创造更美好的未来。我们的先人曾为自由奋斗，甚至为之献出生命，而现在，维护这份来之不易的自由，需要责任与权利的结合，也需要爱、宽容、责任感及爱国之情的结合。能做到上述这些，才是美国的伟大之处。我对美国的未来充满了希望，因为我看到美国精神仍在美国民众中间发扬光大。

在美国，任何一个角落都可能成为民族精神培育的阵地。大到公园、广场、商场，小到报纸、公交广告，随处可见美国的国旗。各级政府也利用各种博物馆、纪念馆和公园等对公民进行爱国主义教育。利用各种节日庆典进行爱国主义教育也是美国施行的一贯做法。

具体来说，民族精神教育的主要渠道有：

一是学校教育。学校是民族精神培育的重要场所，美国校园的培育方法也日益多样化，比较直接的方法就是通过课程设置，比如历史教育、公民培育和道德教育。除此之外，专业课的教育课程也贯穿了公民道德教育的内容，例如每门专业课都要求学生从历史和伦理的视角首先要了解这门课程的特点。另外，校园文化的潜在教育功能也具有重要作用，学校通过开展丰富多彩的课外活动、演出、比赛等活动增强学生的团队精神和集体荣誉感。

二是政党活动。政党开展竞选等政治活动除了能够获取国家最高权力之外，还是普及和宣传资产阶级政治、经济、价值观的重要途径，对广大民众进行深入全面的思想政治教育的好时机。美国历任总统发表就职演讲时的社会、经济背景，所面临的对外关系形势及其所主张的治国政策等虽有不同，但每篇演说都贯穿着爱国主义的主旋律。美国的《独立宣言》《联邦宪法》和《解放宣言》三个文件是美国的开国之本、立国之策，同时也是美国思想政治教育的最好的教材。每年的7月4日是美国的独立纪念日，各州会自发地组织群体性活动来欢庆这个纪念日，这些活动虽然是分散的无政府领导行为，但同样能大大增强公民的民族意识教育。以威廉斯堡的活动为例，这种活动由教会组织，先是牧师的演讲，演讲内容主要是对美国的歌颂，对独立的赞美，对生活在这片土地的自豪。演讲结束后还要带领自发来到这里的民众宣誓，誓词是“我爱这个国家，保卫这个国家”。领誓结束后，全场同唱“自由万岁”歌，这种活动对增强美国公民的民族意识和民族自豪感无疑是巨大的。

三是大众传播媒介。美国的大众传播媒介包括电影、电视、互联网、新闻出版和报刊书籍。这些媒介昼夜不停地宣扬着美国资产阶级的价值观。高校里还建立相应的教育中心为学生专门办《校刊》,来教化学生的思想。随着互联网的应用,高校更是充分利用其教育功能,进行道德咨询,开设论坛,开办辩论赛等。有些电台还专门设立宗教节目,不间断地传播其宗教理念。

四是社区教育。社区是美国开展思想政治教育的一个重要领域,社区志愿服务在美国非常普遍,深入人心,不仅有悠久的传统,而且在当代美国公民中也非常流行,并且得到了政府的重视和法律的保障,积极参加社区志愿服务已经成为美国国民性格中的一个重要特征。美国中小学长期以来,一直把鼓励学生参加社区志愿服务当作一项很重要的工作来做,不仅培养了孩子良好的性格,而且也对孩子们的公民意识和社会责任感的建立和培养有重要的促进和推动作用。越来越多的州把学生的社区志愿服务与毕业要求结合起来,规定不参加志愿者活动的美国中学生不但不能毕业,而且难以进入著名高等学府,品学兼优和奉献精神已经纳入大学申请的档案记录。此外,美国还有大量的社团,这些社团把服务与教育结合起来,使学生能够在实践中净化心灵,提升道德水平,形成良好的社会风气。

综上所述,美国注重在管理和服务中融合民族精神教育,使学生在自觉接受管理和服务的同时,不自觉地认同了其中的道德观。美国教育界历来重视隐蔽课程对学生思想形成的作用,所以一方面力求课堂的学习与环境教育活动目标相一致,另一方面使学校环境与社会环境相一致,使公民在学校获得的经验能帮助他们更好地适应社会。

(二)德国加强民族精神教育的途径与内容

德国道德教育的培养目标强调的是培养严于律己、乐于助人、尊重他们、理解他人等品质,要求对公民进行诚实、坦率、给予、仁爱、宽容和责任感的教育。当代德国教育家鲍勒诺夫提出了“朴素道德”理论,认为人类社会中实际上蕴藏着一种更一般、更纯粹、更基本、更长久保持同一性的道德,如诚实、信赖、同情、关爱等,它们是一切道德的基础。众所周知,德国是引发两次世界大战的罪魁祸首,所幸德国各阶层都能够深刻反思这段历史,于是非常重视对孩子善良品质的培养。爱护小动物是许多德国小朋友接受善良教育的第一课,德国教育部门通过各种途径和方法让学生树立民族自豪感和自尊心,继承民族传统文化,培育爱国主义思想。

1. 渗透教育

德国学界普遍认为"显性"的民族精神培育方式似乎已经不再流行,很多教师在道德教育的过程中,尝试使用各种新方式。让学生对预先设定好的道德范式或生活中的矛盾冲突进行模拟实践;充分运用各种效果图和网络工具调动学生的积极性,主要问题的价值判断交由学生自己来解决;教材语言也倾向于用非说教性质的、浅显易懂的口语化语言;在情节编排上给学生留有很大的思考空间等。同时,德国教育界也认识到,民族精神培育是一个综合工程,既要抓好学校道德教育主课的教育,也要做好其他各科教学的配合工作。为此,德国在抓好宗教学、伦理学、社会学等课程外,还强调其他课程也应承担起民族精神培育的任务。

2. 宗教教育

宗教作为一种社会意识形态,与德意志民族的生存和德意志精神文化的发展息息相关。德国虽然是政教分离的国家,但是非常重视宗教的教育作用,宗教在德国一直被认为是德育的根本。学校民族精神的培育和宗教在目标、内容、形式上相互渗透,密切配合,形成合力。许多学校都专门开设有宗教课,除了培养青年学生的宗教信仰外,还注重培养人的尊严、克己、有责任感、助人为乐、民主爱国的民族精神等。当代德国还有一种中性的宗教教育即伦理教育,伦理教育不像宗教教育一样有其鲜明的立场和观点,伦理教育是一种中性、客观的教育模式,它不要求受教育者必须接受某种宗教,或者某个观点,而是始终以一种客观的眼光看待周围一切发生的事务。

3. 生活教育

德国的民族精神培育非常注重与生活实际的结合。我国学者赵鑫珊对二战后德国中学的宗教伦理教科书进行了研究,发现这套教材完全没有宗教的教条主义和本本主义,而是非常贴近我们的现实生活,具有启发性意义。这些教科书提出了许多表面上看来非常通俗,实际上有深刻含义的问题,教科书的编者通过提问启发青年学生的思考,这不仅仅是这门课的意义,更是宗教的意义。这门课不仅要把知识传授给学生,还要传授给他们社会上应有的行为准则和道德规范。教科书还讨论了战争的起因、恋爱、家庭、死亡、恐惧等人生各阶段的担心和苦恼等问题,以帮助青少年树立正确的人生观和价值观。

4. 家庭教育

家庭的教育作用在德国一直以来就受到重视,但除了社会一般道德规范外,政府一般不会强制规定父母必须怎样教育孩子,一般家庭是以父亲为主导,如果出现重大事情就按照全体家庭成员协商解决的模式来解决,所以说这种家庭教育的文化传统对推进德国的民主化进程也起到了不可忽视的作用。德国也非常强调劳动教育。德国家长从不代替孩子包办他们自己的事情。德国法律还规定,不同年龄阶段的孩子还要在家里承担不同程度的义务,例如洗碗、扫地、割草等。学校也要求学生必须承担相应的体力劳动,如打扫教室或者参加工厂的实习等。伦理课还要求学生在假期要到医院、养老院和残疾人福利院等地方服务一到两周。德国人认为,这样做不仅是为了培养孩子的劳动能力,而且也有利于培养孩子的劳动观念和社会责任感。

德国高校都非常重视思想道德教育,他们认为德育投资并不是非生产投资,它会很快得到经济补偿。德国高校德育的内容包括以个人主义为根基的自由主义思想教育;诚实、尊严、责任感的道德教育;民主、自由、平等、和平统一的政治教育;以爱国主义为核心的民族精神教育。

以个人主义为根基的资产阶级自由、民主、人权的思想教育。德国有着军事和封建专制主义传统,特别是纳粹统治时期把德国带上了极端民族主义、强权政治、对外武力征服和扩张的道路,不仅给世界造成一再的浩劫,也导致了德国的一再失败和民族灾难。二战后,德国首先对法西斯主义、军国主义、种族主义思想意识进行清除与改造,推行“非军国主义化”“非纳粹化”“非种族主义化”,实行“民主化”“自由化”。

陶冶精神、磨炼人性的道德教育。德国大学把对学生加强道德教育的基点放在伦理道德观念上,注重培养学生的道德理性和批判能力。德国大学不像中小学那样开设宗教课,对大学生的道德教育主要通过伦理学、教育学、神学之类的课程来完成。大学以现实为起点,解决学生现在和将来在生活道路上碰到或将会碰到的一系列问题。大学不只是做理论上的宣传,而是先教育学生理解社会、理解现实、理解自己,理解别人,以便从现实出发,培养良好的人格和行为习惯,使学生具有诸如诚实、尊严、慈爱、克己、互助、宽容、责任感、协作精神、群体观念、健全人格和对真善美的感受性。此外,培养大学生的敬神和宗教信念也是其重要内容。

融自由、民主、法制为一体的政治教育。德国几十年来一直处于东西方冷战交锋的最前沿,以灌输、捍卫西方的民主主义制度和价值观为己任的政治教育显得格外敏感和重要。虽然不同历史时期政治教育的内容和重点不同,但政治教育工作始终围绕一定的社会主题展开。20世纪50年代是联邦德国的复兴时期,联邦中心围绕年轻的共和国的建立和发展展开工作;60年代这一使命体现为对整个国家政治体制和经济制度的宣传教育和对纳粹进行历史清算,在民众中强化和传播民主思想;70年代其中心工作围绕着经济问题、东部政策和反恐怖主义,也包括为学校政治教育制定新的教学大纲;80年代工作重点是环境问题、和平与安全政策和对东德的舆论宣传;90年代政治教育工作的重心是德国的统一和欧洲一体化进程。此外,还包括全球化问题、生态问题、新技术革命与社会变革以及大众媒体和信息社会发展问题等。随着21世纪的到来,联邦政治教育中心补充了许多新的主题。2000年5月,联邦中心在一份公告中明确了它在新世纪的14个工作主题:民主政治理论、伦理和宗教等问题,德国历史,德国统一后东西部的相互贯通和接受,欧洲的融合与国际关系,社会作用,生活方式,社会市场经济,人口问题与移民的融合,大众媒介和信息社会的发展以及作用,民主文化,政治极端主义,教育和科学,政治教育的方法,出版工作及合作交流。

以爱国主义为核心的民族精神教育。德国在普鲁士复兴时期就形成了以爱国主义为核心的民族精神教育传统,这种传统在各个不同历史时期不断得到了发扬。目前德国高校思想道德教育的侧重点已经由过去追求个性自由、"个人为本"转到追求民族意识、兢兢业业、吃苦耐劳、遵守纪律和团结协作精神和社会为本上来,并通过各种途径让学生树立民族自尊心、自豪感,继承民族文化传统,弘扬民族精神。

第三节　民族地区大学生民族精神教育的对策

一、全方位开展民族精神教育

大学生民族精神教育是一个系统工程,需要社会各界的共同努力。既要充分发挥学校教育在大学生民族精神中的主渠道作用,又要挖掘社会教育优势资源,为大学生民族精神教育营造良好的社会环境,还要发挥家庭在民族精神教育中的补充作用,使学校教育、社会教育和家庭教育有机结合,构建大学生民族精神教育网络。

(一)学校教育是大学生民族精神教育的主阵地

1. 建立完善的高校大学生民族精神教育体系

大学生的民族精神培育不仅需要社会各界的共同努力,在学校教育中也是需要高校各部门通力合作、密切配合、形成合力才能有效完成的。必须要建立领导负责,机构健全,全体教职员工积极参与的学校大德育工作体系。从教育者来看,所有教职员工和各部门都要承担培育大学生民族精神的责任,做到教书育人、管理育人、服务育人。既要强调思想政治理论课教师在民族精神教育中的作用,又要充分依靠高校哲学社会科学教师的理论传授以及所有高校教师的言传身教、率先垂范,更要充分发挥党团组织的政治核心作用和教育引领作用,还要发挥后勤、图书馆等服务部门的育人功能,形成教书育人、管理育人、服务育人的全方位育人体系来开展民族精神教育工作。从教育途径看,既要充分发挥课堂教学在大学生民族精神教育中的主导作用,又要不断拓展新形势下大学生民族精神教育的有效途径,通过深入开展社会实践、大力建设校园文化、占领网络阵地等方式方法来增强教育的实效性。

2. 发挥课堂教学在大学生民族精神培育中的主导作用

一是充分发挥高校思想政治理论课在大学生民族精神培育中的主渠道作用。高校开设了《马克思主义基本原理》《毛泽东思想与中国特色社会主义理论体系概论》《思想道德修养与法律基础》《中国近现代史纲》《形势与政策》等公共必修课程,这些课程因其特有的思想性和知识性可以成为对大学生进行民族精神教育的最理想的载体。通过形象直观的革命传统教育、历史教育、中华美德教育,特别是影响中华民族历史发展的重大历史事件和历史人物的经典教育等,帮助学生了解中华民族的历史和优良传统,从中感悟中华民族精神的凝聚价值和导向价值;通过对《近现代史纲要》和《毛泽东思想与中国特色社会主义理论体系概论》的学习,了解中国共产党领导人民取得的革命、建设和改革开放以来的伟大成果,帮助大学生树立民族自信心和自豪感,增强为中华民族伟大复兴而奋斗的责任感和使命感。

二是充分发挥其他哲学社会科学课程在大学生民族精神培育中的重要作用。哲学社会科学中绝大部分学科都包含着中华民族精神的内容,或具有鲜明的意识形态性,或包含着大量的中华民族传统文化的内容,或反映中国共产党领导全国各族人民实现独立、解放和富强所进行的波澜壮阔的革命和建设事业以及所取得的伟大成果。在课堂教学中将这些内容与大学生的民族精神教育有机结合,帮助大学生认清中华民族的历史走向和社会主义发展的前景,培养牢固的爱国主义情感、强烈的民族自尊心和自信心,树立坚定正确的民族观。

三是民族精神的培育与弘扬还应贯穿于其他所有课程之中。高校开设的所有课程都负有教书育人的职责,各门课教师都应该在传授专业知识的基础上,结合教学充分挖掘民族精神的教育因素,变单纯的知识传授为"文道统一"的教育,既教书又育人。例如,自然科学课程在讲授中可以结合教学的内容,注入我国科学家所取得的伟大科学成就、奋发向上的科研精神以及放弃国外优厚待遇为国做贡献的爱国主义情怀等内容;艺术类课程可增加经典民乐、民歌、戏曲和中国画、书法等民族艺术欣赏的内容;体育课可适量介绍中国武术等内容,使学生在接受专业知识的过程中也能接收到传统文化的信息,受到民族文化的熏陶。在各类课堂教学中增加有关民族文化的相关内容,不仅有利于提高大学生民族精神教育的说服力和感染力,而且有利于发挥学生的主体作用,激发学生学习的积极性和主动性,最终增强民族精神教育的实效性。

3. 充分发挥学校党团、班级和社团组织的重要作用

大学生民族精神教育是思想政治教育的重要组成部分,高校在通过思想政治理论课对大学生进行民族精神教育的基础上,还应充分发挥学校党团组织和辅导员的思想政治教育专业优势,加强学生党建和班级建设工作,以此为载体加强大学生民族精神教育。一是要创新大学生党建工作,发挥党建工作在大学生民族精神教育中的重要作用。要坚持学生党员发展工作"关口前移",充分发挥校院(系)两级学生党校的作用,建立起从普通学生、入党积极分子到预备党员的三级学生党校"全程培养"体系。① 要加强学生党支部建设,让学生党支部在院系、班级和宿舍中发挥组织和模范带动作用,在日常的组织管理中发挥民族精神教育的

---

① 刘川生:《增强大学生日常思想政治教育的实效性》,载《求是》,2009 年第 4 期。

重任。要引导学生党员发挥模范带头作用,在日常生活和学习中为其他大学生做榜样,激励大学生进行民族精神的自我修养,承担起在日常生活中潜移默化地进行民族精神引领的重任。二是要加强班级建设工作,将大学生民族精神教育落实到基层,贴近学生生活。各个班级应该建立持续的民族精神教育制度,定期组织有关民族精神的主题教育活动,如:可举行以民族精神教育为主题的班会、民族精神方面的演讲,也可以结合大学生日常生活中的问题开展民族精神讨论等,使民族精神教育与大学生的实际生活紧密联系起来。这种贴近大学生生活和思想实际的教育活动更容易打动学生的心灵,容易为学生所接受。三是发展社团建设。高校学生社团是学生自愿组成,为实现会员的共同愿望,按照其章程开展活动的非营利性群众组织。学生社团,是学生认识自我、展示自我、发展自我的舞台。学生社团能够培养学生自我认同感、使学生勇于负责任、学会自我管理。加强社团组织、管理和扶持,打造精品社团,如学术问题、社会问题的讨论研究会,文学艺术、体育、音乐、美术等方面组成的活动小组,有文艺社、棋艺社、摄影社、美工社、歌咏队、话剧团、篮球队、足球队、数学社、物理社、化学社等等。监督社团按照其章程开展积极向上的、有教育意义的、学生喜闻乐见的社团活动,如经常举办展览、专栏、读书会、座谈、报告会、演讲会、知识竞赛、文艺会演、辩论赛等,激发学生自主教育、自主管理的动力。要把民族精神培育同学校各种社团活动有机地结合起来,为民族精神培育提供一切教育手段。

4. 开展丰富多彩的社会实践活动,拓展大学生民族精神教育的新途径

社会实践是高等学校民族精神教育从课堂到课外的延伸,是大学生理论知识转化为实践能力的重要培训场所和不可或缺的重要过程,是大学生弘扬和培育民族精神的有效途径。所以,在大学生民族精神教育过程中,应该充分发挥社会实践的育人功能,积极拓展社会实践的新领域、新载体和新形式,引导学生投身社会实践。

一是积极开展大学生志愿服务活动。志愿活动是指任何人志愿贡献个人的时间及精力,在不索取任何物质报酬的情况下,为改善社会服务、促进社会进步而提供的服务。① 志愿活动本身以无私奉献为基础,又是一种实践活动,它是大学

① 董小苹:《全球化与青年参与》,上海社会科学院出版社 2004 年版。

生践行民族精神的重要途径。积极鼓励大学生参加科技、卫生、文化“三下乡”活动、青年志愿者活动、大学生志愿服务西部计划、贫困地区支教计划、社区援助活动、参与共建文明社区、文明街道、文明城市活动等,引导大学生以弘扬志愿精神为核心,在服务他人、服务社会、做好事、献爱心的过程中感受奉献的美好,体会帮助别人的快乐,陶冶情操、提升境界,增强爱人民和爱祖国的情感,增强权利和责任意识,使大学生成为爱国、敬业、诚信、友善等传统道德的实践者和传播者。在开展志愿服务活动时,应注意增强志愿服务活动的有效性。我国的志愿服务活动起步较晚,近些年取得了长足的发展,但仍有很多不足,一些地方形式主义严重,如在特定日期举行的到养老院学雷锋、送温暖活动等,时间集中,服务单一,老人们一天可能要看几场慰问演出,本来良好的初衷却给养老院和老人们造成了一定的困扰。为避免类似情况发生,开展志愿服务活动应注意其成效,要有总体规划和部署,各个部门有序衔接,丰富内容,形式多样,以提高志愿服务活动的有效性。否则,形式主义色彩过重的志愿服务活动不但不能起到引导和教育学生的目的,还会引起学生的反感或给学生以错误的引导。同时,开展志愿服务活动,要确保活动的持续性。大学生在志愿服务活动中养成民族精神需要一个长期的过程,不是做一次两次好事就能形成的。所以,大学生的志愿活动应该有组织、有计划地稳步推进,让志愿服务活动成为一种习惯,并且将这个组织固定下来,形成先进的团队,从事长期的志愿实践活动,使大学生在长期实践过程中将民族精神内化为自己的品格。

二是组织学生参观访问调查。参观爱国主义教育基地是其中重要内容。在中国的历史上有许多感人至深、鼓舞人心的英雄故事,震撼着人们的心灵。有为数众多的博物馆、纪念馆、革命遗址、烈士陵园等爱国主义教育基地,真实地保存和记录了中华民族悠久的历史文化,生动展现了中国人民英勇奋斗的壮丽诗篇。这些都是培育大学生民族精神的生动教材,是世世代代中华儿女宝贵的精神财富。爱国主义教育基地在道德建设和民族精神的弘扬与培育方面有着不可替代的作用。一个个栩栩如生的英雄形象、一个个感人至深的鲜活事例,再现了中华儿女的崇高理想与价值追求。在无形之中,展示中华民族的传统美德,阐释做人做事的基本道理。高校应积极主动地与教育基地密切联系、有效沟通,充分利用教育基地的优势教育资源,如组织学生参观爱国主义教育基地,祭扫烈士墓,瞻仰革命圣地和遗址,缅怀革命先烈、民族英雄、仁人志士等,学习他们高尚的品德和感人的事迹,进行革命传统教育,以增强大学生的民族荣誉感、民族使命感,培育大学生的奉献精神,引导和培养大学生增强爱国主义情感。另外,组织学生参观城市、农村和名胜古迹,调查、了解改革开放的成就和祖国悠久的历史文化。让大学生在亲身实践中了解社会、了解国情,在实践中亲身感受国家改革开放以来发生的深刻变化,增强大学生对党的感情,对中国特色社会主义的热爱,激发他们全面建设小康社会、实现中华民族伟大复兴的责任感和使命感。

5. 大力建设校园文化,为大学生民族精神教育营造良好的文化环境

校园文化作为文化系统中的一个子系统,是在校园这一特定环境中创造形成的,是学校所特有的精神环境和文化气氛,是学校发展中形成的物质文化和精神文化的总和。它以精神文化、环境文化、行为文化和制度文化建设等为主要内容,既包括校园建筑设计、校园景观、绿化美化等这种物化形态的内容,也包括学校的传统、校风、学风、学生课外文化活动、集体舆论、心理氛围以及学校的各种规章制度和学校成员在共同活动交往中形成的非明文规范的行为准则等非物化形态的内容。健康的校园文化不仅能潜移默化地陶冶学生的情操、启迪学生心智,促进学生的全面发展,而且对于培育学生的民族精神也起着重要作用。因此,要解决大学生民族精神方面存在的问题,加强大学生民族精神教育,就必须大力加强校园文化建设,将弘扬和培育民族精神贯注和渗透到校园文化建设之中,努力营造轻松活泼、积极向上的校园文化氛围。

一是培育体现民族精神的校园精神。校园精神是一所学校在长期的校园文化创造过程中积淀、整合、提炼出来的,反映学校广大师生员工共同文化传统、理想信念、学术风范和行为准则的价值观念体系和群体意识。校园精神隶属于校园文化的范畴,是校园文化的精髓,是一所学校的灵魂,它决定着校园文化建设的性质和发展方向,对全体师生员工的价值理念、行为方式起着重要的导向、激励、规范和塑造作用,对社会的精神文明建设及文化发展都起着重要的引领示范作用。所以,弘扬和培育大学生民族精神必须充分发挥校园精神的引领和熏陶作用,使校园精神的内容与民族精神相契合,找到二者的共同点,尽可能融入科学精神、民主精神、创新精神、爱国主义精神、自强不息精神等内容,在校园文化建设过程中,无形地培育大学生的民族精神。培育体现民族精神的校园精神,应注意做好以下

工作:首先,校训应体现民族精神。校训是一所大学办学理念的核心,集中体现了一个学校的校园精神,每个学校的特点和传统不同,办学方向各异,校训也会不同,但是各个学校都负有为祖国输送优秀人才的重任,其校训都应体现中华民族精神。事实上,许多高校的校训都从不同侧面反映了民族精神,如清华大学的校训"自强不息,厚德载物",浙江大学的校训"求是创新",武汉大学的校训"自强弘毅,求是拓新",华中师范大学的校训"求实创新,立德树人"等,都在一定程度上体现了民族精神,对大学生民族精神的形成起到了潜移默化的熏陶作用。为更好地发挥校训在培育大学生民族精神中的作用,新建高校在制定校训时,应注意使校训与民族精神一致,一定程度上反映或体现民族精神。同时各高校还应注重校训的落实,将校训精神落实到校园文化建设及日常管理过程中,如在新生入学教育中增加校训的来由、内涵等内容的讲解,将校训写入学校简介、学生证、毕业证书,在毕业典礼上重温校训,让退休教职工在荣休仪式上感悟校训等,让学生时刻谨记校训,将校训内化为自身的价值观,培养民族精神。其次,加强校风建设。校风是指学校的风气,是学术氛围和人文氛围的融合,体现为教风、学风、管理作风,是孕育生成校园精神的软环境。校风建设是个系统工程,应体现在学校的教、学、管的实际工作中,需要学校各个方面通力合作,才能形成良好的校风,为大学生民族精神教育营造良好氛围。学风是指大学生的日常生活和学习的风气,要加强以民族精神为内容的学风建设,引导他们形成以勤奋、严谨、求实、创新以及团结、勤劳、自强不息为主要内容的学风;教风是指教师在长期教学实践过程中形成的教育教学的特点、作风和风格;管理作风是指学校管理部门工作人员的思想作风和工作作风。教风和管理作风都对学风具有引领示范作用,是校风建设的重要内容,所以要在教风建设以及领导作风建设中体现民族精神的内容,在教师中培养为人师表、教书育人、治学严谨、求真务实、开拓创新的教风,在领导及职工中培养实事求是、勤政廉政、团结协作、高效严谨、服务周到、细心耐心、艰苦奋斗的工作作风,才能引导和促进优良学风的形成。

二是营造良好的校园环境。大学生长期生活在校园中,会在无形中受到校园环境的深刻影响。良好的校园环境是培育大学生民族精神的重要条件。因此,必须大力营建优美的校园环境,并将民族精神融入到校园环境之中。如校园的建筑可以体现民族文化的真、善、美理念,校园中可建造体现民族精神的雕塑、文化长廊、绿化带等标志性景观,树立展示民族精神的橱窗,在校园醒目的地方放置弘扬民族精神的标语等,从而使大学生受到民族精神的熏陶,在潜移默化中形成民族精神。良好的环境对人的道德形成的作用和影响不可小视。用物质环境熏陶人,实现环境育人,为培育大学生民族精神创造良好的外部环境很重要。这里所说的良好的校园物质环境不仅仅是指学校有各种现代化的建筑物,更重要的是学校有能够代表自己特点的、具有教育意义的、体现生态美的环境设施建设。以校园物质环境建设为依托,构筑富有活力和特色的文化生态环境,建设好生态文明,提高校园建设的品位。对校园环境的每一处都能够精心设计,使每一栋建筑、每一片绿地、每一尊雕塑,甚至每一个警示标牌都能够蕴含文化的光芒和气韵,增强其文化符号含义,做到使用功能、审美功能、教育功能为一体,和谐统一,用优美的自然校园景观陶冶师生的情操、激发师生热爱自然、热爱社会、热爱学校,使教育目标的外在形式潜移默化地成为师生内在的一种涵养。

三是大力开展校园文化活动。校园文化活动是培育大学生民族精神的重要载体,可使大学生更好地内化和践行民族精神。因此,必须大力开展校园文化活动,为大学生民族精神的生长提供空间。校园文化活动应有组织有计划,形式多样,内容丰富。高校的相关部门如学生处、团委、宣传部、思想政治理论课教学单位等共同组织举办以民族精神为主题的文化周或文化月活动,借助这一平台开展丰富多彩的宣传教育活动,组织学生积极开展反映中华传统美德、革命传统和优秀文化的古诗文、格言和名篇佳作的诵读活动,加深学生对祖国文化的了解、热爱;开展以爱国主义为主旋律的歌咏活动,激发学生的爱国热情;请老红军、老英雄和各条战线的模范人物讲革命故事、做报告,使学生从英雄模范人物身上感受民族精神的力量。在各种重大历史事件和人物纪念日,组织学生参与这些以爱国主义教育为核心内容的相关纪念活动。日常教学中,利用学校校报、广播、电视、校园网等各种文字与电子传播媒体,刊登民族历史、民族文化事例,推介新时代的典型人物,播放爱国歌曲、影片等,大力宣传和弘扬民族精神。充分发挥社团、班级的基层组织作用,引导其开展各类活动都要主题鲜明、积极向上,都要反映以爱国主义为核心的民族精神。通过这种重点突出、全时段覆盖的活动模式安排,使大学校园的文化活动丰富多彩、此伏彼起接连不断,让大学生全天候生活在民族精神熏陶的氛围中,使其接受的民族精神教育理念能够不断得到巩固强化,习惯成自然,民族精神会渐渐扎根在大学生内心深处。

6. 占领网络阵地,为大学生民族精神教育开拓更加宽广的教育平台

随着现代信息技术的高速发展,因特网迅速普及。网络传播的出现和发展,打破和改变了人类以往各种信息传播的方式与界限,拓宽了传播的广度与深度。互联网因其传达信息的快捷、自由、易操作、交互性强、平等沟通、图文并茂等诸多优点,深受大学生的喜爱,成了目前大学生除课堂之外获取信息的最主要渠道。所以,弘扬和培育民族精神,高校应该充分利用校园网络,充分发挥互联网的育人效用,“坚持以理想信念为核心,深入进行树立正确世界观、人生观和价值观教育;以爱国主义为重点,深入进行弘扬和培育民族精神教育;”①按照“积极发展,充分利用,加强管理,趋利避害”的方针,充分挖掘互联网功能,趋利避害,用民族精神占领互联网阵地。把网络作为弘扬和培育当代大学生民族精神的重要平台也是新时期积极应对网络文化挑战的需要。网络空间由于监管难度大,一些负面信息经常充斥其间,所以除了加强网络监管外还必须要有足够的正面信息与之抗衡,这就需要加强网络建设,让体现民族精神内容的网页足够吸引学生的眼球,更多地接受正面信息的引导。把网络作为弘扬和培育大学生民族精神的重要平台,还由于其集思想性、知识性、趣味性于一体,能够把倡导民族精神与满足学生丰富多彩的精神文化需求有机地结合起来,既能对大学生产生足够的吸引力,又能使大学生产生身临其境的感觉,能够增强民族精神培育的实效性。充分利用网络资源,主要做好以下工作:一是建立民族精神红色主题网站,主要宣传党的路线、方针政策,先进人物的典型事迹等,传播正能量。同时做好历史人物、历史事件、宣传民族文化的纪录片或影视剧、名家讲堂等的网络链接,通过网络实现学校与社会教育资源的有效链接,将海量的社会教育资源纳入使用范围、为我所用,使学生在浏览网页的同时,方便快捷地了解中华民族的优秀历史文化。二是依托影响力广泛的主要站点,开展以民族精神为主题的网上论坛、网上讨论、网上交流等活动,通过平等交流、民主对话、积极渗透、加强监督等方式,强化民族精神教育,不断增强网上宣传的影响力和战斗力。三是通过网络开展网络虚拟活动,让大学生

---

① 教育部:《共青团中央关于进一步加强高等学校校园网络管理工作的意见》,教社政发2004年17号文件。

接受传统道德和爱国主义教育。如清明节的网上祭拜活动、传统节日的网上送礼活动、英雄纪念日的网上祭英烈活动等，让大学生在这些自己喜爱的虚拟活动中感受传统文化，唤起对民族文化的认同；重温英烈的感人事迹，培养爱国主义情感。

7. 加强高校教师队伍建设

弘扬和培育民族精神，需要一支业务素质强、道德素质硬，能言传身教、以身作则的强有力的教师队伍。“提高高等学校思想政治理论课教学质量和水平，关键在教师。高等学校思想政治理论课教师是马克思主义理论和党的路线、方针、政策的宣讲者，社会主义意识形态和精神文明的传播者，要不断提高马克思主义理论素养，提高科研能力和教学水平，做坚定的马克思主义者，做教书育人的表率，做大学生健康成长的指导者和引路人。”①因此，教育主管部门要建立和完善高校教师队伍培训体系，加强高校教师队伍建设，把弘扬和培育民族精神作为师德建设和教师业务培训的重要内容，通过各种形式的培训提高教师对民族精神内涵及培育民族精神重大意义的认识，增强教师弘扬和培育民族精神的实施能力。着力培养一支在政治思想、道德品质、学识学风上以身作则的教师队伍，使他们在弘扬和培育民族精神的育人工作中起到示范作用，推动学校民族精神培育目标的实现。

一是提高教育者对大学生民族精神教育的认识。思想是行动的先导，教师只有在思想上对民族精神教育的重要意义有充分的认识，才能引起足够的重视，才能将其贯穿到教学过程的始终。所以，要更好地开展大学生民族精神教育，就必须提高教育者对大学生民族精神教育重要性的认识，增强其开展民族精神教育的自觉性和主动性。高校所有教职工都负有教育职责，都应树立民族精神教育的主体意识。思想政治理论课教师应明确思想政治理论课教学是对大学生进行民族精神教育的主渠道，应将民族精神教育作为教学的重要内容，贯穿到教学的各个环节之中。人文及社会科学课教师也应明确意识到自己对大学生进行民族精神教育负有重要职责，在传授专业知识的同时，注重加强对大学生进行民族精神教育。高校其他所有授课教师都负有育人职责，应本着高度负责的态度，率先垂范、

① 中共中央宣传部、教育部：《中共中央宣传部教育部关于进一步加强和改进高等学校思想政治理论课的意见》，载《教育部公报》，2005 年第 6 期。

言传身教,以良好的思想、道德、品质和人格给大学生以潜移默化的影响。辅导员是大学生日常思想政治教育的主要责任人,应自觉将对大学生进行民族精神教育作为自己工作的重要内容,坚持将民族精神教育渗透到大学生日常学习和生活管理的各个方面、各个环节。高校其他管理人员和服务人员也应有对大学生进行民族精神教育的意识,以负责的态度、规范的管理和优质服务为学生做出示范,感染熏陶大学生。只有使所有教职员工都提高认识,明确自己的责任,并在各自的工作中以不同形式对大学生进行民族精神教育,才能使大学生民族精神培育工作呈现出全方位、立体化的教育格局,才能有效提高大学生民族精神教育的水平和实际效果。

二是提高教师业务素质。老师是学生的领路人,是传道授业解惑者,教师素质的高低直接决定着教学的水平和质量。因此,培养一支素质强、水平高的教师队伍,是加强大学生民族精神培育的必然要求。现在的大学生思想活跃、知识面宽、自主性强,教师必须能够了解和应对学生千奇百怪的想法、解答其五花八门的疑问,这就要求教师必须具备深厚的理论功底、宽广的知识面、先进的教学理念、灵活多变的教学方法,才能满足学生的需要。在民族精神培育过程中,业务素质过硬的教师才能有效地引导学生领悟和理解民族精神对于民族、国家的发展以及对大学生本人健康成长的重要意义,引导学生深刻领会民族精神的内涵,培养大学生对民族文化的认同、对祖国和民族的热爱。其中,深厚的理论功底除了专业知识外,还包括中华民族优秀的传统文化以及对时事的了解和把握,要注重发掘有关民族精神培育的有用资源并将其渗透到教学体系之中,在教学中增强大学生的民族精神意识。另外,教师还必须学会灵活运用多种新的教学设备、掌握现代信息技术,使思想政治理论课教学内容更加生动形象,形式更加丰富多样,更加符合学生的审美需要和思维方式。

三是发挥教师在大学生民族精神培育中的示范与引领作用。身教胜于言传,教师的行为举止对学生思想品格的实际影响远远超过其在课堂上的理论讲授,因此教师不仅要做知识的传授者、智慧的启迪者,更要做行为的示范者。培育和弘扬大学生的民族精神,需要打造一支以身作则、能够起到示范作用的师资队伍。这就要求教师不仅要有扎实的专业功底、过硬的业务素质,还必须要有坚定正确的政治方向以及崇高的民族气节、高尚的道德品质和独特的人格魅力,才能推动高校弘扬和培育民族精神工作的深入开展。也就是说,只有业务精良、道德高尚、方向正确的教师才能够很好地起到引领示范的作用。业务精良,学生才服气,才愿意效仿和向老师学习;道德高尚才能以身作则、率先垂范;方向正确才能保证民族精神教育的性质不改变,全球化迅猛发展的今天,一些高校教师不能抵御外来文化的侵袭,政治立场不坚定,对本民族的文化缺乏正确的认识和理解,这必然会产生极坏的影响,将学生引向错误的方向。为此,教育部门和高等学校,要采取有效措施培养一支合格的教师队伍,使他们在弘扬和培育民族精神的工作中以身作则、率先垂范,培养自身良好的思想道德品质,做大学生学习的榜样,起到示范带头作用,给大学生的思想带来潜移默化的积极影响,以推动高校弘扬和培育民族精神目标的实现。

8. 激发大学生主动进行民族精神修养的自觉性

大学生中华民族精神的培育过程,是大学生认知、认同中华民族精神并将其内化为自身的优良品质的过程。这一过程是外在的民族精神教育与自我修养相结合的过程,而且自我修养、自我教育、自我塑造是关键,是民族精神内化的必不可少的环节。所以,培育大学生民族精神,必须激发大学生主动进行自我修养的自觉性。自我修养是指一个人按照一定社会或一定阶级的要求,为提高自己的素养,经过学习、磨炼、涵养和陶冶等途径而进行的自我审视、自我教育、自我锻炼和自我塑造的活动,是实现自我完善的必由之路。高度的自觉性是自我修养的一个内在要求和重要特征,加强自我修养贵在自觉。要培养和提升大学生进行民族精神修养的自觉性,首先应培养大学生进行民族精神修养的强烈动机。动机是行为的先导,有了强烈的动机,大学生才会满腔热情地、自觉自愿地去学习、去思考、去体验,从而将中华民族精神内化为自己的内在品质。而激发动机的关键是向大学生讲清楚民族精神对民族、社会发展的重要意义,尤其是对大学生个人成长成才以及完善人格具有重要意义,让大学生认识到,继承和弘扬民族精神不仅仅是社会的需要,更是每个人自身的需要,这对于激发当今社会功利主义价值取向浓厚的大学生进行民族精神修养的主动性和积极性特别具有说服力。其次,应搭建各种平台、提供各种条件,引导大学生积极主动地进行自我教育、自我约束、自我激励,坚忍不拔、脚踏实地、持之以恒地进行自我修养。实践是最有效的平台,在各种实践活动中,大学生不仅可以学到很多知识,而且能够通过实践把书本上所学到的知识与社会现实联系起来，增强感知的真切性和理解的深刻性，激发大学生对民族精神的认同感，同时，通过不断的反复的实践，磨炼意志，坚定了对民族精神的认同并逐渐外化到自己的行动中，使民族精神真正成为自己品格的一部分。

（二）社会教育是大学生民族精神教育的大课堂

社会教育有广义和狭义之分，广义的社会教育指一切社会生活对于个人身心发展所产生的积极影响，狭义的社会教育指除学校教育和家庭教育之外的社会机构或组织以及社会环境对个人身心发展起的作用。这里的社会教育是从狭义上来理解的，它是学校教育和家庭教育的补充，也是对学校和家庭教育的强化。社会是一个大课堂，加强大学生民族精神教育，必须不断优化社会的经济、政治、文化环境，为大学生民族精神的生长营造良好氛围，使大学生在潜移默化中接受感染和熏陶，同时，加强民族精神文化产品的建设、打造和传播，加大社会相关机构的民族精神教育力度，充分发挥社会教育的强大功能。

1. 优化社会环境，为大学生民族精神的养成营造良好氛围

社会环境是大学生民族精神培育的大背景，包括我们所处社会的政治环境、经济环境、法制环境、科技环境、文化环境等宏观因素。按照马克思主义理论：人创造环境，同样环境也创造了人。环境对大学生民族精神的养成具有重要作用。因此，培养大学生民族精神，必须大力优化社会环境，为大学生民族精神的养成营造良好氛围。

第一，优化经济环境，深化经济体制改革，促进经济发展，为大学生民族精神的养成提供良好的社会环境。“经济环境是对人的思想政治道德素质产生影响的人们经济活动、经济关系及相应制度等一切外部经济因素的总和，它是人们改造自然以满足自身物质需要的活动及其结果。”①经济活动实质上是人们的物质生产活动，是决定其他活动的基础性活动。经济关系是人们在物质生产活动中所形成的相互关系，它制约着人们在生产过程中的地位和利益分配关系。经济制度则是经济关系的规范化、制度化。经济环境作为社会环境的基

① 戴钢书：《德育环境研究》，人民出版社 2002 年版。

础，决定着政治环境和文化环境，也从根本上决定着人们的思想政治素质。所以，加强大学生民族精神教育，必须大力优化经济环境。经济环境包括国际和国内两个方面，由于国际经济环境涉及的范围比较广、因素比较多，本文只对国内经济环境进行分析。目前我国处于经济体制改革的关键期，有很多体制上的缺陷制约着经济的发展，导致分配不公、贫富差距增大，就业困难等，影响了大学生对社会主义制度的信心、对党和国家的信任，必须加大经济体制改革的力度。应该在坚持基本经济制度不动摇的基础上，完善产权保护制度，完善国有资产管理体制，推动国有企业完善现代企业制度，使国有企业良性有序运行，防止国有资产流失，杜绝反响强烈、影响极坏的国有企业腐败问题；加快现代市场体系建设，建立公平开放透明的市场规则，完善主要由市场决定价格的机制，完善金融市场体系，建立城乡统一的建设用地市场，营造良好的企业运营环境，为创业就业创造条件；深化财税体制改革，改进预算管理制度，完善税收制度；健全城乡发展一体化体制机制，赋予农民更多财产权利，推进城乡要素平等交换和公共资源均衡配置，逐步缩小城乡差距。通过这一系列的改革，让大学生在生活中、在亲身实践中切实感受到党和政府的关怀，感受到社会主义制度的优越，从而增强对党和政府的信任，对改革开放和社会主义现代化建设的信心，坚定对社会主义的信念。

第二，优化政治环境，大力推进社会主义民主政治建设，为大学生民族精神的培育创造良好的政治环境。关于社会政治环境，一种观点是指环绕着人的社会政治境况，包括政权的性质、政治制度、政治体制和政治思想、政治准则等。① 另一种观点认为社会政治环境是对人的思想政治品德素质产生影响的社会政治活动、政治制度、政治设施等一切外部因素的总和，它是人们改造社会的活动及其结果。② 两种观点不尽相同，总体来看，政治的性质、政治制度、政治活动是其核心内容，它决定的社会文化环境，在社会环境中处于中心地位。政治环境的好坏直接决定着人们对国家政权的信任，所以，培养大学生以爱国主义为核心的中华民族精神，必须加大力度优化政治环境。一方面，加强国际政治环境的优化，通过党和政府的积极努力，拓展全方位外交，充分发挥一个负责任的

---

① 邱伟光、张耀灿主编：《思想政治教育学原理》，高等教育出版社 1999 年版。

② 戴钢书：《德育环境研究》，人民出版社 2002 年版。

大国在国际事务中应有的作用，在世界上展现社会主义中国的伟大形象，使大学生真正感受到祖国的强大，为自己有一个伟大的祖国而感到无比自豪，以自己是一名中国人而感到骄傲，从而增强对祖国的归属感和依恋感，增强对党和政府的信心，对社会主义中国的信任。另一方面，不断优化国内政治环境。要加强党风、党纪建设，中国共产党作为执政党，是我们的政府和社会主义现代化建设事业的领路人，其作风的好坏直接决定着社会政治环境的优劣，必须加强其作风建设，目前重点是转变“四风”即奢靡之风、官僚主义、形式主义、享乐主义，重塑党在大学生心目中的形象，增强大学生对党的信任；转变政府职能，建设法治政府，优化政府组织结构，全面正确履行政府职能，以纠正政府不作为、乱作为等现象，铲除特权，杜绝腐败，还社会一片洁净的行政环境，增强大学生对政府的信任和信心；加强社会主义民主政治制度建设，推动人民代表大会制度与时俱进，推进协商民主广泛多层制度化发展，发展基层民主等，畅通大学生参政议政的渠道，增强大学生的主人翁意识和政治参与的主动性、积极性；推进法治中国建设，深化行政执法体制改革，确保依法独立公正行使审判权检察权，健全司法权力运行机制，改革审判委员会制度，完善主审法官、合议庭办案责任制，推进审判公开、检务公开，完善人权司法保障制度，尊重和保障人权等，营造一个公正、法治的社会环境，铲除官员腐败和司法腐败的土壤，让大学生在现实生活中接受公平、正义、法治等社会核心价值观；强化权力运行制约和监督体系，形成科学有效的权力制约和协调机制，加强反腐败体制机制创新和制度保障，健全改进作风常态化制度，从制度上保证良好社会环境的运行。通过一系列的改革，营造良好的政治环境，使大学生在生活中感受社会制度的美好，有利于大学生民主、法治、公平、正义等现代理念的形成，有利于大学生参政议政和主人翁责任感的形成，有利于大学生坚定对党和政府的信任，对中国特色社会主义制度的信心。

第三，优化文化环境，加强文化建设，为大学生民族精神的培育提供良好的文化氛围。文化环境包括物质文化和精神文化，物质文化是指为了满足人类生存和发展需要所创造的物质产品及其所表现的文化，包括饮食、服饰、建筑、交通、生产工具以及乡村、城市等；精神文化是人类在从事物质文化生产基础上产生的一种人类所特有的意识形态，包括社会的理想、信念、道德、纪律、人们相互间的关系,以及社会教育、科学、文学艺术、新闻出版、广播电视等各项活动的境况。社会文化环境,实际上是人们在精神文化支配下的各种行为联系而构成的社会文化关系。① 社会文化环境会通过潜移默化的方式影响人们的思想和行为,所以,加强大学生民族精神教育,必须不断优化文化环境。文化环境的优化就是对一切影响思想政治教育的消极文化环境进行改造,尽可能化消极因素为积极因素,同时,打造文化精品,加强物质和精神文化建设,营造积极健康的文化环境。首先,要大力发展社会主义先进文化,即发展面向现代化、面向世界、面向未来的,民族、科学的、大众的社会主义文化,以中国特色社会主义理论体系为指导,保证文化建设的方向性,以抵御国内外错误思潮的影响。其次,打造反映民族精神的文化精品,让大学生在生活中能够经常接触到反映民族精神的图书、影视剧、电影、戏剧、歌曲等作品,潜移默化中接受熏陶。再次,加强爱国主义教育基地等物质文化产品的建设、投入和管理,对学生集体参观免票,使大学生在参观、访问各类博物馆、纪念馆、展览馆、烈士陵园等爱国主义教育基地过程中接受教育,升华爱国情感。最后,加强传统节日文化建设,为民族精神的培育提供有效资源和载体。传统节日是人们感受民族传统文化的好时机。传统节日凝结着中华民族的民族情感、民族文化、民族精神,尊重传统节日就是尊重和热爱自己祖先和民族。建设好传统节日有利于弘扬民族精神、增进民族文化的认同。所以,加强大学生民族精神教育,必须加强传统节日文化的挖掘、整理、打造和宣传,既发扬传统又要与时俱进,增益时代精神和内涵,以满足青年大学生的心理需求。

2. 加大社会民族精神宣传教育力度

大学生民族精神的培育工作不仅是学校和家庭的责任,社会各类教育机构和文化传播部门也担负着重要职责,加强大学生民族精神教育,必须充分调动宣传思想部门、新闻媒体以及各级各类文化机构的力量,积极主动地做好民族精神宣传教育工作。

一是各级宣传思想部门要积极主动高效地做好民族精神宣传工作。宣传思想部门是党的理论路线方针政策的传播者,负责宣传中央重大工作部署,宣传中

① 邱伟光、张耀灿主编:《思想政治教育学原理》,高等教育出版社 1999 年版。

央关于形势的重大分析判断，其宣传内容的方向性从来都无需质疑，但工作中往往也存在着理论性过强、晦涩难懂、脱离实际等问题，很多学生对此不感兴趣，大大影响了党的方针政策的传播效果，所以宣传思想部门应注重宣传的通俗性、生动性，尽可能贴近群众生活，让普通百姓以及大学生听得懂、愿意听，正如习近平在全国宣传思想工作会议上的讲话中要求的“要提高质量和水平，把握好时、度、效，增强吸引力和感染力，让群众爱听爱看、产生共鸣”。使大学生能更全面、更详细地接收到党和政府的声音，对国家的方针政策和工作部署有全面的了解。同时要注意正面宣传为主，传播正能量。习近平在全国宣传思想工作会议上强调：坚持团结稳定鼓劲、正面宣传为主，是宣传思想工作必须遵循的重要方针。我们正在进行具有许多新的历史特点的伟大斗争，面临的挑战和困难前所未有，必须坚持巩固壮大主流思想舆论，弘扬主旋律，传播正能量，充分发挥正面宣传鼓舞人、激励人的作用。在事关大是大非和政治原则问题上，必须增强主动性、掌握主动权、打好主动仗，帮助干部群众划清是非界限、澄清模糊认识。这样才能牢牢把握正确舆论导向，才能使大学生坚定正确的政治方向，不断增强道路自信、理论自信、制度自信。

二是充分发挥新闻媒体的作用。现代社会，新闻媒体对人们的生活和思想的影响越来越广泛，如今，大学生了解社会信息的主要渠道也是大众传媒。因此，大众传媒以其影响范围广、内容丰富、形式多样等优势理应在大学生民族精神培育中发挥最重要作用。首先，要注重丰富大众传媒民族精神传播的内容和形式，专门打造体现民族精神的精品栏目、网站、作品等，吸引大学生关注和浏览，让大学生在娱乐中受到教育、感染和熏陶。其次，强化大众传媒传播主流文化的功能，引导大众文化的走向。大众传媒不仅有娱乐功能，更重要的是要传播我国社会的主流文化，引导社会的价值和舆论导向。但现在有些媒体为了迎合大众口味，娱乐色彩越来越浓，有的甚至传播低俗信息，这对青年大学生产生了严重的负面影响。因此，必须加强文化传播建设，强化大众传播的正面宣传和引导功能。媒体应加大对弘扬民族精神和社会正义事件的人物的报道，加大对体现爱国、勤劳勇敢、自强不息等精神的人物和事迹的宣传，如“道德模范”“感动中国人物”“最美”系列报道等，以丰富生动的形象感染大学生，促进其民族精神的形成。同时，大众传媒在揭露社会不公平、不正义现象，履行社会监督职责的过程中，也应注重报道的全面性和客观性，注意对社会问题的原因、背景和整个过程进行全面、客观的报道，对于党和政府对整个事件的处理进行全面的报道，以便公众能够了解事情的真相。揭露社会问题，履行监督职责是新闻媒体的重要任命，但如果大众传媒对社会问题的报道过分追求揭露的快感，对社会问题过于渲染，就会导致大学生对社会环境产生错误认知，降低对于党和政府的信任和对社会主义建设的信心。因而在继续坚持对社会问题予以监督和揭露的前提下，大众传媒也应改进对社会问题的报道方式，做到全面公正客观的报道。

（三）家庭教育是大学生民族精神教育的有益补充

家庭是孩子的第一课堂，父母是孩子的第一任老师。家庭教育在弘扬和培育民族精神中，起着非常重要的作用，是民族精神教育的起点，更是从起点到终点的全程教育。家庭内进行民族精神教育有其独特的优势，家长的一言一行、一举一动都对子女起着示范作用，父母子女之间的亲和力减弱了学校、社会教育易于产生的逆反心理，又由于父母子女共同生活的时间较长，父母可以全方位地关注子女的思想和行为，所以，把培育孩子的爱国之情、报国之志、勤劳勇敢、自强不息等民族精神的内容融入家庭教育中，会使子女在与父母的日常交流中潜移默化地受到影响，父母子女之间的代际传递会自然而且有效地保持民族精神的延续性。由此也可以看出，家长的民族精神素养状况直接影响着子女的民族精神养成，所以，充分发挥家庭教育的作用，提升家长素质是关键，可以利用社会大环境影响和家长学校培训等途径来提升家长素质，使其言行能够体现中华民族长期以来形成的传统美德、反映中华民族精神，能够给子女以良好的示范和教育引导；可以利用网络、电视广播等媒体，大力宣传推广家庭文化建设和家庭教育的重要性及成功经验，引导家长重视家庭美德和家庭文化建设，提高家长对子女进行传统美德、社会公德、民族精神教育的意识和能力。另外，培育优良家风，以家风为载体不失为民族精神培育的有效途径。中国自古以来一直非常重视家规、家训等家庭文化传统，重视家风的树立、维护和传承。事实上，很多家族的家风都包含勤俭节约、艰苦朴素、自强不息、立德树人、报国爱家等传统思想，这些也多是当今时代中华民族精神的重要内容。同时，家风在传承过程中还有一个明显的特点，那就是监管到位，能有效地保证传统美德的延续和传承。所以，加强家风的传承及与时俱进的发展、重塑，无疑会对大学生民族的培育起到重要促进作用，增强家庭教育对大学生民族精神培育的实际效果。

(四)学校、社会、家庭教育相结合

学校、社会和家庭在大学生民族精神培育中都起着重要作用,但如果工作中大家都单兵作战、各自为政,也会大大影响教育效果,所以,为使大学生民族精神教育取得更好的成效,必须学校、家庭和社会三者密切配合,构建三位一体的大学生民族精神教育网络,以对大学生形成全方位的教育引导。

1. 学校教育与家庭教育相结合

学校教育因其专业性、系统性等特点一直是大学生民族精神教育的主要渠道,但同时学校教育也存在着统一集中授课、学生多、教师精力有限、不能很好地关注到每个学生的心理变化等不足,而家庭一般都是一对一或多对一的教育,能够对子女有全方位的了解,正好能弥补学校教育的不足。因此,高校应加强与学生家长的联系,全面了解学生情况,同时争取家长对学校教育的支持与配合,使学校教育与家庭教育有机结合、优势互补,取得最佳教育效果。学校应通过多种渠道和方式加强与学生家长的沟通与联系,如:通过信函、电话等传统方式以及网络等新兴的信息交流平台等与家长交流与沟通,也可利用新生报到、学校重大活动等时机以及班主任、辅导员家访等形式与家长直接面对面地交流,向家长汇报学生的学习、生活以及包括民族精神状况在内的思想政治情况,全面了解学生的家庭环境及成长状况,使双方都对学生有一个全面的了解,同时听取家长对学校民族精神教育的意见和建议,借以引起家长对孩子民族精神培育的重视,取得家长对大学生民族精神教育的理解、支持和配合,共同推进大学生的民族精神教育。

2. 学校教育与社会教育相结合

学校教育以其理论的系统性见长,缺乏广阔的实践平台和空间,而社会教育恰恰能弥补这一不足,所以,要使大学生民族精神教育取得更好成效,学校必须与社会教育密切配合,充分利用丰富的社会教育资源。如学校与宣传部门共同举办以民族精神为主题的文化节,通过展览、演讲、表演等形式弘扬民族传统文化;通过传统节日和重大事件开展各种爱国主义活动,以增强人们对民族文化的认同和民族情感;与社区联合建立大学生社会实践基地,为大学生学习和践行民族精神提供舞台;组织大学生参观博物馆、历史文化古迹、名优企业、社会主义新农村等教育基地,让大学生增强对民族精神的感性理解。通过多种举措,加强高校与社会的密切联系、学校教育与社会教育的有机结合,优势互补、资源共享,从而促进大学生民族精神教育活动深入开展。

二、注重民族地区大学生民族精神教育的关键环节

大学生民族精神教育是一个全面系统的工程,需要社会各界的广泛合作,同时,各种教育力量在工作中也应该抓住教育的关键环节,注重民族地区大学生民族精神教育的特殊性,以重大事件、重要活动和重大节日为契机,充分发挥榜样的示范作用等等,使民族地区大学生民族精神教育取得最佳成效。

(一)以重大事件、活动、节日为契机

重大事件、重大活动和重要节日蕴含着深厚的传统文化、有着广泛的社会影响,最能激发和唤起人的情感,对人的心灵有强大的说服力和震撼力,是当代大学生弘扬与培育民族精神的重要手段,也是增强大学生民族精神教育实效性的有效举措。通过选择典型的具有震撼力的重大事件、重要活动和特殊节日,能够使阅历较浅、"三观"处于发育阶段的大学生体认和感悟民族精神的深刻内涵、价值与意义,在心灵深处熔铸上民族精神的烙印,提升弘扬民族精神的能力。因此,无论学校教育、社会教育还是家庭教育,都应以此为契机,对大学生展开民族精神教育。

重大事件一般都具有影响大、感染力、冲击力、震撼力强等特点,人们在这一特定时期和特定氛围下极易受到感染,引起情感上的巨大变化,是进行思想教育的最佳时机。一些重大事件如地震、洪水、雪灾、动乱等虽然会对国家和人民的物质和精神生活造成严重的破坏,但这也是促进大学生民族精神升华的重要时机和载体。如汶川地震,大大提升了中华民族的凝聚力,提升了大学生的集体主义精神、奉献精神和责任意识;一些国际事件如钓鱼岛事件、菲律宾人质劫持事件、利比亚撤侨事件等,使大学生深刻地认识到国家的强大是一个国家外交最可靠的保证,没有国家的繁荣富强就没有个人的安全和幸福,大大激发了大学生的爱国热情和民族自尊心、民族归属感;一些重大事件如"嫦娥一号""神舟"系列进入太空,"蛟龙"入海等,都大大地激发了大学生的民族自豪感。我们应该抓住这些有利时机,适时地对大学生进行教育和引导,在特定的氛围中加强对大学生民族精神的培育,会收到事半功倍的效果。

重大活动的举办往往能展现一个国家的经济实力、组织能力、精神风貌、文化理念等综合实力，如在奥运会和世界博览会以及南京青奥会重大活动中，大学生能够生动真切地感受祖国的强大和取得的巨大成就，能够有效地激发大学生的民族认同感和爱国热情。尤其在2008年北京奥运会时期，当看到奥运健儿们在运动场上取得优异成绩的时候，看到五星红旗在领奖台上高高飘扬的时候，大学生都会为之欢呼雀跃、骄傲自豪，民族自豪感油然而生。我们应该充分利用这样的机会，进行精心的组织和设计，如开展主题活动、文化交流活动、倡导绿色环保等好的理念等等，促进大学生民族精神的养成。

中国的传统节日都深深地扎根于博大精深的传统文化之中，都包含了丰富的民族精神理念，重大纪念日都是中国历史文化的缩影。充分利用各种传统节日和重大纪念日开展主题教育活动，利用主题活动展现其所蕴含的民族精神，对大学生有针对性地进行历史和传统文化教育，传播中华民族传统文化，必将收到事半功倍的效果。因此当前应充分利用清明节、端午节、中秋节等传统民族节日，世界环境日、世界粮食日，"五四""七一""十一""一二九"等重要节日，以及一些重要人物的纪念日，开展纪念仪式，通过经典的历史事件、历史人物和先进事迹，讴歌中华民族不同历史时期的伟大民族精神，让大学生了解中国的历史、革命精神、文化传统，继而内心产生强烈的民族归属感、民族自尊心和历史责任感，激发强烈的爱国主义情怀，实现中华民族精神的弘扬。

（二）充分发挥榜样人物的感染力和引领作用

榜样人物具有示范、教化、凝聚作用，能引起民族精神教育中的"名人效应"。它给人的感觉直观而真实，释放的正能量强烈而持久，既是社会树立思想旗帜、阐发政治主张、倡导价值取向的重要途径，也是人们学习和效仿的榜样。在进行民族精神教育过程中，应充分发挥榜样人物的感染力和引领示范作用。

思想政治教育理论性很强，在教学中进行大篇幅的理论说教难免会让学生感觉到枯燥乏味，引起学生的反感与疲劳。因此，为避免这种现象出现，在思想政治教育理论课教学内容和形式的设计上尽可能要灵活多样，可以多插入先进人物事例，大力宣传各种古代英雄模范人物和新时代民族精神楷模的事迹，调动学生的兴趣，学生通过对生动鲜活的人物形象的解读和剖析，逐渐被其人格魅力所感染和吸引，进而积极主动地学习、效仿，从而塑造个人形象。数千年来,中华民族涌现出了数不清的英雄人物,社会主义建设过程中也涌现出了许多先进典型,如孔繁森、任长霞、郭明义、张丽莉等,他们是时代的楷模、人们价值追求的风向标,也是大学生学习的模范与榜样,他们的精神体现了中华民族精神的真谛,用这些先进人物的感人事迹叩响大学生的心扉,净化大学生的灵魂,必将对大学生民族精神的弘扬和培育产生巨大的推动作用,最终塑造完美人格,促进其全面发展。

(三)注意民族地区大学生民族精神教育的特殊性

民族地区大学生民族精神教育是民族精神教育系统中的一部分,既具有民族精神教育的一般特点,同时又有它的特殊性。所以在开展民族地区大学生民族精神教育的过程中,既要坚持共性和一般,又要突出个性特点,发挥民族地区优势。其一,民族地区大学生民族精神教育的对象有其特殊性,少数民族同学所占比例较大是其明显特点,这些大学生在生产生活方式、语言、风俗习惯、文化认同以及宗教观等方面都有其特殊性,教学过程中应充分认识到这些不同,有针对性地开展教学。其二,民族地区大学生民族精神教育在维护祖国统一和民族团结方面的社会意义更加突出,民族地区大学生的爱国主义教育应以民族团结和祖国统一为重点。近些年来,西方敌对势力对我国的西化分化活动一刻也没有停止过,境内的民族分裂分子也一直在加紧活动,他们工作的重点之一就是利用民族和宗教问题的复杂性,以少数民族地区为突破口,进行民族分裂和破坏活动,由于大学生普遍涉世不深、阅历较浅,民族高校、少数民族大学生便是其关注和发动的重点。所以,唯有开展卓有成效的中华民族精神教育,以统一的中华民族精神统领大学生的思想意识和价值观,重点讲清少数民族与中华民族的关系,讲清祖国的和平统一对个人生活成长的重要性,讲清地方民族主义和大民族主义的危害,融洽各民族同学的关系,培养民族大学生的爱国情感和团结统一、爱好和平的精神,培养其合则俱荣、分则两败的意识,才能有效抵御各种干扰和破坏,维护祖国统一和民族团结。其三,充分挖掘民族地方教育资源。各民族地区都有丰富的民族地方教育资源,如我们内蒙古地区的昭君和亲、乌兰夫革命史实以及与之相关的纪念馆、革命遗迹等,这些资源首先具有空间距离近的特点,学生能够近距离接触革命遗迹和史实资料,在真切地感知和体验中促进其对民族精神的理解和领悟。其次,大学生对本民族英雄人物在民族情感上更加亲近。由于共同的生活习惯、共同的语言、共同的心理素质等原因,少数民族大学生对本民族的英雄人物会在心理上更愿意接受,在情感上更能产生共鸣,英雄人物对本民族大学生的影响会更加广泛和深刻。所以,充分挖掘和利用民族地区教育资源,将会有效提升民族地区大学生的民族精神教育的实效性。

参考文献

1.《马克思恩格斯选集》第 1 卷,人民出版社 1995 年版。

2.《马克思恩格斯选集》第 2 卷,人民出版社 1995 年版。

3.《马克思恩格斯选集》第 3 卷,人民出版社 1995 年版。

4.《马克思恩格斯选集》第 4 卷,人民出版社 1995 年版。

5.《马克思恩格斯全集》第 3 卷,人民出版社 1980 年版。

6.《马克思恩格斯全集》第 3 卷,人民出版社 2002 年版。

7.《马克思恩格斯全集》第 3 卷,人民出版社 1960 年版。

8.《马克思恩格斯全集》第 23 卷,人民出版社 1972 年版。

9.《马克思恩格斯全集》第 30 卷,人民出版社 1995 年版。

10.《马克思恩格斯全集》第 26 卷第 1 册,人民出版社 1972 年版。

11.《列宁选集》第 2 卷,人民出版社 1995 年版。

12.《列宁选集》第 4 卷,人民出版社 1995 年版。

13.《列宁全集》第 24 卷,人民出版社 1990 年版。

14.《列宁全集》第 59 卷,人民出版社 1990 年版。

15.《斯大林选集》上卷,人民出版社 1979 年版。

16.《毛泽东选集》第 2 卷,人民出版社 1991 年版。

17.《毛泽东选集》第 2 卷,人民出版社 1993 年版。

18.《毛泽东文集》第 8 卷,人民出版社 1999 年版。

19.《江泽民文选》第 2 卷,人民出版社 2006 年版。

20.《江泽民文选》第 3 卷,人民出版社 2006 年版。

21.[德]黑格尔:《历史哲学》,王造时译,上海书店出版社 1999 年版。

22.[法]孟德斯鸠:《论法的精神》(上册),张雁深译,上海人民出版社 1961 年版。

23. [德]黑格尔:《历史哲学》,王造时译,上海书店出版社 1999 年版。

24. [德]马克思·韦伯:《新教伦理与资本主义精神》,彭强、黄晓京译,陕西师范大学出版社 2002 年版。

25. [美]艾里希·弗洛姆:《健全的社会》,孙恺详译,贵州人民出版社 1994 年版。

26. [英]汤因比、(日)池田大作:《展望二十一世纪》,荀春生、朱继征、陈国梁译,国际文化出版公司 1989 年版。

27. [英]安东尼·史密斯:《全球化时代的民族与民族主义》,龚维斌译,中央编译出版社 2002 年版。

28. [意]M. I 康帕涅拉:《全球化、过程和解释》,梁光岩译,载《国外社会科学》,1992 年第 7 期。

29. [英]戴维·莫利、凯文·罗宾斯:《认同的空间》,司艳译,南京大学出版社 2001 年版。

30. [英]齐格蒙·鲍曼:《全球化——人类的后果》,郭国良、徐建华译,商务印书馆 2001 年版。

31. [英]戴维·赫尔德等:《全球化大变革》,杨冬雪等译,社会科学文献出版社 2001 年版。

32. [英]迈克·费瑟斯通:《消费文化与后现代主义》,刘精明译,译林出版社 2000 年版。

33. [苏]瓦·阿·苏霍姆林斯基:《给教师的建议》,杜殿坤译,教育科学出版社 1984 年版。

34. [法]丹纳:《艺术哲学》,傅雷译,人民文学出版社 1963 年版。

35. [美]巴伯:《科学与社会秩序》,顾昕等译,三联书店 1991 年版。

36. [古希腊]亚里士多德:《政治学》,姚仁权编译,北京出版社 2007 年版。

37. [英]弗兰西斯·培根:《论人生》,刘慧、周英等译,湖南人民出版社 1987 年版。

38.《中国共产党关于民族问题的基本观点和政策》,(干部读本)民族出版社 2002 年版。

39. 中共中央宣传部宣传教育局编:《爱国主义教育实施纲要读本》,学习出版社 1994 年版。

40.《十六大以来重要文献选编(上)》,中央文献出版社 2005 年版。

41.《十七大报告学习读本百问》,学习出版社 2007 年版。

42.《鲁迅选集》第 2 卷,人民文学出版社 1995 年版。

43. 江泽民:《论党的建设》,中央文献出版社 2001 年版。

44. 罗国杰:《伦理学教程》,中国人民大学出版社 1986 年版。

45. 戴钢书:《德育环境研究》,人民出版社 2002 年版。

46. 邱伟光、张耀灿主编:《思想政治教育学原理》,高等教育出版社1999年版。

47. 戴钢书:《德育环境研究》,人民出版社2002年版。

48. 祖嘉禾:《思想政治教育方法教程》,北京大学出版社2004年版。

49. 董小苹:《全球化与青年参与》,上海社会科学院出版社2004年版。

50. 许纪霖、陈达凯:《中国现代化史》,学林出版社2006年版。

51. 林语堂:《中国人》,浙江人民出版社1988年版。

52. 梁自洁:《中国精神》,济南出版社1990年版。

53. 张丰清:《中国共产党与当代中华民族凝聚力》,湖北人民出版社2005年版。

54.《孙中山选集》,人民出版社1956年版。

55.《毛泽东邓小平江泽民论弘扬和培育民族精神》,学习出版社2003年版。

56. 张岱年、程宜山:《中国文化论争》,中国人民大学出版社2006年版。

57. 郑州大学公民教育研究中心等编:《21世纪中国公民教育的机遇与挑战》,郑州大学出版社2007年版。

58. 杨雄等主编:《社会转型与青年发展》,上海社会科学院出版社2004年版。

59. 宋希仁:《伦理学大词典》,吉林人民出版1989年版。

60. 张敏杰:《中国的第二次革命——西方学者看中国》,商务印书馆2001年版。

61. 邱伟光、张耀灿主编:《思想政治教育学原理》,高等教育出版社1999年版。

62. 胡适:《胡适经典文存》,洪治纲主编,上海大学出版社2004年版。

63. 杨叔子等:《弘扬与培育民族精神研究》,经济科学出版社2009年版。

64. 中共中央宣传部编:《毛泽东邓小平江泽民论弘扬和培育民族精神》,学习出版社2003年版。

65. 江泽民:《论社会主义精神文明建设》,中央文献出版社1999年版。

66. 黄会林:《当代中国大众文化研究》,北京师范大学出版社1998年版。

67. 叶志良:《大众文化》,上海文艺出版社2003年版。

68. 全国重点师范大学联合编写:《心理学基础》,教育科学出版社2008年版。

69. 贺麟:《儒家思想的新开展》,载《思想与时代》,第1期。

70. 张岱年:《文化传统与民族精神》,载《学术月刊》,1986年第12期。

71. 王希恩:《民族精神的形成和发展》,载《世界民族》,2003年第4期。

72. 韩震:《论民族精神的历史性与时代性》,载《理论月刊》,2007年第1期。

73. 丰子义:《全球化与民族文化的发展》,载《哲学研究》,2001年第3期。

74. 丰子义:《文化发展面临的机遇与挑战》,载《理论视野》,2009年第9期。

75. 李德顺:《论多元文化主体的权利》,载《社会科学战线》,2010年第3期。

76. 梁实秋:《自信力与夸大狂》,载《文化建设月刊》,第1卷第10期。

77. 王锐生:《论精神生产与商品生产》,载《社会学研究》,1986年第2期。

78. 方立天:《民族精神的界定与中华民族精神的内涵》,载《哲学研究》,1991年第5期。

79. 吴灿新:《民族精神的涵义与价值》,载《学术研究》,2003年第11期。

80. 赵存生:《中国社会发展与中华民族精神》,载《北京大学学报》,2006年第5期。

81. 陈刚:《全球化与文化认同》,载《江海学刊》,2002年第5期。

82. 韩震:《论全球化进程中的多重文化认同》,载《求是学刊》,2005年第5期。

83. 李小军:《全球化语境下中国民族精神的危机与重构》,载《上海行政学院学报》,2006年第1期。

84. 王有炜:《民族精神在构建和谐社会中的价值功能》,载《思想教育研究》,2006年第5期

85. 张希梅:《大学生价值取向功利化调查分析》,载《赤峰学院学报》,2012年第8期。

86. 徐斐:《社会转型时期的行政改革与发展观》,载《甘肃行政学院学报》,2000年第2期。

87. 罗佳、李辉:《当代大学生理想信念形成的主要矛盾及成因分析》,载《思想教育研究》,2010年第11期。

88. 杨欢欢:《贵州民族地区师范院校大学生政治思想状况研究》,载《兴义民族师范学院学报》,2012年第6期。

89. 陈士福:《法治视野下的中华民族精神培育》,载《改革与发展》,2009年第4期。

90. 侯怀银、张宏波:《社会教育解读》,载《教育学报》,2007年第4期。

91. 李德辉:《新方志弘扬民族精神问题初探》,载《龙江史志》,2003年第3期。

92. 金意:《法国和意大利这样传承文化遗产》,载《经理人内参》,2009年第12期。

93. 刘川生:《增强大学生日常思想政治教育的实效性》,载《求是》,2009年第4期。

94. 陈小红:《浅论加强大学生民族精神教育》,载《学理论》,2009年第25期。

95. 浦卫忠:《美国精神与青少年教育》,载《中国青年政治学院学报》,1999年第1期。

96. 新华社:《把培育和弘扬社会主义核心价值观作为凝神聚气强基固本的基础工程》,载《光明日报》,2014年2月26日。

97. 习近平:《认真学习马克思主义经典著作不断推进中国特色社会主义事业》,载《人民日报》,2011年5月14日。

98. 教育部:《共青团中央关于进一步加强高等学校校园网络管理工作的意见》,教社政发2004年17号文件。

99. 中共中央宣传部、教育部:《中共中央宣传部教育部关于进一步加强和改进高等学

校思想政治理论课的意见》,载《教育部公报》,2005 年第 6 期。

100. 胡锦涛:《坚定不移沿着中国特色社会主义道路前进,为全面建成小康社会而奋斗》,载《人民日报》,2012 年 11 月 16 日。

101. 中共中央国务院:《关于进一步加强和改进大学生思想政治教育的意见》,中发 2004 年 16 号文件。

102. 胡锦涛:《高举中国特色社会主义伟大旗帜,为夺取全面建设小康社会新胜利而奋斗》,载《人民日报》,2007 年 10 月 22 日。

103. 江泽民:《在中国文联第十次全国代表大会中国作协全国代表大会上的讲话》,载《人民日报》,2001 年 12 月 19 日。

104.《关于进一步加强和改进大学生思想政治教育的意见》,载《人民日报》,2004 年 10 月 14 日。

105. 江泽民:《全面建设小康社会,开创中国特色社会主义事业新局面》,载《人民日报》,2002 年 11 月 15 日。

106. 赵存生:《中华民族精神:多难兴邦的强大精神支柱》,载《光明日报》,2008 年 6 月 26 日。

107. 任仲平:《凝聚起民族复兴的力量——论伟大的抗震救灾精神》,载《人民日报》,2008 年 7 月 4 日。

后 记

为深入学习贯彻党的十八大精神和习近平总书记系列讲话精神，展示中央16号文件颁发以来各地各高校加强和改进高校德育工作的新实践、新探索，教育部思想政治工作司组织出版《高校德育成果文库》，汇集各地高校的成果和经验，搭建交流研究成果、展示工作经验，促进成果转化的有效平台，相信会对进一步促进高校德育工作的创新发展起到重要的推动作用。

本书是《高校德育成果文库》入选书目之一，本书作为2014年内蒙古自治区高等学校科学技术研究项目的最终成果，课题组用半年的时间，选取内蒙古师范大学、内蒙古农业大学、内蒙古民族大学、内蒙古科技大学、赤峰学院、呼伦贝尔学院等六所高校进行调研，遍布全区五个城市，横跨东、中、西三个地域，涵盖师范、理工、医药、财经、艺术等多学科。每所院校发放调查问卷200份，共1200份，收回有效问卷1076份，有效率89.67%。从民族构成来看，汉族学生752人，占69.89%，蒙古族学生296人，占27.5%，其他少数民族28人，占2.6%。此次调查采取的是发放调查问卷与个别访谈相结合的方法。通过统计整理、分析综合、分工负责、通力协作，圆满完成了本书的撰写工作。课题虽然取得了目前的研究成果，但是不代表对这一问题研究的结束，我们还将继续努力，共同关注大学生民族精神教育，激发大学生爱国主义热情。课题组在研究过程中，还存在着许多缺点和不足，请学界同仁不吝赐教。

全书的统稿工作由张清华教授担任，并参与了第一章、第二章的撰写；张希梅参与了第二章、第三章、第五章的撰写；徐妍艳参与了第四章、第五章的撰写；银特妮拉参与了第一章、第四章的撰写。教育部思想政治工作司对《高校德育成果文库》的编选给予了关心和指导。本书在编写和出版过程中,得到了中国书籍出版社、中联华文(北京)社科图书咨询中心的大力支持,在此表示衷心的感谢。并对内蒙古教育厅和赤峰学院领导的关心与支持,表示诚挚的谢意。

本书编写组

2014 年 12 月